怒海逆風島嶼行

台海戰亂世代的故事

To Reach the Refuging Island Through Furious Sea and Gusty Wind

鍾　堅＿＿＿著

除特別註明外，圖片均由作者提供。

高雄市旗津區行政轄管的南沙太平島，岸外碧藍水下可見沉睡在珊瑚礁磐的日本商船殘骸。
（鄭明修教授提供）

行政院退輔會在南沙太平島自建的棧橋。

南沙太平島灘岸阻絕鐵絲網與遠方海軍定偵支隊。

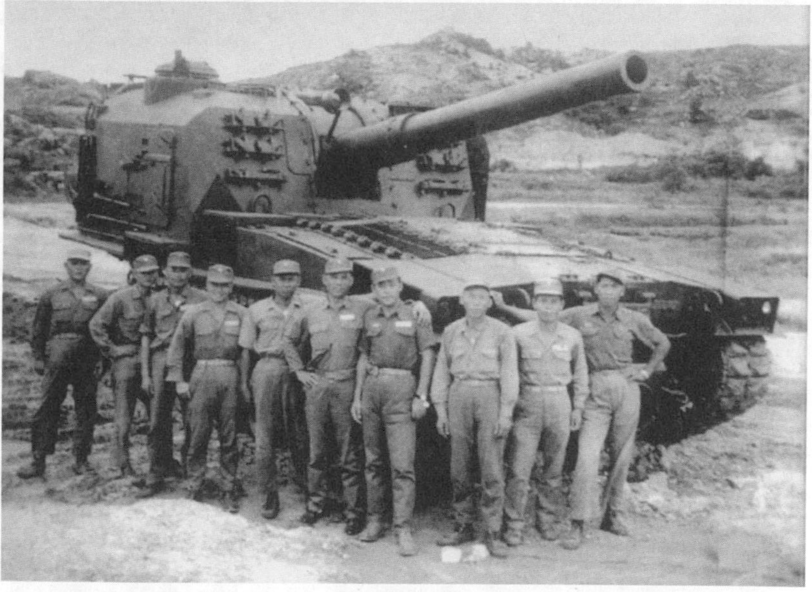

美國艾森豪政府支援12門M55型8吋自走榴彈砲，使得八二三砲戰轉趨有利於我方。（國防部）

俗稱開口笑的 LSM 中型登陸艦，是支援八二三砲戰期間非常重要的船艦。圖為 823 料羅海戰的英雄艦——美頌艦。

圖中所見的舷號 222，是海軍的中字號中勝艦，本書多篇故事都提到這種開口笑的登陸艦，前方可見 LVT 兩棲登陸車自中肇艦艏板駛出泛水浮游。（鍾漢波典藏）

財政部關稅總局所屬第三代運星緝私巡補艦。

「藍天鵝」是指由二戰 PBY-5A 水上巡邏機改裝成的民航機，是由復興航空來營運。（US Navy）

每位飛官年幼時都曾是戰機控。

捍衛台灣空域安全的 F-104 戰機。（國防部）

重獲自由！盟軍二戰期間多人被關在台灣各地的戰俘營。（US DOD）

二戰末期美國陸軍航空軍轟炸澎湖群島，圖中是位於馬公港的油輪被炸後，所引起的沖天爆炸。（US DOD）

建忠就讀加拿大研究所博士班的美籍恩師強哥吉米指導教授。

迪哥登山攻頂前留下的身影。

雅猶與達悟族友人秀給建忠看的戰甲服裝。

建忠在雅猶家的三人座併板舟前。

奮力登上同濟支隊登陸艦的越南民眾，遠處可見另一艘同支隊的 LST 中字號亦在協助難民登艦。（國防部）

難民之中有許多是年幼的孩童，國軍官兵協助他們去到安全處避難。（國防部）

越南難民集中在 LST-218 中啟艦駕駛台前，準備接受安置，他們的神情輕鬆了許多，終於擺脫被越共壓迫的危險了。（國防部）

目錄

三部曲　島嶼慢行

序引：還原亂世歷史真相的小故事

冷戰年代指一九四九年起，美國、蘇聯超霸同時擁有保證互毀的核武後，兩強維持對峙但不對戰的平衡態勢，直到一九九一年蘇聯瓦解止，對峙才轉型為對話。其實，冷戰年代可泛指二次大戰啟動前，極權與民主集團吹哨集合、汰弱留強以迄今的這些年。特別是我國當下的國際處境與台海緊繃的情勢，兩岸對話遭切斷，再度冰凍為對峙，這不又是死灰復燃的冷戰升級版嗎？

冷戰年代我國的國運由盛而衰，勵精圖治後，創造偏安小康的局面以迄今。發生在冷戰年代有數不盡扭轉乾坤的事端，官方的正史與民間的野史，對歷史事件的詮釋不盡相同甚至完全相左。正史與升斗小民沒切身關聯，頂多只是官方修飾版的現代史，忝為學校必考的記事。與庶民息息相關的，是冷戰年代發生在街頭巷尾庶民親眼目睹的暗黑事件，裡頭的主角都是藉藉無名的鄰家友人。

若沒人用筆尖紀錄下他們走過亂世的記事，還原大時代裡臨戰邊緣社會角落的事件，等到他們逐個凋零陸續離開人世後，就沒人再去關注、追憶曾擁有過的印記，且很快被遺忘，甚至被當作從未發生過。

官方的正史是治學必須參用的資料，但正史往往「只說說但沒去做」，以爭功諉過搞內宣，灌水把慘輸美化為大贏；甚至「偷偷做但不能說」，以規避懲處，絕口不提違法亂紀的行徑。因此，民間的野史，尤其是親身經歷該事件當事人的口述，可以補足正史的破洞，甚至揭露正史的破綻。

為了還原亂世歷史真相，燎原出版主編區肇威先生，在新冠肺炎疫情高漲加重出版業陷入極度蕭條的窘局下，仍力邀作者將冷戰年代發生在台澎金馬及其周邊在逆境中的小故事，集結成書出版。筆者用筆尖在書中透過一位解說員主角，把人生體驗過的逆轉重生，甚至在劫難逃的歷史真相，逐一和盤托出。這位建忠解說員，在本書的二十則小故事內連續串場出現，敘述有溫度的追憶；建忠是作者的同學、死黨、鄰居與作者本人的綜合體，他們用冷戰年代共有的集體記憶庫，譜出這本怒海逆風島嶼的慢行組曲。

這些大時代裡有血有淚的小故事，有的非常驚悚，有的非常溫馨。本書概分成三部曲式——「怒海航行」、「逆風飛行」、「島嶼慢行」，鋪陳組曲後，文末附記冷戰年代為防衛台澎金馬作戰陣亡的忠魂錄。

此外，筆者特別對下列長輩、專家致最高的謝忱，他們熱心提供資訊，更費心地審閱文稿——享譽全球華文圈的文學家鍾玲教授、前行政院飛安調查委員會失事調查組方粵強組長、前海巡署署長與前警政署署長王進旺先生，和中央研究院生物多樣性研究中心鄭明修教授。凱西日夜不眠地在電腦前列打、校對，才得以將二十一萬字的書稿及時交予出版社付梓。

書中的主角建忠與他至親好友的共同記憶，用報導文學文體的方式陳述，把這些小故事呈現給讀者，藉以還原亂世歷史的真面目。讀者再從網站去爬梳這些故事的關鍵字，就可勾稽出大時代裡一串串相聯結更多的小故事，最終匯流成史詩般的全貌，這就是開卷讀書的樂趣。

二〇二一年一月十五日完稿於新竹

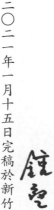

導讀：人生奇遇不可思議，更是冥冥中的巧合安排

本書係由鍾堅教授親自執筆撰寫，透過第三人稱闡釋上一世紀不為人知的動人故事，文章鋪陳以「怒海航行」、「逆風飛行」、「島嶼慢行」三部曲，編成二十則小故事的大作，記述台澎金馬及南海的東、南沙的風雲戰事、大街小巷的生活記事。這些小故事的場景，不但前後串接，故事間的人與事，也息息相關。本書作者是我的博士論文指導教授，他的筆尖文采飛揚，在國家戰略與國防科技領域是大師級的專家，請各位讀者隨我細細品嚐。

首部曲　怒海航行

海洋是人類棲地向外擴張的版圖，同時也是國家主權的延伸。在十五世紀起的大航海時代，因人類勇於冒險與征服之雄心壯志，才能重組全球政治板塊、締造當今世界通商與貿易盛況。本書首部曲收納六則驚悸的故事。

◎沉睡在太平島的南洋寶藏

故事以我國南疆太平島為主軸，除記述三百萬年前島嶼形成至近代各國主權爭奪歷程外，更記載二戰期間美、日兩強在南海交鋒與耐人尋味的海底尋寶歷程；此外，在烽火連天的年代，也清楚交待政府最終在太平島行使治權之經緯。太平島外沉船的寶物，日、法、菲、美、台的撈寶團隊接力挖寶，究竟有無挖出沉船內富可敵國的寶藏？

◎運寶船崑崙艦的平叛歸來

一九四九年是政府極為動盪的關鍵年。該年戡亂作戰潰敗、蔣總統引退下野、政府撤遷來台；軍民渡海過程中，海軍同時執行相當秘密的任務，即國寶文物、國庫黃金、軍校師生、部隊眷屬輸運來台。當時負責專送任務的崑崙軍艦，讀者想知道英雄副長是如何甘冒叛逃威脅、終至平叛逮捕艦長？請細讀崑崙軍艦安全抵台的驚悚航海日誌。

◎風獅爺與小齒輪——八二三砲戰中的小故事

政府遷台後，共軍就從未放棄武力犯台；這則故事記述一九五八年的八二三砲戰，共軍砲擊金門料羅灘頭以截斷我補給線，對我船團伏擊；美軍被迫對我協防，雙方執行「轟雷計畫」，終至八二三砲戰逆轉勝。營區裡的風獅爺與艦艇上的馬達小齒輪，是如何閃躲過金門料羅灘頭的血腥砲轟？

◎讓台海穩定近六十年的最後三場海戰

主角在海軍眷村成長，因此與海軍有相當深厚的淵源；一九六五年在海峽連續發生三場海戰，即「東引五一海戰」、「東山島八六海戰」與「烏坵一一一三海戰」。主角除了緬懷海戰英烈殉職的官兵，也陳述海軍連連敗北的原因。知道為什麼海軍艦艇的舷號，數碼加總絕對不可等於四？

◎驚悚的高雄商港聯檢

記述主角自一九七三年起在警總高雄港檢處服役時的際遇，主角當年服役的過程歷歷如繪。可知道戒嚴時期海員是如何跑單幫挾帶昂貴舶來品賺外快嗎？主角除目睹碼頭工人在高雄街廓上拿捕脫逃的豬仔群，還曾親自管制赴外島作「社會服務」的特種女性船客，故事中充滿一九七〇年代港區的鄉土味。

◎滿身傷疤的舵工關叔

記述關叔的海海人生。粵籍的關叔前半生在海關緝私艦服勤，退休的後半生在高雄經營魚蛋粥餐館。海關的歷史與緝私的軼聞，在故事中由關叔娓娓道來十分生動。關叔肚腩取出彈片的傷疤，是什麼情況下遭擊傷？向關叔開槍者是敵還是友？傷疤是子彈、砲彈還是飛彈所造成？這個故事的內容就更精彩了。

二部曲　逆風飛行

國內百年航空發展，始於國父孫中山「航空救國」理念。在八年抗戰期間空軍的奮戰加上美軍的協戰，曾多次痛擊日本帝國飛行部隊，這是全國軍民的驕傲。此外，空軍的建軍，促使民航事業伴隨發展，因此空軍史與民航史，兩者關係密不可分。在本書二部曲收錄六則引人入勝的故事，闡述兩岸對戰期間不為人知的空軍眷村巷弄日記。

◎空軍基地旁有座寡婦村

一九五〇年代的台灣大街小巷，充滿多元族群融合特色，尤其是隨政府撤台的軍眷，他們建構組成的眷村文化，更是外省囝仔共有的回憶。這則故事以早年新竹空軍眷村為主軸，串接新竹機場黑蝙蝠中隊的血淚出勤，為什麼黑蝙蝠隊員陣亡率高達超乎想像的七成？

◎失聯一甲子的藍天鵝

藍天鵝民航機是台灣五〇年代復興航空包機的暱稱，這則故事除充滿當年兩岸對戰下緊張的回憶，其中更包含美軍顧問前推外島駐點的秘密。然而，藍天鵝民航機為何失聯？失聯後的去向？美軍官兵搭機客、國軍乘客與飛勤組員失聯後身在何方？一甲子來已成為永遠解不開的謎團。

◎摔不死的飛官老哥

故事描述主角讀大學時所結識的空軍飛官老哥，他展翅巡弋領空保衛國家安全，歷經三次摔機卻仍然存活。而且飛官老哥還豪情四海地維護後方社會安寧，高空飛虎要如何排解地方糾紛？從故事中，不僅可看到飛官九死一生捍衛長空的挑戰，更可窺其飛行線外璀璨的生活。

◎麵食街的川籍老兵

故事記述主角的大學室友在嘉義麵食街，多次品嚐退伍老兵獨特的川味紹子麵；室友齒唇留香後，慢慢體會出這位川籍老兵離鄉背井、家破人亡的蒼涼軍旅生涯。老兵是如何遭拉伕參軍的？老兵又是如何拋家棄子搭最後一架軍機逃來嘉義的？這位空運部隊的老兵退伍後日漸凋零，感嘆四川成都雖是出生地，但台灣嘉義才是終老的家，讀到這裡非常令人不捨。

◎狼嗥嘶吼的F-104戰機

台海最後一場空戰「一一三金門空戰」，是由F-104戰機擔當空防任務，為什麼這型倍音速戰機難以駕馭容易失事而背負「寡婦機」的渾名？在空中交戰敵眾我寡的年代，負責進入大陸的RF-104偵照機與海峽上空掩護的F-104戰機，經常編隊執行死亡任務。寡婦機近半數折損，墜機多達一百一十四架，造成六十六員飛官殉職。此外，作者更形容寡婦機的後燃器噪音，宛如狼嗥嘶吼般地淒厲。

◎驚聳飛行二三事

主角曾至新竹城隍廟命理師處批命，算出遲早死於空難且活不過大學畢業。在命理師鐵口直斷下，加上後續一連串的空難巧合，主角一次次躲過死神的追捕，過程相當詭異。其實，飛行有一定的風險，輕則斷訊、迫降、燃油不足，重則空中解體、墜機。城隍廟命理師最終是如何收回對主角死劫的批命？主角領受命理師起死回生的藥方可化解厄運嗎？

三部曲　島嶼慢行

台灣位居東亞要津，是國際航道必經之處，在大航海時代三不五時遭列強登島奪佔，更受日本殖民長達半個世紀。由於外來人口不斷移居造成文化衝擊，加上政府渡海興台，使得多元族群定錨成為台灣本土文化的基因。在第三部曲鋪陳八則非讀不可的故事，從台籍譯員與荷蘭戰俘的奇遇為開端，闡述主角親身經歷的巷弄見聞。

◎台籍譯員與荷蘭戰俘

二戰期間的台灣，處境相當特殊，她受日本殖民統治卻又遭美軍轟炸。這則故事記述台灣屏東麟洛戰俘營的暗黑面，荷蘭的印尼殖民軍俘虜遭遣至屏東麟洛羈押，與阿美族譯員面對面，衍生一連串的牢籠悲歌。終戰前，兩人因移防分道揚鑣，荷蘭戰俘被遣至日本繼續羈押，台籍譯員轉調後山花東縱谷服勤。終戰後，兩人為什麼卻先後埋屍在台東三叉山同一地點？故事充滿詭譎的巧合。

◎黃槿樹蔭下遊蕩的英魂

黃槿樹是澎湖望安島少有的常綠喬木，故事的主角，在初三寒假那年，難得有機會抵達澎湖望安國民學校參加童軍會師大露營，不但認識黃槿樹，還結識樹下遊蕩的美軍中校幽魂。遊魂為什麼一直困守在黃槿樹超過一甲子？遊魂生前被誰擊斃？為何一再催促主角迅速離開黃槿樹？請悅讀這則不可思議的人鬼奇遇故事。

◎家裡來了隻日本軍犬

左營是主角幼年成長之地，在日本取台時期，日軍從左營駐守鬮港、日本軍犬巡守要塞、日本軍眷入住港區的職務眷舍。這則故事述說日遺軍犬竟在因緣際會下，成為主角的終極保鑣；軍犬來自高雄壽山，最後為什麼又消失在壽山？牠遭獼猴圍攻致死？抑或失足墜崖跌死？還是被老饕誘殺變成佳餚？

◎姐姐一輩子的叮嚀

主角的姐姐不僅才貌雙全，半世紀前還品學兼優出國留學深造而光耀門楣，在當年可說是萬中挑一的驚天盛事；姐姐順利獲得博士學位，享譽全球華人文壇迄今。故事陳述姐弟倆的手足情，他們的生活趣事歷經數十年，主角至今仍記憶猶新，歷歷如繪忠實地紀錄姐姐一輩子的叮嚀。想要知道早年眷村生活點滴嗎？故事裡的姐姐點火引燃原子煤球替母親煮水烹飪，就有不為人知的小訣竅。

◎兩位恩師都是逃兵

主角曾有兩位都叫吉米的外籍恩師，一位是大學時代的美語家教，一位是留學時期的博士論文指導教授。然而兩位恩師都曾是美國逃兵，想知道兩位恩師變成逃兵遭通緝的理由嗎？逃避兵役有得逞嗎？逃兵的結局如何收尾？逃兵事件簿襯托出在越戰期間，美國升斗小民面對戰爭與徵兵的無奈。

◎令人敬畏的黑色奇萊

主角在半世紀前與第一次黑色奇萊山的山難擦身而過，但五位同系、同班的弟兄，竟這樣天人永隔。到底這次震驚海內外的山難事件，五位山友是如何在風雨交加下逐步邁向死亡？如果主角也去攀爬，能躲過山難嗎？主角沒攀爬黑色奇萊，但他的佩石與水手刀為何去了趟奇萊山？故事主角對黑色奇萊大自然的敬畏，從此私毫不敢打折扣。

◎紅頭嶼的歷史鑿痕

主角因職務工作與大小蘭嶼結下奇緣，除離島往返交通相當有感之外，主角在蘭嶼所認識的達悟族友人，也道出蘭嶼的長老們曾多次遭外來人霸凌；美麗的台東離島蘭嶼，更是羈押人犯的水牢、核廢料的墳場。美軍在二戰期間，為什麼出動百餘架軍機濫炸蘭嶼原住民部落？戒嚴時期被羈押在蘭嶼家喻戶曉的飛賊，結夥殺人越獄後有逃出蘭嶼這個水牢嗎？

◎西貢淪陷下的華僑命運

西貢是當前胡志明市在南北統一之前的舊稱，越南共產黨統一全國後，為紀念越共創黨英雄領導，硬將西貢改名為胡志明市，但在地人仍慣以西貢稱此城市。本書最後這則故事以法國殖民迄南越淪亡的大時代為背景，在烽火連天中，范舅全家在面對越南排華與越共捕殺雙重威脅下所發生顛沛流離的逃亡哀歌。歷經九死一生脫逃驚險的過程，他們是如何順利逃回寶島台灣避禍？讀者有聽過政府赴南越撤僑的海軍同濟支隊與空軍長橋機隊嗎？

作者在附錄內，表列了為保衛台海安全作戰陣亡的忠魂錄，其中有不少烈士是我在空軍幼校、官校的學長、學弟；這些生死與共袍澤的犧牲，最終換來海峽珍貴的和平。仔細再三展讀表列的忠烈將士錄，讓我充盈淚水、內心澎湃起伏。

一口氣讀完鍾教授這本力作，讓我如同駕駛噴射戰鬥機飛入時光隧道，穿越驚濤駭浪的海面、狂風怒吼的濃雲、匍匐貼地遨遊在島嶼上空，見證到時光隧道內暗黑時代既熟悉又陌生的人與事。

張延廷 二〇二一年二月一日於台北

國立清華大學清華學院沈崇誨榮譽講座教授

F-5、RF-104、RF-16戰機前飛官、前空軍副司令、空軍備役中將

人物簡介

作者用筆尖在書中透過一位解說員，把人生體驗過的逆轉重生，甚至在劫難逃的歷史真相，逐一和盤托出。這位解說員名叫建忠，海軍眷村長大的小孩，排行第二，上有姐姐，父母管教甚嚴，卻是一個愛四周探索及挖掘新知的好奇寶寶。朋友稱他冬瓜忠，同學都叫他老咪。主角有過想當空軍飛官的夢想，也曾想繼承父親衣缽成為海軍軍官的打算，最後卻成了一位以國家安全、尖端科技研究做為終身職志的大學教授。

主角的同學、死黨、鄰居、同僚經常會告知他許多故事。這些故事有的聽來有趣，有的讓人不勝唏噓，當然也有一些會令人毛骨悚然。但不管怎樣，這些故事都代表了主角成長的年代，發生在台灣面對冷戰威脅時的那些人、事、物。他們用當年共有的集體記憶庫，在本書將這些元素連續串場出現，敘述有溫度的追憶，譜出這本怒海逆風島嶼的慢行組曲。

首部曲

怒海航行

沉睡在太平島的南洋寶藏

每位踏查南沙太平島的來賓上島後，都會佇立在島東南端良久，憑弔太平島的地標——珊瑚礁磐上約二百三十公尺長的廢棄棧橋。有些導覽的官長解說，這是日軍在太平洋戰爭期間構築碼頭所遺留的橋墩殘景；也有官長解釋，行政院退輔會曾運用這座日遺棧橋，將島上的鳥糞搬運裝船運返台灣。這些導覽與解說，都偏離歷史痕跡的真相。

建忠來到遙遠的南海天堂太平島公訪，已達十六次，每次都會去廢棄的棧橋前，在乳白色珊瑚細砂上打坐，面對波濤洶湧的南海，勤習腹部深層呼吸訓練。做完體操後，建忠都感應到靜寂的熱帶珊瑚島嶼及孤魂鬼魅，都試著從建忠腳下的珊瑚細砂鑽出，與他心靈對話，尤其在子夜前離開海灘回寢室入眠後，島礁與幽靈還會跟回床邊託夢給建忠，叫建忠聆聽他們的身世，特別是人類起源後的世間冷暖。

商船恆河丸（*Ganges Maru*，日文：がんぢす丸）舵工，岡本昇二在燠熱的旅館被服務生拍門喊醒，原來是水手長打電話到廉價旅館櫃台，召回舵工岡本君緊急啟航。日本發動太平洋戰爭才兩個多月，就揮軍攻占新加坡；岡本君回到一萬載重噸的恆河丸駕駛台，只見數百名英軍與澳軍戰俘像螻蟻般，兩人

合扛著一個沉甸甸的木箱，從碼頭經舷梯將木箱整齊堆積在後貨艙。來自九州熊本的押運員藤井，是岡本君的同學，正揮汗如雨點收木箱並紀錄造冊。

岡本君透過駕駛台的前檔舷窗，瞄見前貨艙周邊甲板堆滿油桶，水手長指揮船工將淡水噴灑入貨艙降溫，前貨艙擠滿先前充當碼頭奴工的英澳聯軍戰俘，像猩猩般張口汲取淡水。這些戰俘，都是駐守新加坡的英軍，由商船分批運返日本內地及台灣的捕虜監視所[1]羈押。

岡本君掌舵駛離新加坡後，恆河丸加入商船隊向北航行，周邊有日艦側護。岡本君看到海圖上的預劃北駛航線，由新加坡赴菲律賓的馬尼拉，再裝載更多的木箱與美軍戰俘，再停靠台灣卸下部份戰俘，航線終點是九州長崎。

美軍亞洲艦隊的潛艦鮭魚號（USS *Salmon*），正在南海伏擊區偵巡，這是珍珠港事變後鮭魚號的第三次戰鬥巡航。舷號SS-182的潛艦，夜暗潛航時聲納接觸，艦長麥金尼少校（LCDR Eugene B. McKinney）下令備戰。鮭魚號發現海面有十餘艘編隊航行的船團，艦長瞄準最大的目標，同時發射四枚魚雷。一分鐘後，鮭魚號官兵聽到一聲巨響，艦長迅速升起潛望鏡搜索。果不其然，目標的船舯遭魚雷命中引燃大火，艦長紀錄下擊中一艘商船，位置約在北緯九度與東經一百一十一度，終算替美軍在珍珠港的慘敗報一箭之仇了。

緊接著，護航的日艦對鮭魚號作連續一晝夜的攻潛。待日艦離開後，鮭魚號返回接戰海域，麥金尼少校企圖找到飄浮的油漬與生還者作為戰績憑證，但波平如鏡的南海，啥都沒有，艦長麥金尼少校大失所望。

回到恆河丸駕駛台。岡本君交班後就去餐廳吃晚餐，巧遇同學又同鄉的押運員藤井。兩人自熊本小學校畢業後就未再見過面，此番異國重逢又同船渡，自是無話不談。押運員藤井在大財團「印支拓殖會社」服務，岡本君好奇地探詢同學，整個後貨艙堆滿數千個木箱運返長崎的會社總部，到底裝了什麼。藤井神秘地回應：「不准問！我也不會說。」忽然，「轟」的一聲巨響，兩人都被震飛，跌倒在餐桌舷窗邊。

岡本君甦醒後，飛奔至陷入火海的駕駛台，船長已被魚雷爆炸震波彈飛跌落甲板，再遭油桶引燃的烈焰燒死。恆河丸現由大副指揮，中雷的右舷船舯水線下被炸穿，海水大量湧入後貨艙，輪機長在艙底指揮堵漏。一艘側護的海軍海防艦旁靠落單的恆河丸協助滅火，大副僅留下必要的海員包括舵工岡本君，下令其他倖存的幹部與船客登上海防艦撤離，只有重傷的藤井打死不退，堅持留在現場看守他的木箱。

恆河丸中雷的船舯破口太大，艙底部份水密門被震歪，湧入船艙的海水逐漸增多，大副以微速進俥緩慢前行，避免傾覆。在南海跛行三晝夜後，恆河丸逐漸沉沒，右舷甲板已貼近海面，唯距中停點的菲律賓馬尼拉港，至少還有六天航程。大副當機立斷，令岡本君朝最近的珊瑚環礁前駛，企圖擱淺坐礁保住商船。終於，恆河丸在夜暗低視界下，筆直開上珊瑚礁磐。船底發出刺耳的磨擦聲，恆河丸在一座珊

1 編註：日文戰俘營之意，太平洋戰爭期間日本在台灣陸續設置十四座捕虜監視所。

瑚島嶼外緣礁磐，成功擱淺坐礁。

然而，禍事連連。六小時後適逢滿潮，海水又從恆河丸船舯破口倒灌入艙；緊接著，受船身淹沒在水下的船艉拖累，大副聽到船底尖銳的磨擦聲，船身緩慢倒退脫離礁磐。「轟隆隆」連續巨響，船舯中雷處的破口突然斷裂，船身後段沉入深海，船身前段沒入礁磐，僅船艄錨鍊孔以上露出海面。

大副在船身斷裂時，下令留守海員跳水棄船。岡本君聽到棄船令，立刻緊握航海日誌，飛奔至主甲板，抱著重傷的藤井跳海，泅泳登上珊瑚島嶼，攤倒在乳白色的珊瑚細砂上，淚流滿面地目睹恆河丸船身後段迅速沉入三百公尺外的礁磐深處。

附近海面漂浮著數十具戰俘腐爛的大體，是從恆河丸的前貨艙飄出來的。藤井臨終交代岡本君：「若你能活著返回內地，請務必將這本記事冊親自交給九州長崎印支拓殖會社……」岡本君接過記事冊時，藤井已斷氣，岡本君也累倒昏睡在海灘上。航海日誌的最後一頁，記載著這天是昭和十七年（一九四二年）六月一日。

南海的珊瑚島嶼

三百萬年前，珊瑚蟲在南海的海底山錐頂端大量繁殖，珊瑚蟲往生後的骨骸，堆積在錐頂讓它慢慢增高，每萬年增高約一公尺。十萬年前，海底山錐頂終於冒出海面；環狀海底山錐頂的邊緣繞行一圈約一百二十公里，陸續露出海平面的島、礁、灘、洲有八個，其中面積最大的，就是擁有五十甲地的這座珊瑚島嶼。有野心的人類不會放過這座島嶼，且人類常為了奪權爭產，竟在島上掀起主權糾紛。人類上島後，從此，島上再也不太平。

大約一千年前，人類乘漁舟橫渡大海，找到這座珊瑚島嶼。由於它周邊還有很多水下覆蓋珊瑚的岩塊尚未冒出海面，探險的漁舟屢屢被暗礁開膛破肚弄沉，所以，來探訪珊瑚島嶼的人類不多。島上匯集的雨水遭鳥糞污染，大腸桿菌含量超標，人類喝了就奄奄一息。所以，人類把踏查這座珊瑚島嶼視為畏途，嫌島上的環境惡劣，不宜長居久留。

率先造訪這座珊瑚島嶼的人類，是廣東海南島的瓊州人，他們來訪純粹是偶然。瓊州人在驚濤駭浪中迷航，涉水登島立刻跪下膜拜，慶幸逃過死劫。由於島外沒有天然的避風塘，他們的漁舟不能久留，摘了椰子裝滿漁舟就揚帆而去，故瓊州人未在島上形成聚落。

大約在十七世紀初，瓊州人的《更路簿》手稿，描述他們征服南海的航海記事，用海南話稱這座珊瑚島嶼「黃山馬峙」，這是它的第一個非官方名稱。其實，漢人早於三國東吳赤烏十一年（二四八年），朱應出使南洋返國後，就撰寫《扶南異物志》，記載扶南（今日的柬埔寨）諸邦及航途筆記。

自漢唐以降，瓊州人即揚帆南海諸島，古籍均詳加記載。如十六世紀顧岑撰《海槎餘錄》，記載航經「萬里長堤」，在「鬼哭灘」的見聞。清康熙四十九年（一七一〇年），清國水師副將吳陞率艦巡查南海「昆侖」海域的南海諸島，返航後呈奏摺將其納入大清版圖，清國遂正式將南海諸島繪入「江海險要圖」內，但未派官吏駐島設治，大清帝國遂成為首個聲索黃山馬峙這座島嶼主權的國家。

不久，馬來人接踵而至，越南人隨後也來訪。偶爾人類各族群會同時造訪黃山馬峙，雖然他們之間語言不通，好在島上有數千株椰子樹，椰子多到摘不完，各族群在島上椰影婆娑下納涼，倒也相安無事。總之，沒有聚落在島上，各族群就不會顯出爭奪地盤的狼性。

一七九八年，一艘巨型木殼帆船出現在黃山馬峙島外，這艘戰船有最先進的水文探測裝備，輕易閃躲過周圍的暗礁直駛而來。英國皇家海軍涉水登島後，將島上的馬來人拘束看管，逐一審訊。英軍盤問此為何島？馬來人聽不懂英語，故以土語回應：「Itu Aba?」意謂「你說啥？」從此，全球海洋大國採用英軍刊印的海圖，將黃山馬峙的英文名稱定編為 Itu Aba，這也是全球對黃山馬峙首度普遍採用的英文島名。

英軍在黃山馬峙深深插了根比椰樹還要高的木製旗桿。官兵集合升起一幅碩大的米字旗後，始揚長而去。事後據馬來人陳述，這批蠻橫的白種人，揚言要拓殖黃山馬峙。不過，英軍隨後發現南海周遭還有資源更充沛的陸地，包括馬來人的故鄉婆羅洲，英軍就忙著去霸占拓殖，把黃山馬峙給忘了。那支旗桿連同飄揚的米字旗，沒多久就遭島上的白蟻啃食精光。

中南半島的越南阮朝，在嘉隆元年（一八〇二年）將「萬里長沙」納入版圖，長沙專指今日的南沙群島。越南阮朝再於明命十五年（一八三四年）印製「大南一統全圖」，國境內繪有「萬里長沙」，繼清國聲索今日的南沙主權百年後，越南阮朝成為第二個聲索黃山馬峙這座島嶼主權的國家。但越南人也沒登島設治。

又過一個世紀的一八八三年，德意志帝國海軍拓殖太平洋，搭乘的是艘鐵殼蒸汽戰艦。德軍涉水登上黃山馬峙，將島上避風的瓊州人拘束看管，逐一鞭打。德軍官兵在島上四處測繪，還在椰子樹頂升起黑白紅三色老鷹旗，鬧了很多天。脫逃的瓊州人返航海南島告御狀，清國動用英國「以夷制夷」，光緒皇帝拿出「江海險要圖」為聲索南海諸島主權憑證，始將德軍逼退。其實，德意志帝國的鐵血宰相，發現南太平洋周遭還有資源更充沛的島嶼如塞班島，就忙著買下來拓殖，才放過了黃山馬峙。

正當歐美列強瓜分亞洲之際，日本明治維新一統皇權後，以「富國強兵，佈國威於海外」之態勢奪取台澎，如獲至寶，遂食髓知味，意圖跟進染指它處。日本以台灣為基地，取地利之便，以經濟實力蠶食南方資源，「南進南洋」主戰派這時開始抬頭。

自明治維新以來，日本即垂涎南支諸島（南海諸島）豐富的海洋資源及日益重要的戰略價值。在「水產南進」的政略指導下，日本對南支諸島亟欲染指。明治四十年（一九〇七年），日本漁業調查船駛入南支諸島海域，展開海洋資源調查。從此，日本漁船紛紛南下，在南海大肆捕撈。

移居台灣高雄的日商於大正六年（一九一七年）率眾搭乘南興丸漁輪，首度登上黃山馬峙等十二處島礁勘察。隨後日商聞訊紛紛登陸黃山馬峙，紀錄氣象、海象、水文等資料。日商頻頻在南支諸島出沒，導致日本議員橋本圭三郎於隔年十月，向日本外相內田康哉呈請將南支諸島併入日本版圖。這是黃山馬峙繼越南之後，第三次有國家聲索主權。

該年底，日本對南支諸島展開系列性的島礁調查活動；探勘團搭乘海洋研究船抵南海，並在黃山馬峙等五個島礁上進行繪測。探勘團回航後，向天皇建議將部份南支諸島更名為新南群島。「新南」兩字，專指日本在發動太平洋戰爭前，在「南」洋所奪占最「新」的島礁。新南群島所屬島礁重新命名，如面積最大的黃山馬峙改稱「長島」，日本從此採用新名稱，沿用至太平洋戰爭結束止。長島，是這座珊瑚島嶼繼黃山馬峙、*Itu Aba* 後，第三個見諸於法律公文書的稱謂。昭和十四年（一九三九年），日本海軍派敷設艦勝力艦常駐新南群島，巡守海域、探測長島航道並收集水文資料。

日本內地每年磷礦的消耗量，約在百萬噸左右，內地自產額每年僅三十萬噸，且雜質過多、礦源枯竭。南支諸島滿佈三公尺厚實的鳥糞層，化學成份是磷酸鈣鹽，屬天然無毒的有機磷肥，用萬年鳥糞對莊稼施肥，收成更豐碩。還有，鳥糞可作為面膜的天然基材，敷在肌膚上更加晶瑩剔透，故日商莫不摩拳擦掌，紛紛南下登島採收。

在南支諸島設立採糞的會社，早先有大正十年（一九二一年）設置的「拉薩島磷礦株式會社」，隨後有昭和八年（一九三三年）設置的「開洋興業」，開採南支諸島鳥糞運返日本加工。各會社均就近在台灣高雄招募台工登島，驅役台工開挖鳥糞，每年採集七十萬噸磷肥。

鳥糞層約莫被日本挖掘過半時，突然來了一艘飄揚藍白紅三色旗的軍艦，法國官兵率領越南漁民涉水登上長島。法軍喝令矮胖的日本浪人領班停工，說長島的主權與鳥糞都是法屬中南半島殖民地的資源，這是長島第四次有國家聲索主權。法國對長島的主權聲索，是法國殖民中南半島「繼承」越南阮朝的主權聲索。

法軍帶隊官在長島豎立一座高約兩公尺的鋼筋水泥國碑，落款由上而下為：「France」，「ILE ITU ABA」（法語島名），「*Astrolabe*, 10-4-33」（海測艦名，一九三四年四月十日登島銘誌），這是人類首次以國家為名在島上設立國碑。法國海測艦先後占領長島等九個島礁，併入法屬中南半島殖民地的交趾支那轄管。越南阮朝的最後一位保大王朝，將長島用越南語命名為「波平島」。此為這座珊瑚島嶼繼黃山馬峙、Itu Aba、長島後，波平島是第四個見諸於法律公文書的稱謂。

法軍立碑事件，引起日本昭和天皇的震怒，迅速派遣帝國海軍前來驅離藍白紅三色旗的法軍，在長島遍插日之丸旗。日軍也在長島豎立「新南群島」界碑，另在側邊立牌，其上刻文「大日本帝國昭和十一年水路部，台灣高雄，不許支那漁民登陸」。

針對法軍占領南海九小島，國民政府繼承清國的法統，成為第五個對南海九小島聲索主權的國家。國民政府除對法國提出外交抗議該國侵犯主權外，更於一九三四年十二月二十一日由內政部水陸地圖審委會第二十五次會議，核定公告我國領土之南海諸島位置圖，用十一條段線在南海圈出，這就是全球著名的南海U形海疆線。

當年國民政府公告南海諸島的名稱，與今日大異其趣。公告時的南沙群島，居然是今日的中沙群島，公告時的團沙群島，才是今日的南沙群島。至於國民政府所公告露出海面的島礁名稱，全係音譯英軍海圖島名，但國民政府諱於軍閥割據對戰，始終未派軍守島。

日本在新南群島的鳥糞開採，全盛時期在各島勞役台工近千人。到了昭和十一年底（一九三六年），日商在長島已修築木造棧橋、搭建椰棚工寮、手押便車輕軌、水井、油庫、神社與鳥居。昭和十五年底（一九四〇年），新南群島電燈事業株式會社（由台灣電力會社轉投資）正式開辦，在長島遍設柴油發電機組，供應軍民用電，有效經營長島，加速海洋資源開採。此外，日軍大本營的海軍省水路部，也在長島設有三千燭光之導航燈塔，在夜晚能發光發亮，方便商船安全接近棧橋裝載鳥糞。

日軍發動「七七事變」侵華戰爭，遭到以歐、美為首的列強抵制，使得國際情勢愈來愈不利於日本。

昭和十四年（一九三九年）三月一日，日本正式派軍占領新南群島的三個島礁；緊接著，日軍從台灣的海軍馬公要港部，亦派出特別陸戰隊、氣象情報隊及通信派遣隊各一小隊，編成中隊（連級）規模的「海軍新南群島派遣隊」，駐守長島。

三月三十日，日本對外宣告新南群島各島礁為日本領土，並於四月九日驅離多年來盤據其它島礁的法國殖民軍及越南漁民。四月二十八日，台灣總督府以「告示一二二號」，宣佈新南群島歸高雄州高雄市設治管理，併入大日本帝國版圖，還在長島新設庄役所，派遣庄長治理，轄有警察官吏派出所，負責治安兼辦港口防疫。因此，歷史上這座珊瑚島嶼首次有國家設治，行使主權管轄。

日軍正式占領長島後，在長島搬運鳥糞的木造棧橋起始端，興築突堤碼頭五十公尺長，開闢航道。突堤碼頭完工後可容五十噸級工作艇旁靠，方便將武器彈藥等資材卸下。碼頭外錨區，可容千噸級艦船多艘同時錨泊。

日軍在長島有了碼頭及其它基礎建設後，即將其要塞化，在島上趕築陣地，船舶與飛艇修理工場，興建軍用油庫與加油設施，整理飛艇泊位，興建病院，定時、定期向台灣作無線電通聯。昭和十五年（一九四〇年），日軍還在長島設置慰安所，官兵分別列隊入內戲狎。

台灣總督府在長島設治後，也同步加強了經營，藉以掠奪南海資源。除了持續大肆挖取鳥糞，台拓財團轉投資的「拓洋水產」，更在長島設置水產製罐工場、曬魚場、冷凍庫，驅役台工編組「農業義勇團」居停長島，生產各類海產副食品供日軍耗用。

昭和十六年初（一九四一年），台灣總督府更在長島建置新南測候所，測報南海中部海空域氣象。

除預報地面氣象外，還將長島每日紀錄之氣壓、氣溫、風向、風速、日照、視界等資料彙整成「南支南洋之南方氣象調查月報」，分送有關單位，作為揮軍南進之參考。

同年八月底，日本為奪取南方資源，積極在台灣加強軍備，擬借道台灣出兵南下，攻奪菲律賓呂宋島、英屬馬來半島與新加坡，長島的重要性於此戰役即被突顯。自九月起，海軍東港航空隊，派出九七式大型飛行艇，經由長島潟湖的滑行區中停轉場，貼海鑽入菲律賓群島、中南半島及荷屬東印度空域，執行戰略偵照任務。此一機密長程敵後飛行，稱為M偵察作戰。針對呂宋登陸部隊及馬來登陸部隊的岸灘戰術偵察飛行，亦由長島中停轉場偵察，列入機密A作業的一部份。因此，長島一躍成為日軍南侵南洋的跳板。

太平洋戰爭啟動後，長島由前線變後方，戰雲始日漸消散。

打撈長島的沉船

岡本君從深度昏迷中甦醒，發現自己躺在病床上，床頭標誌有「帝國海軍新南群島派遣隊病院」。他體力虛弱但精神尚穩定，唯腿骨在跳海時折斷，故敷上石膏。護士長進來微笑地對岡本君說：「你是岡本昇二？昏睡三天你終於醒來啦。告訴你一則好消息與一則壞消息，好消息是再休養一個月你就可痊癒，壞消息是商船所有海員與船客中，生還者只有你一人。」舵工聽後內心一陣痛楚。

再過兩天，岡本君可扶拐杖走動，病院旁居然有個日本憲兵隊經營的長島慰安所，護士長嘆口氣說：

「慰安婦都來自台灣，你不會喜歡她們。」這讓岡本君想到一週前在新加坡經過慰安所，日本兵入內戲狎後，還嘲諷台籍慰安婦矮小渾圓。岡本君垂頭喪氣地坐在椰樹下，隨手翻閱藤井同學遺交的記事冊。雖然遭海水浸泡過，藤井的字跡仍清晰可辨。不過，全都是一堆亂碼數字，顯然是加密過的數碼。岡本君把記事冊合上，一拐一拐地回病院休息。

當岡本君不需拐杖也能緩步走動時，一架九七式大艇在長島外的瀉湖海面降落走滑，緩緩駛向碼頭。護士長說：「這架飛艇是由台灣東港飛來的，一定有驚天大事！」護士長稱為「島主」的新南群島派遣隊中佐隊長，戒慎恐懼地在碼頭恭迎一位西裝筆挺的紳士與助理下機。三人快步沿著海灘走向八百公尺外沉船處觀望，指手劃腳一番後，三人又朝病院飛奔而來。

病院的醫護人員緊急集合，深深彎腰鞠躬恭迎島主，島主急躁地問病院院長：「倖存的海員病床在哪？」護士長引領兩位來賓到岡本君床前，紳士自我介紹說：「我是印支拓殖會社的財團監查役長[2]，您就是恆河丸唯一倖存的舵工？」岡本君點頭稱是，勉強起身但被助理制止繼續靜養。監查役長使個眼色，助理就請島主、院長及護士長迴避。

監查役長請岡本君把恆河丸從新加坡啟航到沉沒這段經過，一五一十地陳述，特別是開航前裝載木箱入後貨艙的過程，助理邊聽邊速記。提及木箱，岡本君說：「監查役長，貴財團的押運員藤井臨終前留交我這本記事冊，託我返回內地後，轉交給貴財團。」

監查役長接過記事冊，戴上老花眼鏡，逐頁仔細檢視約一刻鐘，如獲至寶地露出燦爛的笑容說：「岡本君您是財團的貴人呀，還有其它相關的佐證需要讓我知道的嗎？」岡本君再拿出恆河丸航海日誌給監查役長翻閱，紳士露出不虛此行的滿足臉色。

監查役長臨別時說：「這本航海日誌可讓我攜返內地嗎？」岡本君面有難色，這是開南航運株式會社的財產哪！監查役長安慰岡本君：「別擔心，開南航運會社也是我們財團轉投資的商社，就在同一棟商業大樓，助理會幫您攜返內地，當面解繳給開南航運。您就安心休養，出院後我們會重賞您的功勞。」說完就匆忙趕回飛艇離去。島主目送飛艇消失在天際，喃喃自語地說：「商人能搭乘帝國海軍飛艇往返南海小島與九州長崎，大本營顯然很器重他！」

岡本君痊癒後，搭便船回到高雄，開南航運會社立刻拔擢他升任水手長，繼續他的討海生涯。很不幸，兩年後岡本君任商船阿里山丸（*Arisan Maru*，日文：アリシャン丸）的水手長，自菲律賓馬尼拉航向高雄時，在台灣海峽遭艋號SS-314的美軍潛艦新鯊魚號（USS *Shark* II）伏擊沉沒，岡本君連同船上千餘名盟軍戰俘淪為波臣。美軍潛艦亦遭日軍驅逐艦擊沉，艦長布萊克雷中校（CDR. E.N. Blakely）及八十六名官兵全數斃命。戰爭，最終的結局對交戰雙方而言都是死亡。

———

就在岡本君痊癒離開長島之際，有一批神秘的日籍潛水伕以「深海工業株式會社」名義，悄悄登島宿營打撈恆河丸後貨艙的木箱。他們每天出海深潛，但島上軍民從未目睹他們打撈過木箱出水，倒是陸

2 編註：負責調查公司內部的工作是否有違規或處理違法的主管。

續有潛水伕溺斃。

其中有一位潛水伕瘋掉了，這位倖存的潛水伕住在島上病院，每到深夜就哀嚎，說貨艙內缺頭的英軍戰俘鬼魂，用刺刀戳他胸膛。這位倖存者的右胸，的確有條金屬劃過的深深傷痕。深海工業株式會社的潛水伕，在長島打撈一年多毫無績效，低調撤收。

隨後太平洋戰爭漫延至南海，再也沒有潛水伕登島打撈。但沉沒的恆河丸木箱內塞滿金銀珠寶的謠言，傳遍長島上居停的日軍與台工，就連台籍慰安婦都在沉船現場說三道四，繪聲繪影指陳木箱由水鬼守護，其內的財寶富可敵國。

打撈沉船作業停止後不久，晴空萬里的某日，滿天都是編隊飛來的美國海軍航空母艦艦載機，飛機數目多到連太陽都被遮蔽。美機很有紀律地對準長島，像小黑蚊般輪番惡毒地叮咬。日軍官兵、浪人監工與台籍勞工，在炸彈爆炸與機槍掃射下無一倖免。要塞堡壘、神社與鳥居全被夷平，病院因屋頂塗有紅十字沒被炸彈波及。長島從此變鬼島。在充滿屍臭的庄役場辦公室日曆餘燼中，日期停格在昭和二十年（一九四五年）一月十一日。有幾架美機中彈墜落島上，座艙內血肉模糊的飛勤組員，飛行衣繡有星條旗。

——

首枚惡魔般的美製原子彈，在日本廣島爆炸，沾滿輻射的日本軍民哀號痛不欲生；第二枚擲向長崎的原子彈，高溫火球與高壓震波，將印支拓殖會社與開南航運株式會社總部大樓震碎成粉塵。那天是平日的上班天，印支拓殖會社監查役長與押運員藤井的記事冊都化為灰燼。兩枚原子彈瞬間造成二十三萬日本軍民往生、十三萬人重傷及超過百萬人罹患後顯性的輻射病變。昭和天皇認輸降伏，侵略者必敗。

天皇終戰詔書頒佈後三個月，美軍派遣三艘軍艦前往南海，專送美國戰爭部軍墓登記處的官兵登臨長島，四處搜尋飛行衣繡有星條旗的倖存袍澤。他們只找到飛行衣內的白骨，遂於當天失魂地離去。不過，略懂日語的美軍，仔細盤問島上倖存的台籍慰安婦，她們都說島外有艘沉船，既是鬼船也是寶船，水下的鬼魅守護著木箱內的財寶。

打撈恆河丸的撈寶作業還有續集哩。美軍前腳剛走，法國殖民軍率領越南漁民又接踵而至。他們在長島再次升起藍白紅三色旗，重修遭美軍轟炸的法國國碑，還在碑上加碼塗鴉：「*Chevreuil*, 5-10-46」（巡邏艦名，一九四六年十月五日登島銘誌）等字樣。浪漫的法國帶隊官將倖存的台籍慰安婦當成性奴洩慾，且得知島外的沉船既是鬼船更是寶船，也想染指沉船。不過，美軍轟炸長島時，爆炸震波把恆河丸給震離原位，後貨艙滑落卡在水下懸崖邊。法艦官兵欠缺深海打撈技術，只能望洋興嘆。

按照「開羅會議宣言」，昭和天皇曾霸佔過的台灣，在終戰後須歸還給我國。因此，設治在台灣高雄州的長島，就順理成章連同台灣一併奉還給我國甫成立的「台灣省行政長官公署」。省府除著手收回台澎，也併同接收新南群島的長島等島礁。

同年十一月，台灣省行政長官公署責成省氣象局，派員接收長島的新南測候所，惜因缺乏船艇，始終無法成行。此際，台灣省的官吏忙於島內接收，無暇顧及偏遠南疆，廣東省遂積極表態欲接收南海諸島。行政院衡量法國捲土重來占島，南海國際局勢嚴峻，遂於一九四六年八月斷然訓令台灣省政府鬆手，讓廣東省南下接收南海諸島。國防部受命後配合辦理，責成海軍編成特遣分隊，南下接收。

海軍於一九四六年十二月抵長島接收前，駐島的法軍帶隊官聽聞風聲，押著台籍慰安婦性奴先一日遁走。海軍登島後，以分隊旗艦艦名重新命名為太平島，這是珊瑚島嶼繼黃山馬峙、Itu Aba、長島、波平島後，所賦予的第五個稱號。

海軍「開口笑」登陸艦的中業軍艦值更官手繪太平島兵要對景圖內，標示島西南端有座日軍在戰前構築的突堤碼頭；由突堤向東沿海灘步行約八百公尺，礁磐上沒有任何人造設施，僅沙灘直後豎有高聳的法國國碑。國碑外的珊瑚礁磐邊緣，標示有沉船一艘，至於沉船的船籍國、噸位、船名、是軍艦或商船？均沒有註記。

雖然廣東省轄管南海諸島，但省政府於戡亂時期無力顧及偏遠南疆，故委請海軍代管南海諸島。海軍總部遂在接收太平島的同時，設置「南沙群島管理處」，替廣東省代管行使治權。因此，我國是繼日本後，第二個在太平島設治的國家。管理處也在島上豎立兩座界碑，作為接收南沙的印記。

而後海南島籌劃建省，新設「海南特區行政長官公署」，南海諸島於一九四九年六月依《海南特區行政長官公署組織條例》改隸海南特區，但仍交由海軍代管。及至海南島陷共，戍守太平島的海軍官兵於次年五月搭乘「開口笑」中榮艦撤收返台，南沙群島管理處也隨之裁撤。

海軍守島近四年期間，島上鬧鬼的傳聞不斷，鬼魅以英語、日語、台語對話，管理處為安定軍心，四處興建土地公廟鎮邪，以免官兵遭鬼船驚擾。至於沉船是否有寶藏，官兵無人敢奢想，避之唯恐不及。

駐島守軍撤收後，中共建政自稱「繼承」我國法統，將太平島劃入海南省的版圖，中共是第六個國家對太平島聲索主權，唯從未派兵赴太平島駐守。

趁我國戡亂時局動盪，菲律賓則以行動占領太平島。菲律賓國會議員克洛馬氏率部眾，陸續勘查緊鄰菲國的南沙群島五十三座島礁，以無人島礁先占為藉口，成立國內有國的「自由領地」，並將我政府豎立在太平島的兩座界碑與法國國碑搗毀。菲律賓是繼中共之後，第七個對太平島聲索主權的國家，還將太平島用菲語命名為「蠻荒島」（Ligao Island），這是珊瑚島嶼繼黃山馬峙、Itu Aba、長島、波平島、太平島後，珊瑚島嶼第六個稱號，克洛馬氏也將部份南沙群島命名為「卡拉燕群島」。

一九五〇年我國自太平島撤軍後，菲律賓流氓夥同美國退伍軍人等投機客，藉太平島之名虛設「人道王國」。他們都想染指沉船，但苦無資金也欠缺打撈技術，故買空賣空妄圖在港、台、日、美四處詐騙金主投資挖寶。鬧了六年多，終於惹火我國，準備派軍返回太平島。

政府自浙海大陳等島群撤出，渡過第一次台海危機後，於一九五六年六月急派海軍特遣支隊巡弋南海、前運陸戰隊回駐太平島，復編南沙管理處並晉名為「海軍南沙守備區指揮部」，由海軍左營第一軍區遂行作戰管制。除新設海軍南沙機動氣象台，還威力偵巡周邊島礁，驅離占領之越南、菲律賓武裝團夥、國際流氓與投機客，重豎仿古的界碑永為憑誌。

國軍回駐後，輾轉自菲國、日本、法國等處獲得沉船情報，於一九五八年第二次台海危機八二三戰役期間，居然以最高優先立案，由行政院退輔會新設「南沙資源勘察團」，赴太平島東南端的珊瑚礁磐邊緣，特急完成沉船恆河丸水下殘骸分佈的調查。勘察團發現這艘全長五百呎沉船，在船舯中雷處斷裂成兩段，船艉卡在礁磐斷崖上，後貨艙沉沒在水下四十公尺處，距海面約十三層樓高。

行政院退輔會南沙資源勘察團，預劃要在礁磐上開闢二百六十公尺長水道，方便工作船往返打撈沉船，後因爆炸技術太差，顧慮炸開礁磐恐會震歪沉船跌入深海，因而放棄炸礁磐鑿水道的方案。拖到一九六〇年，行政院退輔會另設「海洋資源開發處」，首任處長任期自該年二月起，銜命限期撈取沉船木箱，否則拔官。海洋資源開發處在太平島設置分處辦公室，依榮民既有能力，不炸礁磐而改為架設棧橋至礁磐邊緣，重機具往返其上之鋼板棧道前推打撈，榮民伯伯稱此棧橋為「撈寶大橋」。

撈寶大橋建成後，榮民伯伯就立即打撈沉船。退伍老兵忙於水下切焊，將恆河丸船艏切割成小塊鐵板當廢鐵運走。隨後，連串的工安事件讓老兵陸續溺斃、摔死、病亡；心慌慌的榮民伯伯弄巧成拙，沉船的後貨艙及數千個木箱，從礁磐斷崖再次被粗手粗腳的榮民給誤推向外，滑落到斷崖下海底百公尺深處！

退伍老兵白忙了三年，一九六三年七月首任處長遭調職，黯然結束打撈作業，老態龍鍾的榮民收隊離去，撈寶大橋就從此棄置荒廢到今天。退伍老兵搞砸後，再也沒人提及滑落深海中恆河丸裝載的木箱。如今，撈寶大橋只剩二十六座水泥橋墩裸露在礁磐上，任憑浪潮侵蝕拍打……

餘記

南沙群島面積最大的天然島嶼，就是當前我國有效行使治權的太平島。不過，持續聲索太平島主權的國家，目前尚有越南、中共與菲律賓，全球其它國家均認為太平島有主權糾紛，究竟該歸屬哪個國家，各國都不願表態。而且對我國堅持南海U形海疆線、駐守太平島、公告周遭禁限制水域、劃設領海與專屬經濟海域，各國都頗有微詞。但絕少有人知曉，太平洋戰爭期間，太平島外的珊瑚礁磐底下，曾有艘寶船在此沉沒；日本、法國、美國、越南、菲律賓及我國在往後二十年間，多次接力試圖挖寶，均無功而退。目前，這艘沉船，仍靜寂地躺在距太平島海灘僅三百公尺外的海底。

建忠在三十年前首次登上太平島進行環境監測時，因回程航途上有三個低壓帶徘徊，接護的諾克斯級巡防艦考量航安，下令太平島的「開口笑」登陸艦繼續錨泊，等待天氣好轉始回航，故建忠只能在島上多逗留一週，讓他有充份的時間遍踏這個方圓五十甲的熱帶珊瑚島礁。

建忠在太平島中央道路的人和橋邊，看到一九三六年日軍遺留的「新南群島」國碑；在島西南海灘上，日軍在太平洋戰爭爆發前構築的突堤碼頭仍在使用。最明顯的地標，是島東南的礁磐上，榮民伯伯興建的「撈寶大橋」，但歷經多年風吹雨打，只剩橋墩裸露不見沉沒寶船。

建忠滯留島上時，在撈寶大橋盡頭，曾目睹過一座日遺殘碑，正面尚可依稀辨明有「自昭和十七年〇月」、「昭〇十八年八月」、「作業員豐田豐次郎、佐佐木鐵三、庭瀨〇〇、市澤〇〇、庭瀨〇〇、庭瀨正南、星水〇〇」等字樣，背面刻有「深海工業株式會社」，令建忠震驚不已。

此日遺殘碑訴說五個歷史鴻爪：

（一）按照日本神道教傳統習俗，這是一座墓誌碑，紀念深海工業株式會社打撈而殉職的七位日籍作業員。

（二）碑文述說作業期間自一九四二年至一九四三年長達一年多。
（三）沉船若為普通的商船或軍艦，實在沒必要耗費財力與精力，去打撈成堆鏽蝕的廢鐵，肯定有價值不菲的寶物需要玩命撈回。
（四）立碑的是民間深海工業株式會社，並非軍事單位。
（五）民間公司派員上島，其中有三人同屬姓氏為庭瀨的家族成員，藉此可推定深海工業株式會社這家打撈公司，是個小型家庭企業。

如果這個日遺殘碑與礁磐三百公尺外的沉船有關，則可還原當年的場景。日本啟動太平洋戰爭、建立大東亞共榮圈鯨吞南洋後，無所不用其極擄獲的南洋珍寶不計其數。按照日本習性，擄獲的珍寶須儘快搶運返回日本內地朋分銷贓，以免在占領地遭物主興訟索回，衍生一堆司法後遺症。合理的推定是：其中一艘載有非法擄獲珍寶的恆河丸商船，自南洋新加坡返航日本內地途中，遭美軍伏擊擱淺在太平島東南端的珊瑚礁磐邊緣，隨後船身斷裂沉沒。

若載運的是合法掠奪之珍寶，一定會由日本官方出面，檢派日軍的海底工作船與水下作業專責單位打撈，還輪不到民間小公司插手。因此，再延伸合理的推定，這艘沉船裝載了非法掠奪的珍寶，且僅有極少數日本高官知情。為了不讓天皇查獲而遭沒收，這些高官私下動用豢養的庭瀨家族的深海工業株式會社，非常低調地上島打撈，且工人愈少，洩密的風險也就愈低。

為何只打撈一年多就放棄？理由是二戰戰火於一九四三年底逐漸延燒到南海，安全進出太平島愈來愈困難，水下作業所需的資材，如空氣瓶與海中切焊料配件，運輸與補給從此中斷。至於是否因打撈難度高、折兵損將之下毫無所獲被迫收隊，還是撈到部份珍寶偷運回日本？滿載而歸的機率應該很低，因為太平島的撈寶作業，在二戰結束後還有打撈寶物的連續劇。

建忠第十六次登上太平島公訪，是新冠肺炎疫情漫延全球的前一年（二〇一九年），隨同教師研習營赴南沙進行南疆巡禮。建忠上島後，發現撈寶大橋在全球暖化下，這些年來颱風頻頻入襲赤道無風帶，已將橋墩逐一摧毀倒塌；神道教的墓誌碑，遭搗毀重置在廟旁隙地，墓誌僅餘「深海工〇株式會社」等字樣依稀可辨。而日軍戰前構築的突堤碼頭，遭政府興建太平港口的淤砂覆蓋，不見芳蹤。日遺「新南群島」界碑，在興建太平島機場時，遭推土機粗暴地鏟除。

建忠根據中央研究院生物多樣性研究中心好友的描述，每回好友在太平島礁磐棧橋外深潛時，都看到海床深處躺著恆河丸的前半段。建忠告訴好友，鬼魅經常託夢給建忠：「棧橋外的沉船是艘鬼船，還有看不到的船身後半段，靜躺在深邃的海床上。鬼船的後貨艙內，數千個木箱裡的財寶富可敵國，由鬼魅守護。」

七十九年前，在太平島礁磐棧橋盡頭的沉船，過往到底有沒有人撈到寶物？建忠也很想知道。

運寶船崑崙艦的平叛歸來

建忠有幸與英雄副長褚伯伯毗鄰而居。他在海軍比建忠的父親高一個年班，家長們既是同事也一齊共事，慈母們是姐妹淘也相互扶持，子女們是玩伴也是同學。建忠記得就讀海軍婦聯分會附設眷村幼稚園時，住在幼稚園對面巷子尾的褚伯母常對建忠說：「四月四日的兒童節，意義非凡。」這是當然，建忠與褚家三女小瑚及四子小重，都是幼稚園的同窗。

及至建忠初中時，住巷子口比建忠父親高十三個年班的陳老伯，在清明掃墓時節也對建忠說：「四月四日的兒童節，別具意義。」建忠有點納悶，自己已是個讀初中的少年，不再是個兒童了。

多年後陳老伯遺孀把眷舍頂讓給低建忠父親十五個年班的張叔叔，他是數理長才，常在下班後抽暇義務替建忠惡補高中新版數學，讓建忠僥倖考上大學。畢業自海軍機械學校（海軍機校）造械系的張叔叔，在杜鵑花開的季節也對建忠說：「四月四日的兒童節，我終身難忘。」這到底是怎麼回事，建忠已是大學生，對兒童節不再有感了呀。

建忠服役時，陪雙親首度遊覽台北外雙溪的故宮博物院，觀賞到翠玉白菜、青玉花瓶等無價國寶後，母親說：「沒有巷子尾褚伯伯的運輸艦搶運國寶，在故宮你啥都看不到！」及至建忠出國留學再返回母校服務適逢解嚴，兩岸交流頻頻，父親有感而發：「褚伯伯的運輸艦當年撤台時，艦上有官兵密謀奪船投共，被擒任副長的褚伯伯以智取勝平叛。艦上官兵與船客事後得知，都嚇得魂飛魄散！」

褚伯伯把運輸艦平叛駛回的曲折事蹟十分驚悚，陳老伯、張叔叔、褚伯母及褚家兩位千金都經歷過叛艦未喋血的事件。但溫文儒雅的褚伯伯在後輩面前從不吹噓，僅雲淡風清地對建忠說：「運輸艦有驚無險的航程，是由一連串的奇蹟堆疊而成。」透過英雄副長的口述，建忠特將運輸艦上魂飛魄散的事件簿整理譜出。

亂世成軍服勤的崑崙軍艦

一九四八年六月，年方三十二歲的海軍少校褚伯伯，分發到滿載排水量兩千四百噸的崑崙號運輸艦任副長職；副長是軍艦的管家婆，承艦長之命，綜理全艦的航行、作戰與維護、保養。運輸艦原為交通部招商局戰後接管的日本商船海輝丸（*Kaiki Maru*，日文：ハイケ丸）。這艘英國製的雜貨船，船齡二十九年專跑近海航線。招商局接收之初命名為海浙號，後易名為海吉號，但改名改不了運，接管後船身腐蝕漏水日益嚴重，多半停航待修。

一九四七年台灣發生「二二八事件」後，海軍伏波軍艦馳赴台灣應援高雄要塞守軍，在台灣海峽夜航時，被招商局的商船攔腰撞沉。經官府興訟年餘，法庭裁決招商局須賠償海軍，招商局遂將半癱停航的海吉號抵償，海軍重新定名為崑崙軍艦。

褚副長抵達上海的海軍江南造船所，向崑崙軍艦艦長報到。沈艦長較褚副長高出二十六個年班，年齡比他足足大兩輪，對初晤面的年輕副手頗有微詞：「年紀輕、海上年資與航行歷練嚴重不足，你要怎麼帶領部屬呀？」

抗戰軍興那年，褚伯伯甫自電雷學校航海科畢業，當時的舊海軍艦艇悉遭日軍擊滅，閩系海軍自稱「中央海軍」，把持舊海軍，拒絕對其他地方海軍學校培育的初官派職，褚伯伯只得脫離舊海軍，赴交通部江輪服勤。抗戰勝利後，閩系海軍被清洗出局，褚伯伯才有機會重返新海軍服勤。褚副長心想，自己海上年資與航行歷練嚴重不足，這是宿命，遭海軍老前輩的沈艦長打臉也是活該，褚副長決心埋頭苦幹，讓沈艦長刮目相看。

褚副長到職時，運輸艦正在船塢內大修；塢修時也加裝了日式艦砲，還有足量救生筏供船客使用。畢業自清國煙台水師學堂駕駛科的沈艦長，責成褚副長監督大修工程，以觀察他的能耐。褚副長銜命後，親率艦上官兵隨同造船所技師，日夜趕工整修。崑崙艦被定編為海軍二級艦，裝載軍需物資也搭載船客，故塢修時還加裝足量救生筏以供不時之需。

在褚副長的督促下，造船所技師加快檢修，崑崙艦於該年十月提前出塢。經冗長的廠試與公試，再由海軍派員驗結，稍事整補添加油彈糧水後，崑崙艦於該年底成軍納編服勤。當時海軍能夠跨洋航行的十一艘各型運輸艦之艦況，以大修後的崑崙艦最佳，雖然腐蝕的船身仍然漏水，但經抽水馬達日夜運轉並不影響航安。在日益吃緊的內戰潰局中，海上運輸重任，理所當然優先檢派崑崙艦出勤。

一九四八年十二月起，運輸艦主要任務係將政府機關的物資、檔案、官員、眷屬疏遷至台灣，回程則前運國軍部隊南來北往，投入內戰。褚副長責任心重，每航次全程都在駕駛台上指揮，確保航安、物安、人安，航途中幾乎都沒闔眼休息。

副長認為，艦長的指揮處事方式總是漫不經心，對瑣事也不聞不問，都交待副長全權處置。褚副長起先誤以為沈中校整天滿腹牢騷，只是單純的升遷不順——他的軍校同學都早已晉升將官了。直到崑崙艦出塢前，艦長突然安插一位來自馬來亞的僑生登艦擔任文書上士，讓褚副長嘀咕道：「都二十六歲的暨南大學高齡大學生，居然辦休學來到艦上，屈就上士軍階，違常之舉到底圖謀些什麼？」更離譜的是，文書上士到職未幾，沈艦長竟透過高層刻意調配，將非親非故的文書上士連提兩階，派職為本艦的「同中尉」書記官，合法出席艦上官員的機密會議。為了補實文書上士的空缺，艦長再熱心安排一位文藝青年上艦任職。

褚副長近身觀察兩位空降文青，他倆對海軍專業毫無興趣，但卻在艦上積極數落政府貪腐無能、反對國共內戰。至此，褚副長有了警覺心，大致上有個不詳的圖像呈現——經艦長的人事安插，崑崙艦遭到了滲透，兩位文青潛伏在艦上臥底密謀不軌！

崑崙艦成軍後頭幾個運補航次表現非凡。一九四九年一月蔣總統引退下野時，該艦又奉命執行更重要的任務。她駛入長江口上行至首都南京候遣，將國家重要文物、檔卷從首都疏遷至台灣。南京下關碼頭堆積如山的木箱，在小年夜匆忙裝入崑崙艦貨艙內，包括故宮博物院文物九百七十三箱、中央博物院籌備處文物一百五十四箱、中央圖書館書冊一百二十二箱與日本歸還掠奪之珍貴文物四箱。裝載的國寶有王羲之「快雪時晴帖」，還有翠玉白菜、青玉花瓶、珍品白玉等。

不過，船艦嚴重超載，隨艦便載疏遷撤台的南京海軍總部數百位高階將校及眷屬，被來自陸軍黃埔一期的海軍桂總司令「請」下船，包括住建忠巷子口的陳老伯與陳伯母。依然超載的崑崙艦，未及裝載下關碼頭的七百二十九箱故宮文物撤台，遂匆忙忍痛丟棄啟航，殊為遺憾。

崑崙艦此趟任務因超載，故邊航行邊堵漏，慢俥航行兩週，始將兩成的國家寶藏運抵基隆港。此趟駛離南京來台，崑崙艦就再也沒重返首都。三個月後，共軍快速攻佔華中半壁江山，渡江奪下南京。

崑崙艦完成撤運國寶後，返回上海母港靠泊，惡耗陸續傳來：海軍多艘軍艦竟遭劫持駛往解放區投共。海軍總部遂採取應急措施以內防突變、外防突襲。大小艦艇的防變措施包括：出海任務須經海軍總部核准始得限量加油以嚴格控管航程；加強艦艇重要部門如駕駛台與電訊室的武裝守值；由艦長召集編成保密防諜小組監控全艦官兵一舉一動。

由於時局紊亂、戰事失利、經濟崩潰，艦上官兵因沈艦長滿腹牢騷導致軍心浮動、謠言四起。褚副長憂心忡忡，認為由沈艦長指導防逃防變，無異提油救火，極可能是下一艘遭劫持投共的軍艦，但無從掌握到確切證據。褚副長體驗到軍艦要徹底防變，管家婆副長是關鍵人物。因此，主動放棄休假，全天坐鎮艦上督導戰備，應變制變。

三月下旬，崑崙艦領受緊急任務，納編為疏遷海軍機校師生、眷屬與儀器設備撤台的專艦。褚副長督導官兵緊急改裝崑崙艦後貨艙為客艙，設置簡易雙層通鋪，並增加艙內送風機，以容納數百位學校師生眷屬與海軍總部高階長官及家眷。副長在查核船客名冊時，驚見艦長有四位身份不明的人士搭船隨行赴台。此外，艦長的公子也在列，寵妾攜幼子也登艦隨行；沈公子在左營海軍士兵學校擔任文職的同中尉助教，舉家隨艦撤台當屬常理。

副長依照艦規，安排機校王校長入住艦長室，不料遭艦長以校長較他資淺二十四個年班而嚴拒，並表示寬敞的艦長室仍然由沈氏家眷與艦長的貴賓們占用，褚副長只得委屈自己，將副長室騰讓給主賓學長的王校長居停。

船客尚包括撤台的褚伯母、長女小鏡與次女小美，副長低調把家眷安置在客艙，與機校眷屬混居才不會顯眼。輪機長的住艙有準女婿隨行，中停福州後當即成親。隨艦撤台的，尚有崑崙艦前一航次未及疏遷的海軍總部高階將校與眷屬，建忠家巷子口畢業自煙台海軍學校駕駛科的陳老伯，連同陳伯母終算搶登上艦，離開大陸退避至台灣。

隔日，數百位海軍機校師生及家眷，開始陸續登艦，包括當時機校大二軍校生的建忠鄰居張叔叔。機校師生組織嚴密、軍容威武，學校衛兵排全副武裝攜槍登艦，輪值站哨維持軍紀。他們在艦上的行動有條不紊、禮節周到，足證辦學治校的嚴謹。裝箱的教學儀器設備，吊放入前貨艙內定置。隨後一具棺木也吊掛入艙，全艦官兵與船客都立正向棺木敬禮。

兒童節啟程充滿凶險

四月四日兒童節傍晚，崑崙艦完成裝載，解纜駛離上海外灘白渡橋海軍碼頭。對艦上官兵與船客而言，這一年的兒童節是他們一生中最難忘的轉折點。崑崙艦沿黃浦江駛向外港高橋油庫碼頭旁靠加油。當晚，核實的限量柴油很快加足，崑崙艦的續航力達千浬，僅夠跑趟上海—福州—馬公—上海。但不知何故，加油後艦長始終未下達啟航令，直到隔日夕陽西斜時才解纜、用俥，離開高橋油庫碼頭，足足耽擱了十六個小時。

當運輸艦緩緩駛出吳淞口進入長江下行後，副長、輪機長與航輪各部門主管被召至艦長室開會。到齊後，褚副長驚見沈公子持槍將艙門反鎖，艦長的四位「朋友」也冒出，手持衝鋒槍指向與會軍官。沈艦長當場宣告：「艦長我已接受號召要起義立功，將機校師生弄到解放區重新設校，這些海軍造艦幼苗將替建政後的共黨自主國防貢獻心力。你們若識時務，就應全力配合，將來有福同享、連升三級當大官！」

接著書記官手持「號召起義」佈告，並捏造全艦軍士與士兵早已附和的訊息，企圖當面說服艦上軍官，共謀出海航行後刻意製造顛簸假象，以橫搖與縱搖讓船客暈船嘔吐，再伺機把機校衛兵隨身武器逐一繳械後，劫船北駛解放區投共。

現場氣氛凝重，在四名暗樁槍口威嚇下，褚副長心想果不其然一如預判。沈艦長藉外力劫船，這航次劫數難逃，該來的躲不掉。副長環顧艙內與會軍官均滿臉錯愕，參加劫持的官員即使有，也應該不多，謀反的本錢非常單薄，否則就不會有武裝外力趁機登艦介入。副長觀察入微，這些外行人根本不具航輪常識，有勇無謀。

褚副長率先打破沉默說：「報告艦長，北駛解放區這檔事須要從長計議，不如大家先回崗位值更，沒有航輪軍官督導，就沒有航行安全，哪兒都去不了。」艦長見褚副長毫無誠意配合，艦上各部門主管軍官也對劫船沒興趣，只好打破僵局宣佈散會，令暗樁持械押著所有軍官，登上已遭文書上士率變節士兵控制的駕駛台集中看管。

副長迅速擬定逆轉勝的作為，就是要爭取寶貴時間以拖制變，讓崑崙艦停航，逼艦長放棄劫船動念，否則就破壞輪機，將船艦變成毫無動力的水牢，靜待路過的友艦解圍。

副長低聲質問在側的輪機長，此趟航程返回福州家鄉中停，你主持女兒婚宴是否當真。輪機長使個確認眼神，副長悄悄交代他應變程序後，輪機長就佯裝如廁，從駕駛台遁走，奔返輪機艙反鎖所有艙門，準備停航。

暗夜中，崑崙艦沿著長江水道下行駛向出海口時，輪機艙突然透過聲力電話向艦長報告，「輪機艙嚴重漏水導致發電機淹沒，必須立即停航檢修」的假狀況。輪機長不待艦長俥令，自行操作主機大減航速並故意切斷艙面電源，艦長在漆黑中只得悻悻然下令拋錨。持槍的書記官怒火中燒，率眾衝向輪機艙威嚇開航，他們輪番在輪機艙門外叫囂，始終不得其門而入，褚副長的應變程序果然奏效。

書記官回駕駛台後，對副長咆哮：「都是你帶頭搞怪阻撓起義！沈艦長的公子是我中學同學，我倆早在三個月前的小年夜就準備兵不刃血，暗中劫船北駛解放區，將國寶文物呈獻給上級，作為海軍率先起義投共的軍艦。但上級認為我對軍艦的策反工作尚未成熟，訓令暫且按兵不動。」褚副長心想好險，麾下官兵究竟有多少人參加劫船？

書記官揚揚手槍接著說：「航前我與四位朋友激烈爭辯行動方案，他們主張用殘暴的邊區游擊戰法，武鬥血洗軍艦，留船不留人。若沒我的勸止，現在我們早已血染全船駛入解放區！我們歷經冗長的辯論後，我才說服他們以文鬥招安方式起義北駛。若你不從，我這些朋友的耐心有限，迫不得已時，他們就會用暴力先殺掉你再奪船。」副長終於明白為什麼加完油還拖了十六小時才開航，原來劫船同伙們舉棋不定在鬧內鬨。

四月六日晚，輪機艙與駕駛台間的對峙，已超過一整天，艦長急得進退失據，顯露慌亂神色。褚副長在駕駛台經過一天的冷靜觀察，細數駕駛台上劫船謀反的官兵，連同眼前的「朋友」，總共不會超過十六人，其中主謀者，僅艦長與書記官兩人，餘皆為從犯。書記官有膽無識，欠缺海軍航輪專業；沈艦長有識無膽，身為一艦之長卻沒定見。

劫船人員在停電下足足煎熬長達三十小時，在意志力瀕臨崩潰之際，褚副長決定在漆黑的駕駛台上出招，耐心向沈艦長剖析：「此刻艦長您處於騎虎難下的態勢，唯一解套的途徑是依既定航行計畫先駛往福州中停，抵達後再議是否北駛。」艦長不知所措地聆聽，褚副長掏出打火機替艦長點根菸穩住他心緒。

「謹建議艦長您暫緩北駛的理由有四。第一，本艦近百位基層軍士、士兵都是閩籍，尤其是輪機艙的工匠，成軍一年來均苦無機會返鄉省親，住艙堆滿他們賀節孝親禮物，且多為上海添購昂貴的舶來品，這航次難得回閩接濟家屬。現在艦長您執意北駛，只會逼閩籍官兵鼓噪抗拒您。」褚副長讓艦長感受到孤掌難鳴。

「第二，前貨艙內載有海軍陳上將的靈柩，本艦有幸接護閩籍先輩返鄉，且遺族已聚集在福州恭迎本艦專送的靈柩，擇日厚葬入土。畢業自清國江南水師學堂駕駛科的先輩陳上將，在軍校期別高您六個年班，艦長您是他的後學。基於軍中倫理與民俗，艦長您可千萬別亂來，把棺木送往天寒地凍的華北。」

提醒艦長萬勿輕易嘗試泯滅人性的舉措，可別遭人指指點點一輩子。

「第三，艦長您目睹搭艦的機校師生紀律嚴明、士氣高昂，衛兵排荷槍實彈在甲板站哨輪值且精神抖擻。只要您劫船事端被揭發，機校的衛兵排弟兄擁有超過三十支步槍與手槍，仗著人多火力強，定會全力反撲奪回本艦。」副長的分析讓艦長覺得劫船成功機率其實不高。

「第四，劫持軍艦的士兵居然在航行時搶奪駕駛台與電訊室武裝守值官兵的三把槍械，本艦還有王法軍紀嗎？我已著令槍砲官斥責士兵乖乖歸還解繳，剛才槍械已鎖入軍械室。就算艦長的「朋友」的四把衝鋒槍能制壓機校師生，造成師生玉石俱毀的大量傷亡，開往解放區後恐怕艦長您的腦袋也保不住。」

褚副長的四點說明，讓艦長不再執意劫船北駛叛逃。

副長語氣堅決地警告：「不如這樣吧，艦長您先駛往福州中停，抵達後凡不願去解放區的官兵與船客可先行離艦。若艦長您拒絕南駛福州，或航途上耍花招掉頭北駛，輪機艙就會再度故障，運輸艦日夜都動彈不得，路過友艦很快就會旁靠過來盤查奪回。艦長您請自行斟酌利弊，儘快下達決心！」艦長自知軍艦在海上錨位動彈不得，遲早都會引起路過的友艦疑心，猶疑一陣子後，終於下令儘快堵漏並「修復」發電機開航，按航行計畫南駛福州再伺機劫船北駛叛逃。

四月七日拂曉，崑崙艦輪機隊宣告「堵漏成功修復發電機」，艦長乃下令起錨南駛。當時知曉劫船的艦上袍澤不到四十位，均為輪機隊反鎖艙門輪值的工匠，暫時未走露消息，也沒引起機校師生騷動，避開一場血腥的交火。副長在駕駛台趁劫船人員暈船疏於警戒之際，潛入海圖室，把北方解放區所有海港航道的海圖，悉數拋入大海，斷絕北駛投共的要件。

四月八日清晨，崑崙艦南駛航程過半，潛伏的共產黨人到海圖室翻找解放區海域的航道圖，卻遍尋不著，知曉劫船毫無希望，在駕駛台叫囂著要大開殺戒與副長同歸於盡。他們噪鬱的情緒愈發失控，舉止也就愈慌亂。褚副長見狀立即建議艦長，就近在浙江溫州外海停俥漂行，讓這些「朋友」可選擇自行離艦。由於這些人完全不諳水性，看著洶湧的波濤就暈眩，最後決定繼續隨艦去福州中停，且應允不再鬧情緒拿槍口亂指，艦長遂下令加俥繼續南駛。

四月九日午時，經過兩天半的航程，崑崙艦愈接近福州，劫船人員就愈消沈，監視的力道就大為鬆懈。副長見機會來了，藉口回副長室更換內衣褲，到自己住艙向機校王校長說明劫持經過。王校長立即下令機校衛兵排長隨時候遣，應褚副長之命待機武力奪回駕駛台。王校長並找自己的親信也是艦上的通信官來見，指示他俟機協助副長制變。

褚副長職責所在，須向海軍第三軍區的福建馬尾巡防處告知預定到港時辰，以便對方備妥支援拖船推頂與碼頭帶纜套樁，請艦長准許開啟加鎖的電訊室拍發電文，否則海軍總部作戰中心會對崑崙艦的行蹤起疑。艦長派他的「朋友」押著副長及通信官入電訊室。

副長指示通信官拍發三份加密電訊，分別呈遞海軍總部、馬尾巡防處及轄管本艦的左營海軍第三軍區司令部，簡略說明劫持經過，並請求馬尾巡防處支援平叛。押解的共產黨人全無通訊專業知識，渾然不知拍發加密電文的內容到底透露哪些密訊。

當崑崙艦駛抵福州馬尾羅星塔錨泊時，兩艘海軍戰備值班砲艇，也備砲瞄準該艦包挾駛來。副長喝令駕駛台劫船人員：「你們看看周遭吧—外有火砲齊全的兩艘砲艇包挾駛近、內有全副武裝的機校衛兵包圍駕駛台梯口，你們火力懸殊，全無勝算。為免傷及無辜，我命令你們即刻棄械跳海離艦！」

書記官眼見大勢已去，慌忙中率領沈公子及他的朋友，套上救生衣從駕駛台跳海，狼狽地爬上過往的民船各自上岸隱蔽。駕駛台上的艦長及劫船官兵，在機校衛兵槍口下未及走避，遭登艦的馬尾巡防處武裝警衛上銬，帶往福州城內偵訊。褚副長的制變程序，讓崑崙艦歷經一場驚心動魄的劫船綁架師生鬧劇，在他軟中帶硬、見招拆招下，徹底粉碎崑崙艦的北駛。事後該艦安抵馬公，船客始獲知詳情，都嚇得魂飛魄散……

褚伯伯所言不虛，能夠歷劫歸來，是一連串的奇蹟堆疊而成。若劫船者持械蠻幹，四月四日兒童節當晚，崑崙艦已遭血洗劫持駛入解放區投共。所幸劫船事件逆轉，是褚伯伯以智取勝、奮勇阻止劫持，戲劇性張力十足的事件簿。

事件結束後不到兩週，褚伯伯就代理群龍無首的艦長職，率艦自馬公回航參與淞滬保衛戰，運載陸軍第五十四軍殘部撤台。代理艦長褚少校於一九四九年七月依計畫晉陞制度提階為中校，緊接著，他再率崑崙艦參與十月初廣州戰役，運載陸軍第一〇九軍殘部撤台。此際，崑崙艦在雪崩式的戡亂潰局中疲於奔命，南來北往穿梭於兩岸執行軍運，漏水的情況愈來愈嚴重，須入塢緊急搶修堵漏，再也不能出海執勤。

崑崙軍艦將陸軍殘部載往澎湖整編後，就近在馬公第二造船所入塢搶修艦身腐蝕漏水的痼疾。代理艦長褚中校突然又接獲緊急任務，略以支援廣州戰役的ＬＳＴ戰車登陸艦中興艦，搭載近千名海軍眷屬撤台，該艦在東沙環礁擱淺坐礁。江元艦半個月後馳援帶纜拖救，也擱淺損毀棄艦。褚中校不顧崑崙艦尚未出海公試驗收，邊堵漏邊以戰速馳赴現場，接載滯留東沙島上千餘位海軍官兵與眷屬撤台。

褚副長代理艦長職任期屆滿後，於一九五〇年初因戰功真除代理，正式擔任崑崙艦成軍後的第二任艦長。戡亂時期崑崙艦馬不停蹄協助國庫，將部分黃金條塊、純銀錠、銀圓鑄幣與美金現鈔撤往台灣。畢竟，撤運國庫準備金安全抵台，可替政府遷台初期的施政改革，增加穩定金融市場的力道。

一九四九年海軍在亂局撤台過程中，有十九艘能跨洋航行的大型軍艦企圖投共，僅崑崙軍艦等四艘因平叛措施得宜粉碎變節奪回。崑崙艦的叛變未喋血，是奪回的四艘大型軍艦當中，以智取勝的典範。至於不能出海遠航的河防舟艇，叛逃投共的竟也高達七十三艘，海軍變節投共的官兵，多達三千八百餘人。

褚伯伯足智多謀、奮勇阻止崑崙艦叛逃，展現對國家忠貞不二的軍魂，獲頒「陸海空軍甲種二等干城獎章」，是僅次於勳章的三軍通用獎章，以表彰褚伯伯於戰時著有功績。

赤膽忠心的褚伯伯畢生奉獻軍旅，以中將軍階屆齡退伍，他的傑出表現，確保了遷台初期的海軍傳承與永續發展。二〇一五年十月，故宮博物院在台北舉行九十週年院慶記者會，特別表彰崑崙艦褚副長於兵凶戰危之際，承運近千箱國寶文物撤台；雖然搶運無價文物僅為故宮收藏的一小部份，但沒有崑崙艦的及時撤運，故宮也無法在外雙溪復館公開陳展文物。建忠身為英雄副長褚伯伯的鄰居後輩，與有榮焉！

風獅爺與小齒輪——八二三砲戰中的小故事

建忠就讀大學時期的系主任爵明教授是救命恩師，在黑色奇萊山的山難時拉了建忠一把，強制建忠留校工讀不准登山，陰錯陽差把小命從死神手中奪回。有關詳情，我們留待後述。

紫財哥是建忠留學加拿大時期的學長，他褲袋裡永遠塞了個風獅爺石雕。學嫂陪讀也獲得碩士學位，成為建忠的學姐，她常親手做些金門風味的肉粽給建忠學弟熬夜苦讀時解饞。

當年紫財哥從台北的一流大學機械系畢業後，也許機械與船舶是一體的兩面，紫財哥服役時被分發到海軍服一年半的義務役預官。沒想到下部隊時，紫財哥竟抽中籤王——海軍金門巡防處！紫財哥與建忠留學加拿大期間，每每在跑電腦程式時，話題就圍繞著紫財哥服役金門的見聞打轉。

建忠學成歸國返回母校服務後，竹科生產自動化精密機台的科技新貴紫財哥，立即有請學弟建忠幫忙排除精準量測的技術瓶頸。時任大學訓導長（今稱學務長）的爵明教授設宴，替學成返國的學生輩接風，紫財哥竟然以陪賓在座！原來，爵明是紫財的表哥。訓導長宴席酒喝多了，興致勃勃地插話，他也去過金門參戰。八二三台海戰役全程，爵明與紫財均恭逢其盛，兩人都沒缺席。

教授也參戰？原來，訓導長是軍官出身。爵明教授早年曾就讀海軍機校電機系電力組，比建忠父親低十六個年班。出身於海軍眷村子弟的建忠，每每在研究室聆聽教授與紫財哥講述服勤海疆的甘苦，內心澎湃不已。八二三期間，兩位前輩在金門料羅灣的陣中記事，深深烙印在建忠的腦海。

金門服役的烽火情緣

一九四九年底，政府疏遷渡海興台，共軍乘勝追擊，準備血洗解放台澎，留島不留人。在大江大海風雨飄搖動盪的亂世，爵明表哥這位流亡學生緊隨潰軍從華北撤退，經廈門搭最後一班商船逃離兵燹。四年的國共內戰，爵明在兵荒馬亂中，學業受到嚴重耽擱。他逃到澎湖落腳時已二十足歲了，高中都還沒畢業。

爵明暫時依靠台灣唯一的親戚舅父，借住澎湖五德機場外舅媽臨時搭建的竹籬笆眷舍，表弟紫財在日本設置的澎湖廳馬公女子高校改制的中學讀初一，成績好到獎狀貼滿了眷舍客廳牆面。由於舅父家中擠滿逃難的親朋好友，食指浩繁、三餐不繼，加諸舅父只是澎湖縣府的基層辦事員，收入微薄，爵明只得一面在馬公漁市場打粗工，領取血汗錢貼補舅父，一面自修苦讀高中課本，期以檢覆通過同等學歷資格。在澎湖一整年離亂的日子，他咬著牙用力撐下去。

表弟紫財功課樣樣都好，就只有英文鴉鴉烏，原因是原馬公女高的英文教師日語比國語好，國語又比英語好。爵明義不容辭，拿出行囊中北平師範學院附中的英文課本從頭教導表弟。到了初二，紫財的英文程度超過老師，除了領三育獎學金，成績還穩拿全校第一名。

一九五〇年夏至當天，適逢韓戰爆發。美國為避免兩面作戰，把民主與共產兩極陣營對峙單純化，遂執行「台灣海峽中立化」政策，左手防止共軍伺機跨海武力血洗台澎，右手勸告甫復行視事的蔣總統暫停跨海反攻準備，當中還穿插美軍對大陸沿海港口施以戰略物資禁運，爵明與紫財倆都鬆了口氣。

衡量現勢，爵明為減輕舅父全家的負荷，毅然決心投身軍旅吃國家的軍糧。爵明以同等學歷資格，報考海軍機校，有幸高分上榜。他由舅父、舅媽與表弟紫財陪同，到澎湖海軍第二軍區大門報到，離情依依，開啟了爵明的軍旅生涯。這年暑假，紫財赴台北輕鬆考上台北的一流省中；澎湖的眷村長輩們，為慶祝紫財的金榜提名，還燃放了一整天的鞭炮呢。

「第一次台海危機」的浙海一江山島陷共時，爵明甫自海軍機校畢業任官，分發到馬公海軍第二造船廠（海二廠）的電子工場任職准尉見習官。爵明把任官後第一個月的薪俸袋，雙手捧著孝敬舅父與舅媽，兩老高興笑到合不攏嘴，但舅父非常堅持，收袋不收錢，令爵明存妥薪俸別亂花費。

半年後爵明晉升少尉，趁公務出差到台北大直海軍總部開會之際，探視住省中宿舍的表弟紫財。表弟問：「表哥，我參加大學聯考，志願該如何填？」爵明分析給表弟參考：「省中臥虎藏龍，你要拿校排前五名爭取保送難如登天，就用功拼聯考爭取高分吧；再者，舅父經濟條件差，無法供你讀學費昂貴的私立院校，你還要考慮大學畢業後的就業市場，目標就聚焦在公立大學的工程學系。這是我的薪餉，拿去買奶粉補補身子，萬萬不可讀垮健康。」

紫財一向對表哥言聽計從，果然在聯招高分進入台北一流大學機械系榜單，澎湖眷村那頭長輩們又燃放了兩天鞭炮。紫財用奶粉錢買了派克對筆，一支自己留用，一支送給表哥，答謝他的開示。爵明正在談戀愛，寫情書總該有支稱頭的鋼筆吧。

紫財大學畢業時的兵役徵集，被編入義務役預備軍官第七期，當年總共徵集大專近千名男性應屆畢業生入營服役。紫財在海軍入伍結訓後，赴海軍專科學院接受術科初級班的施教。爵明來信解釋，這間軍校是他讀過的海軍機校晉名而來的，所以表兄弟倆既是親戚，也是學長學弟。紫財少尉結業掛階後，再赴左營桃子園的兩棲部隊海灘總隊所屬的灘勤中隊見習半年，也是建忠父親在海軍兩棲訓練部上校參謀長任內的部屬。

共軍繼奪占浙海國軍戍守各島群後，逐次增兵至台海當面。在風雨飄搖的戰雲下，海軍少尉修護官紫財過完清明連假返鄉馬公祭祖後，就搭ＬＳＭ中型登陸艦美樂艦赴金門料羅灣搶灘，海軍金門巡防處的吉普車把四位新科預官載到處部向處長報到。巡防處下轄海軍第二巡防艇隊的金門分隊與兩棲部隊海灘總隊所屬的小艇大隊第一中隊，這些屬艇穿梭往返金門與外離島間巡弋和運補。

胡姓上校處長兼金門防衛司令部（金防部）的副參謀長，召見預官後立即大筆一揮，三位菜鳥預官被轉送至烈嶼、大膽、東碇等外離島的小艇分隊蹲點，留下英語溜的高材生紫財少尉在處部任灘勤組修護官，當個旱鴨子海軍軍官不用出海，主要職掌是應付美軍顧問團駐金門顧問分組趾高氣揚的刁難。

赴前線金門報到時，紫財少尉的役期其實只剩半年。在料羅灘頭協調登陸艦搶灘、退灘的日子過得飛快，轉瞬間已來到端午節連假。巡防處的政治指導員為展示海軍也熱衷於敦親睦鄰、愛民如子，認養了灘勤組營區隔鄰的金湖中心國民學校（今日的金湖國小）環境清潔打掃。紫財少尉被指派為帶隊官，率領處部遭罰勤令禁足的兵痞出公差整理校園環境。政治指導員再三警告——打掃後如果校園內還檢查出有落葉等垃圾，摸魚打混的帶隊官與兵痞們全體繼續禁假不准外出。

負責接待阿兵哥公差打掃校園的，是學校的值日老師。紫財少尉向老師報到時，當場被眼前瘦弱的美女電到舌頭打結，說不出話來。「長官早，你別愣在那兒，有事來學校洽公嗎？」美女老師落落大方地問紫財少尉。「是…是的，我叫…叫紫財，我…我是帶隊官，率領弟兄來…來校打掃清潔環境。」少尉兩手互搓，掌心冒汗，秀外慧中的老師把台北椰林大道的校花都比下去了。

「我叫雅惠，是教小學生唱遊的音樂老師。這個月由我輪值駐校，我去替阿兵哥準備茶水，你們先忙。」紫財慌張地攔阻說：「萬…萬不可，部隊規定不…不准擾民，阿兵哥都有帶滿裝的軍用水壺。」雅惠微笑道：「這樣也好，那我就去備課了。」少尉目不轉睛地癡望著雅惠老師的倩影消失在值日室門後。

紫財再次巧遇雅惠老師，是隔週六在山外村落的書店內，兩人都在找詩聖瘂弦主編的《創世紀詩刊》要購買。既然有書香共同的嗜好，兩人就圍繞在超現實主義詩評聊天，共進午餐再共進晚餐。雅惠老師是金門陳家望族的千金，師範學校畢業後就返鄉執教鞭。她尊翁是金門赴南洋打拼的僑領，在新加坡事業有成，下令消瘦如紙片人的雅惠辭教職，去南洋休養繼而協助掌理家族事業，但雅惠舉棋不定，問年長兩歲的紫財可否替她出個主意。

「戰地金門是前線，隨時會爆發戰爭，英國殖民地的新加坡以華人為主且行將獨立建國，排華的馬來人一時還犯不了華人，伯父那頭相對安全；妳太瘦了，要注意身體健康。」在大學拿教育部補助學費的馬來亞僑生，曾向紫財抱怨馬來人與華人之間的種族糾紛，他一五一十轉述給雅惠知道。

「我去尚義村的陸軍五三醫院民眾診所看診，醫官僅說我腸胃不好，建議我回台灣找大醫院作高階檢查，才能正確診出病因。你確定戰火一定會波及金門？」雅惠認真地問紫財少尉。

「不好說，但我已被告知隨時會提升戰備，管制休假。」紫財憂心忡忡地擔心美好的邂逅就此無疾而終。雅惠滿心期待地說：「明天我去教堂望彌撒，中午你可以出營區與我共進午餐嗎？」紫財不知怎麼回答，若今晚就提升戰備那就糟了。

「這樣好了，我在教堂門外等到下午一點鐘，若你軍務繁忙，記得寫信給我。」雅惠寫下國民學校、金門舊居及新加坡地址給紫財哥，他也將部隊的軍郵信箱號碼與馬公鎮父母的眷舍地址抄給雅惠。

果不其然，週末當晚海軍巡防處因料羅灣軍運頻繁而管制官兵外出，紫財急得跟熱鍋上的螞蟻般心緒不安。所幸，週日午餐前，處長令紫財搭乘灘勤組中校組長的座車，專送閃急密電給金防部的海軍中將副司令批示，紫財繞至教堂找到雅惠向她抱歉不能陪她用餐。

「看到料羅灣佈滿艨艟巨艦，就預感到你會非常忙碌。」焦急的雅惠放下心中的石頭，但蒼白美麗的臉龐冷汗如豆。她拿出個包裝雅緻的禮盒塞給紫財說：「這是我母親送給我的金門風獅爺石雕，母親說它能鎮煞驅邪保平安；你在戰地金門更需要它，記得要擺在床邊，風獅爺的頭要面對營門才有法力，這是我們金門鄉親的習俗。你看著擺在床邊的風獅爺，就會想我。還有，這是我親手替你包的金門肉粽，端午節才過完嘛，夜間值勤當消夜吃暖暖肚子。」紫財接過巴掌大的禮盒與一大串肉粽，觸碰到雅惠冰冷的手，一定是她在教堂門外久候受了風寒。

「我沒準備禮物回贈，這樣吧，刻有我姓名的派克鋼筆送給妳，用它寫信給我更能心靈相通。」紫財左手掏筆塞給她，右手還緊握雅惠的手讓體溫把她變暖，她羞紅了臉但沒抽手。

紫財看到組長的駕駛兵在使眼色催請回營。「我要回部隊了，每晚我都會寄封信給妳。」少尉深情地看著雅惠，一艘軍艦正在教堂後的料羅灣搶灘。「我也會每天回信給妳。」雅惠步下教堂，向座車上的紫財揮手，直到他消失在灘頭人群中。金門情緣對兩人來說，都是初戀，愛情一開始在前線戰雲密佈下結緣萌芽，就得面臨聚少離多的考驗。

紫財過完農曆的小暑，就收到雅惠的限時掛號信向他道別，她父親派了大管家來金門，暑假開始後就護送她去新加坡避戰禍。她要紫財把信寄到新加坡的地址。之後兩人書信往返頻密，他微薄的少尉預官薪資，半數花費在交通部軍郵局購買國際航空郵簡。收到雅惠限掛那天，紫財就「破百」了，即百天後的九月底就可退伍安全返鄉。故閒來無事時，他都留在營區苦讀托福，準備放洋留學。

年歲五十開外的灘勤組資深兵老爺們，每每捉狹地邀約紫財偷溜出營區，去小徑村的「八三么」特約茶室，再不去你少尉退伍就沒機會轉大人了。他只笑笑，推說書中自有美嬌娘，其實是忙著寫情書給新加坡的雅惠。特約茶室被稱為「八三么」的說法，有很多版本，兵老爺電機下士的詮釋最合理——八加三加一等於十二。當年設置八三么軍中特約茶室，戲狎軍娼二十分鐘的門票定價十二元，軍娼實拿八元當工資，特約茶室抽取三元當清潔費，金防部取走一元當防衛捐，那時節電機下士的月俸才二十元爾。

金門的命脈——料羅灣

金門十萬大軍連同四萬在地鄉親，軍需品與民生物資均由台灣供應；新闢建的料羅港港池窄小，加諸高低潮間有一層樓落差。百噸以上的船舶雖可抓準潮汐進出料羅港，一旦遇上低潮擱淺，如同固定靶船穩死，故僅有吃水淺的小艇能全天靠、離料羅港碼頭。大宗人員、物資的運輸，仍透過登陸艦在料羅灣搶灘裝卸。

金門海軍巡防處灘勤組的任務重點，置放在料羅灣海灘，也兼辦金門料羅港與水頭碼頭、烈嶼九宮碼頭、大膽與東碇繫泊點的軍運。紫財少尉緊跟在處長身旁。美軍顧問常來去的料羅灣與料羅港，就是紫財常出任務的場所。

能夠搶灘登陸金門料羅灣的艦船，就是軍民暱稱的美製「開口笑」登陸艦。艦艏有左右對開的兩扇艏門，艏門「開口」後，直立的艏板徐徐放下置於海灘，像極了伸出舌頭大笑般。完成「開口笑」的動作後，車輛、人員、物資就從笑口常開的艏板進出登陸艦坦克艙。

海軍的開口笑有兩種艦型，大型的是兩千噸級的中字號，中型的是四百噸級的美字號。鬱悶的紫財搭艦赴金門報到時，搭的是中型的美樂艦（LSM-242）；離情依依的雅惠老師，暑假由金門返台出國去新加坡避戰禍時，搭的是大型的中海艦（LST-201）。

海軍的中字號僅十五艘，為數有限，既要運補金門，同時也要顧馬祖、烏坵、南沙的軍運，就算卯足全勁動用所有中字號運補金門，輔以十三艘中型美字號，運量也非常有限。所幸國營的招商局及民營的民生航運公司在二戰結束後，以廢鐵價格向美國購入五十餘艘拆除武裝的中字號充當商船用，招商局及民生航運公司隨政府遷台後，還保有半數具備搶灘登陸功能的開口笑商船，就被國防部租用支援金門軍運。

不過，紫財在料羅灣協調搶灘登陸卸載人員物資的任務，感受到這份差事很不好幹。首先是商船的船長不太甩紫財少尉的調度，總是自顧自地先挑最好的船席搶灘避免擱淺打横；其次，商船船長算好潮汐說走就走，避免坐灘無法脫身，少尉想管也管不動。

登陸艦為避免登陸坐灘過久變成固定靶船，都會選定在高潮前兩小時搶灘，兩小時後的最高潮時退灘。對每艘中字號，紫財還得協調動員一個營的兵力充當搬運工，涉水由艏板進入坦克艙，像工蜂般將物資扛出置放在海灘空曠處。較小的美字號也須一個連的兵力充當搬運工卸載。

協調陸軍派遣兵力充當搬運工，讓紫財裡外不是人。若物資屬於某某部隊，不用敦請，他們會自動加派人力入坦克艙翻找部隊該有的物資，搬出直接攜返部隊就再也不見人影。屬於軍民通用統一分配的物資如第四類補給品建材的鋼筋與水泥，協調議定的部隊往往藉口有戰備任務在身，欠難派人，或答應支援一個連卻只來一個排，還推說支援搬運半小時後就得回營參加測考。

通常，一艘開口笑抵達料羅灣泊位向灘勤組報到後，由於灘頭卸載效率差，往往須要搶、退灘五六回，才能把前運的滿載物資如彈藥清空、把後送的物資如空油桶與砲彈殼入載。冗長的運補過程，讓海、空軍的護航兵力怨聲載道，胡處長帶紫財到金防部參加檢討會議，總是遭長官與美軍顧問痛罵，指責海軍欠缺兩棲卸載能力。不過，處長非常有肩膀，安慰紫財別煩心，要送軍法蹲軍牢到我處長為止，不會掃到你這個芝麻預官。

美軍顧問團金門顧問分組就更兇了。分組的上校組長在灘頭看到紫財就劈：「我跑遍全球，從未見過這麼爛的海軍！你自己瞧瞧，下卸的物資像垃圾般堆積在海灘，各單位派人翻找收受的物資曠日費時，前梯次的還沒運走，下梯次又搶灘，灘頭是個物資垃圾山！別以為你是英語溜的大學高材生，我有的是辦法，讓台北的美國大使館不發給你學生簽證留美。」

紫財天不怕地不怕地反唇相譏：「我們海軍就是爛，怎樣！你要改善我們灘勤作業效率，就得選送我們軍官赴美接受兩棲特業訓練呀。我放洋留學關你屁事，你的母國歧視有色人種，美國根本不是我的首選！」紫財扭頭就走，留下氣到滿面通紅的美軍上校呆立在物資垃圾山旁。

料羅灘頭的砲擊

七月底小道消息盛傳共軍米格機在台灣海峽南部開了第一槍，擊落空軍兩架戰機。由於即將開戰，料羅灣的軍運格外忙碌，往往一個梯次的運補就來了十艘開口笑搶灘。大家都深怕下一秒共軍的砲彈就飛過來，所以海峽空戰啟動後，卸載效率特別高。

八月五日，海軍巡防處的兩百噸級江秀砲艇（YP-543），偵獲對岸廈門港內數百艘舟艇操練兩棲攻擊。隔天，金防部提升戰備至狀況五，全島守軍進入陣地接戰。設置在金城、金沙、烈嶼的八三么都結束營業，軍娼們經過紫財在灘頭的安排，會同提前結訓的救國團暑戰營同學，搭乘開戰前最後一梯次的開口笑返台避戰禍。

空蕩蕩的料羅灣，不代表紫財無所事事，他白天還是得率灘勤組的兵老爺們在營區周圍挖戰壕。海軍的官兵比不上陸軍，跑不快也跳不高，戰力屬弱雞等級，陸軍把岸上的海軍視同無效兵力，頂多讓巡防處的官兵執行營區自衛戰鬥顧好自己，別給陸軍添麻煩就謝天謝地。

灘勤組中校組長的營區自衛戰鬥構想是這樣的——營區周界方正的戰壕，每邊邊長五十公尺，每個轉角設置土堡，由灘勤組遣兩人全天候固守。組長親率傳令兵及駕駛兵坐鎮營舍制高點，權充預備兵力，必要時令官兵放棄土堡退入營舍核心陣地死守。組長三番兩次耳提面命——注意城鎮巷戰的射擊軍紀，不得傷及周邊無辜的金門鄉親。

紫財少尉白天構工，晚上守在土堡渡過漫漫長夜。兵老爺說，共軍兩棲作戰的戰力跟九年前登陸金門古寧頭相較，沒長進多少，還是得靠夜暗掩護搶灘。緊張兮兮的紫財，入夜後握緊美製四五手槍，睜大眼到拂曉天明才和衣入眠。兵老爺教導少尉要把腦袋放空，睜著眼就可睡著，「長官您別怕，有我們打過仗的兵老爺保護您。」

紫財有一個多月沒接到雅惠的信。目送救國團營隊學員撤台兩週後，雅惠的國際航空快信終於姍姍來遲，紫財急切展讀。原來，她抵達新加坡後，就被雙親送去公立大學教學醫院住院檢查，診斷出是早期原發性胃癌。經手術切除癌細胞後輔以放射治療，下學期恐怕要請病假休養，留職停薪不教書，「財哥哥你在戰場要保重……」，紙短情長。紫財勸雅惠去新加坡是對的，留在金門繼續執教鞭，設備簡陋的尚義五三軍醫院根本救治不了她。

沒多久，全島蔬果短缺，海軍又忙著籌補新鮮食材前運金門。那天傍晚紫財巡視料羅灘頭，泊位空蕩蕩，運補船團還在半途中。他順道督導工兵在灘頭鋪設鋼蓆，好讓軍用卡車能在砂灘進出，快速裝載蔬果駛離。突然，爆炸聲從金防部傳出。是彈藥庫出事嗎？不對呀，是共軍砲擊的效力射！砲擊逐漸延伸至灘頭，落彈非常密集。

紫財從未見過這種陣仗，身邊的兵老爺電機下士拉他一把：「長官，別呆在那兒，我們快回營區土堡就戰鬥位置，跟上！」少尉在煙硝彈雨中跌跌撞撞奔回土堡，下士架好輕機槍瞄準灘頭，準備迎擊隨後搶灘蜂擁而上的共軍。

共軍砲擊一開始，是集中火力專打北太武山麓的金防部與砲陣地，但火力隨後轉移濫射村落民宅。一個重砲連的四枚砲彈彈群，很有規則地轟擊金湖中心國民學校，還好是暑假，師生都不在校園。

彈著點逐漸逼近營區，眼見下一批彈群就要命中營舍，紫財想到床鋪底下整箱雅惠的情書與案頭的風獅爺石雕定情物，慌忙跳出土堡飛奔回營舍搶拾。「長官，您瘋啦？我跟您去！」下士緊隨少尉，以肉身作盾側護他。當紫財在昏暗的營舍中翻找情書與風獅爺之際，下士突然感受到周遭氣壓陡降，經驗告訴他彈群就要飛到了，情急之下他推倒少尉趴下。「轟」地一聲兩人都失去知覺。

「修護官與電機下士的屍塊與兵籍名牌，都給我找出來！」紫財被爆炸震波震到耳際嗡嗡聲作響，仍可依稀辨識出灘勤組組長在遠端土堡發飆。下士抖落身上的灰塵，搖醒雙手緊抱情書與風獅爺的少尉，兩人頹然坐直，居然毫髮未傷！

當兩人蹣跚地步出營舍時，組長還以為看到鬼魅，繼而喜極哭道：「兩位都沒死？呵呵還好沒死！」紫財望著瘋瘋癲癲的組長身後，一個網球場般大的彈坑，把兩人先前固守的土堡炸翻，機槍變成一堆扭曲的廢鐵散落在彈坑內。冥冥之中，一定是雅惠催促紫財迅速離開土堡，共軍砲彈群即將直接命中。紫財這輩子都記得，那天是八月二十三日。

升降馬達的轉子

天明前，共軍沒登陸金門。謠傳金防部餐廳很多顆將星殞命，四位金防部的副司令官中被炸死了三位，只有海軍的高副司令福大命大，倖免於難。美軍顧問紛紛奔赴尚義機場與西村跑道，搶搭軍機逃離。聽說在台北居停的美軍眷屬百多人，也在美國駐華大使館安排下撤僑，逃返美國。紫財把風獅爺石雕塞入褲袋、情書用繃帶綑好綁在前胸後背隨身攜行，兵老爺們都取笑修護官穿著「愛情防彈衣」呢。

黃昏後，紫財回到灘頭。部分尚義五三軍醫院檢傷分類不用收治佔床，但沒有戰力的傷患——如眼前這位遭砲彈破片削掉食指不能扣板機的士兵，正列隊搭小艇退灘，駛向泊位的登陸艦後送回台治療。紫財一眼看出，八二三戰役開打後第一梯次的運補船團有三艘——一艘是雅惠返台搭乘過的中海艦，一艘是美頌艦（LSM-247），還有一艘是徵用的台生號軍租商船LST。

忽然，共軍趁部隊晚餐時段又開始砲擊，這回專打泊位的登陸艦。紫財坐在砂灘上邊啃食戰鬥口糧，邊觀看兩浬外的砲戰大戲。入夜後，料羅灣泊位又變得空蕩蕩，但遠海傳來隆隆的悶雷聲，應該是運補船團駛離料羅灣後，海上遭遇戰又開打了。

隔日金門海軍巡防處召開晨間處務會報，處長臉色鐵青地宣佈：「昨晚台生號遭共軍魚雷艇擊沉、中海艦吃了一枚魚雷重損，共軍從海上封鎖金門，會有好一陣子運補船團過不來。台北的美軍顧問團痛責我們海軍戰力差，新一批的美軍顧問，過不久會回來金門駐點，修護官你的皮給我繃緊些，準備與他們過招。」紫財點頭稱是。四年前的金門「九三砲戰」，兩名美軍中校在金城的水頭海灘被轟斃，美軍顧問也是肉身，阿兜仔比誰都怕死。

八月底，十八號輕颱過境，第二梯次運補船團無功折返。九月一日晚，紫財奉處長指示，親赴料羅港迎接新一批駐點的美軍顧問登島。海軍巡防處的小艇趁夜暗掩護，在料羅灣泊位接駁突破共軍封鎖的第三梯次貴賓時，料羅灣遠處海戰又起。

面如土色的美軍顧問與外籍媒體記者，非常狼狽地登上碼頭。原來，專送美軍顧問的五百噸級沱江號巡邏艦（PC-104），返程駛離料羅灣又遭共軍砲艇圍攻，被打成重損處於半沉狀態。聽美軍顧問耳語，天明後沱江艦才由美艦協助堵漏拖回馬公搶修。欲突破海上封鎖的第三梯次運補船團，缺了沱江艦的護航，只能退避駛返馬公。

新一批的美軍顧問上島後，立即在金防部召開軍事會議大發雷霆，顧問先數落海軍無法突破共軍對料羅灣的海上封鎖，致使運補金門遭截斷，再飆罵金門砲兵的反砲戰既打不遠也打不準。列席的紫財少尉忍無可忍，猛地起立用英語回嗆海軍顧問：「你們老美送給海軍的，都是爛軍艦與報廢船，你們自詡帶種喲？就派協防的第七艦隊護航，突破共軍海上封鎖呀！」

金防部司令官雖然聽不懂紫財這個海軍芝麻預官說啥，但從他的口氣聽得出是在嗆美軍，遂加碼拍桌回敬美軍顧問：「你們老美送的都是陸軍短程防禦火砲，根本沒有超視距目標獲得的偵蒐裝備，我要的是長射程的野戰自走砲附帶精準目標獲得系統，否則反砲戰沒法子打贏。那個列席的海軍少尉，給我翻譯！」經過紫財口譯，美軍顧問憤而集體離席。散會後，金防部海軍高副司令的辦公室主任走過來，拍拍少尉肩膀說：「罵得好，痛快！」

九月初，葛瑞絲強颱掃過台灣海峽後，共軍又開始瘋狂砲擊，就連尚義五三醫院都被鎖定，血肉橫飛。美軍終於首肯，派遣協防的第七艦隊前來，護航運補船團至料羅灣搶灘，否則連駐點的美軍顧問都缺乏洋式生菜沙拉可食用。處長召集灘勤組全體官兵訓話：「老美終於答應出手，不過，美艦只護航至距岸十二浬就回頭，不進入料羅灣的領海區，有美艦護航的梯次運補作業，由老美定編為『閃電計畫』。閃電運補能否奏效，就看我們灘勤組的協調效能。」

大家面面相覷，砲擊下閃電搶灘運補？那要看砲彈快還是搬運快。九月七日中午，閃電計畫的首梯次運補船團，也是八二三砲戰開啟後第四梯次的運補船團，有美平（LSM-253）、美堅（LSM-249）兩艘美字號在料羅灣順利搶灘。短短兩小時內就卸下二百七十四噸蔬果、十六大包郵件與增防官兵一百二十四員。登陸艦全身而退，共軍居然未發一砲。

紫財隨同數百位陸軍弟兄，像獼猴般飛快地在彈坑中奔跑搬運。隨同閃電首梯運補船團前來督導搶灘登陸的，是海軍六二特遣部隊（Task Force 62, TF62）指揮官的副總司令黎中將。

好運總有用完的一天。隔日閃電計畫第二梯次運補船團的美珍（LSM-241）、美樂艦搶灘後，共軍開始瞄準登陸艦轟擊！紫財曾搭過的美樂艦，就在新頭村海灘船席遭共軍火砲彈群直接命中坦克艙，還引爆未及下卸的彈藥與油料。爆炸的火球與濃煙直衝天頂，連紫財的臉頰都感受到火球的灼燙。斷成兩截的美樂艦遭滾滾烈燄吞噬，紫財對美樂艦特別有感情，五個月前他來金門巡防處報到時，就是搭乘她。

這天金門落彈超過五萬三千發，是八二三砲戰期間每日落彈數之冠！當晚，紫財恭送副總司令搭乘小艇離開料羅港，返回旗艦。副總司令損失了一艘美字號根本沒在怕，三天後閃電第三梯次運補船團的四艘海軍與兩艘軍租登陸艦，在灘勤組安排船席的席位又搶灘登陸。近兩千位陸軍弟兄從掩體內衝出，奔入坦克艙扛著物資又衝回掩體，速度之快，宛如田徑決賽。

搶灘二十分鐘後，砲擊又開始了！登陸艦紛紛退灘駛離共軍火砲射程，只有一艘軍租登陸艦在四號灘頭船席沒動作，但見船長與水手聚攏在艏板著急地指手劃腳。紫財職責在身，從掩體奔向艏板問：「船長，您怎麼還不退灘走人？」船長說：「艏板的升降馬達壞掉了，無法回收艏板。艏板不收回則艏門就關不了，就算退灘駛出大海，浪湧從開口笑灌入坦克艙，增加操縱難度，遲早船也會沉沒。」

共軍的落彈已打在料羅灘頭上！緊隨在少尉身旁的兵老爺電機下士捲起袖子說：「我來檢查升降馬達。」果然薑是老的辣，赴美接艦三次的下士過沒多久，手握著馬達的轉子臉露笑容說：「問題找到了！過度使用的轉子斷裂，船長您有備品可更換嗎？」緊鎖眉心的船長搖搖頭。

少尉與下士相互對看一眼，再同時聚焦百公尺外的美樂艦殘骸。少尉對船長交代：「修升降馬達的事，就交給我們灘勤組來解決，最多五分鐘就搞定，船長您先下令海員就位，準備起後錨走人！」

艏板的升降馬達轉子各型開口笑一體通用，下士很快地拆下美樂艦殘骸的堪用轉子，飛奔回軍租登陸艦裝妥、試用、牽引艏板升降，一切如常！紫財向駕駛台就位的船長比個大姆指，船長就起後錨、全速倒車、收艏板、關艏門、收後錨調頭、緊急全速進俥。登陸艦很快地在共軍火砲延伸射擊下，駛出料羅灣與美艦會合。

美軍顧問認為登陸艦坐灘遭轟沉的風險太大，後面五個梯次的閃電計畫運補船團就不再搶灘登陸。運補改由海軍陸戰隊暱稱「水鴨子」的ＬＶＴ兩棲運輸車，在共軍火砲射程外的料羅灣泛水，駛上灘頭後，由灘勤組派員登上領隊車，帶領水鴨子車隊直駛灘頭直後的補給庫下卸物資。每輛水鴨子可裝載兩噸物資，中字號的坦克艙可攜行十七輛，美字號六輛。

水鴨子的特色是目標小，浮游時乾舷低，被彈面就更小；它不用坐灘，直接駛過海灘進入內陸補給到點，共軍火砲想要直接命中移動的水鴨子機率微乎其微。砲戰全期近八百車次水鴨子的艦岸運補，海軍陸戰隊只有一輛於九月十八日遭空軍誤擊炸沉。水鴨子衝上灘頭後，紫財親自押運的經驗就有六回，那種鋼鐵包覆著皮膚的安全感，讓他終生回味無窮。

十二天的閃電計畫，紫財的陣中筆記流水帳是這樣的。灘勤組在料羅灘頭協處了八個梯次的閃電運補船團，各型登陸艦共二十九艘次參與運補，水鴨子一百一十七車次登島運補到點。但運送軍品就少得可憐，只有七百噸不到，換防的官兵也不過才千人上下。

九月十八日午時，處長又召集灘勤組全體官兵訓話：「老美忽然喊停，今天終止閃電計畫。今晚開始接力執行『轟雷計畫』與『鴻運計畫』。能否奏效，又得看我們灘勤組的灘頭運補協調效能。」什麼是轟雷與鴻運？處長不准大家問；轟誰的雷？鴻誰的運？大家都在猜是啥。

處部管人事的參謀告知紫財：「你還有十天就可退伍，恭喜！」少尉心想，退伍前應該趕得上目睹這場扭轉戰局的關鍵運補大戲吧。

讓人全身冒汗的小齒輪

八二三砲戰猝然爆發，人稱「第二次台海危機」。此際，表弟紫財在金門料羅灘頭服役，表哥爵明依計畫晉升制度，在百浬外的馬公海二廠電子工場已升任中尉工程官。

第二次台海危機啟戰後，大小百餘艘艦艇集中到澎湖。當受創的中海艦被拖入馬公海二廠的日遺乾塢後，爵明中尉隨上尉監修官剛哥，爬進血漬還未全乾的輪機艙內評估戰損。中海艦官兵八死十二傷，搭載友軍官兵十一員在艦艙亦同時陣亡。

在屍臭中，兩人但見遭魚雷爆炸摧毀的主機與輔機變形扭曲，成為一堆名符其實昂貴的破銅爛鐵。學長剛哥失魂地嘆口氣：「海二廠缺主機與輔機的備品，沒這個能力修復它……」經駐廠的美軍顧問會勘，中海艦退出戰鬥序列，戰役結束後拖往菲律賓的美軍基地修理。

十天後，受創的沱江艦也拖入海二廠。乾塢早已塞滿待修的戰損艦艇，沱江艦只得靠泊廠區碼頭等候排程，接通岸電繼續抽水堵漏。沱江艦六十四名官兵在激烈的九二海戰中十一死二十五傷，折損過半！爵明中尉奉命前往該艦勘驗戰損，隨剛哥在光天化日下，一踏入屍臭瀰漫的輪機艙竟然沒電，水深及胸的漆黑環境中，要怎麼著手評估呀？

爵明腦海頓時閃過一幅畫面——在海軍機校暑訓出海見學時，看到澎湖漁民駕舢舨夜間捕撈，不都攜帶電瓶、連接竹桿上的防水集魚燈，點燈誘捕海面小卷嗎？顧不得被油漬海水浸泡濕透的工作服，爵明濕淋淋地飛奔至軍區外漁市場的漁具店，向曾經打工過而熟識的店主，質押防水手錶，換回一付堪用的二手電瓶集魚燈具，又回到沱江艦輪機艙點燈在水中勘驗，終於被他找到癥結，俥軸上的減速箱被穿甲彈打壞了。

事後爵明用半個月的薪俸贖回手錶，拿著收據到海二廠供應處請款，沒料到政戰監察官看到中尉的收據就飆罵：「工程官！你未經上級核准，擅自購買設備，竟還敢用私產報公帳，罪加一等，記你一筆送軍法，等著坐牢吧你！」

爵明也火冒三丈，和高兩階的少校政戰官越吵聲音越大，還差點互毆。在供應處眾人圍觀看熱鬧下，不免驚動樓上的廠長楊少將，他是爵明就讀機校時的教育長，對爵明在校期間不時與教授爭辯及頂撞學長的管教十分頭痛。「爵明工程官，又是你！這次闖什麼禍？」楊少將對著他咆哮。

爵明一五一十向廠長報告代墊價金購買電瓶集魚燈、點燈找到主機俥軸減速箱損毀的情事，廠長當即裁示：「知道了，大家先回去搶修支援前線，爵明工程官功過相抵不必究辦；收據的錢，你就自掏腰包吸收吧！」

廠長領導統御果然有方，半小時後不但動用廠長特支費，以獎金名義加倍犒賞爵明的燈具錢，還以他的案例教訓，在臨戰狀態立即更改了馬公海二廠應急搶修的所有流程。

如果買電瓶集魚燈勘驗修船都按規矩來，須先向台北的海軍總部艦政署報備採購，經澎湖海軍二軍區核准採購公文到廠裡，一路透過計畫處、生產處、供應處，再由分析課估價、估工、估料，監修課與電子工場、鉗工場、鐵工場、木工場、塢工場橫向聯繫、工政課再購料派工，光是紙上作業買個小小電瓶集魚燈，會使全廠好幾天都忙得昏頭轉向，喘不過氣來。為了使緊急搶修作業能配合作戰需求，廠長採取了臨戰緊急措施——搶修任務可由當值的處長或課長決行，直接用電話洽各工場購料派工，不必經平時許多紙上作業的繁文褥節以爭取時效。

八二三戰役全期，海軍無論是造船廠、艦艇部隊或陸戰隊的官兵，全天無休加強備戰。當料羅灣海軍艦艇及陸戰隊為衝破封鎖線運補而拼命的時候，海二廠的工程師和工匠也都在搏命，從這個艙趕到那個甲板，從這艘艦趕到那艘艇，從白天忙到夜晚，不停的搶修也不停的翻工重新施作。有時候會連餐不吃飯、連夜不睡覺。爵明就經歷過連續不間斷的搶修，回到廠裡餐廳搶著吃餐冷飯，或由艦上供應一頓戰鬥口糧，兩天內一分鐘也沒有睡，直到躺在宿舍床上，就一覺睡到再次被叫醒上工為止。

那些日子的忙與累，使海二廠裡的職工接近麻木，戰爭的威脅使艦上官兵沒有了笑容。福利社的菸酒，銷路好到一到貨就賣光，飲食部的生意變成通宵營業，艦上官兵的月薪一發到手，就通通吃掉花光，明天上金門前線，還真不曉得能否活著回來也。

戰役初期，金門守軍火砲單薄，最大口徑的一五五加農砲，打不遠也打不準，反擊廈門當面共軍委實不夠力。層峰擬動用空軍轟炸、制壓對岸共軍砲兵，以減低金門的威脅。唯轟炸大陸勢必引發國共雙方大規模空戰，在海峽上空偵巡協防的美機，很可能遭攻擊捲入戰爭。美軍為防止層峰故意拖美國下水，遂於砲戰中期當機立斷，嚴令我空軍禁止轟炸大陸，交換條件是贈送巨砲。

美國把更大口徑的 M55八吋自走榴砲，立即現地軍援台灣，附贈目標獲得系統。這些美軍巨砲甫參與華美兩棲聯盟演訓，還留置在屏東枋寮灘頭，未返回夏威夷駐地。巨砲當即裝備我陸軍第一軍的軍直屬砲兵六〇七重砲營，前運金門壓制共軍火砲。如此美軍就不需直接介入與共軍對戰。

為了壓制共軍火砲，美軍提供的八吋自走榴砲須由我海軍裝載，從馬公前運料羅灣送上金門。砲戰初期的中字號與美字號均因目標過大，在金門坐灘期間，動作緩慢多遭共軍火砲擊中甚至擊毀，不宜裝載巨砲前運。登陸艦艇坦克艙容量與艄板大到能夠裝載美援巨砲，但又小到不易遭共軍火砲追瞄轟擊，且一搶灘卸載完畢就可迅速退灘返航的兩棲艦艇，只剩較為小型的百噸級ＬＣＵ合字艇。她沒有艄門，只有直立艄板，嚴格來說合字艇只能算是伸出舌頭的「不開口也會笑」。

但海峽風高浪急，像臉盆般的平底慢速合字艇，即便有一百五十載重噸的容量，根本不能從馬公自力航行百浬，橫跨波濤洶湧的海峽直駛金門。於是，美軍幫到底，提供萬噸級船塢登陸艦，自澎湖連艇帶砲裝載入美艦塢艙，前運至料羅灣外海送一程，這就是由美方主導聞名中外的前運巨砲「轟雷計畫」。

兩棲部隊直屬登陸艇隊老舊的二戰急造合字艇，奉派擔任運載八吋自走榴砲搶灘的重任。要駛入美艦的塢艙內，合字艇高聳的桅桿首先得鋸短，才進得了有低矮頂蓋的塢艙，這個航前準備工作，當然就由爵明的海二廠來鋸。緊接著，美字號赴屏東灘頭，裝載美軍Ｍ55自走式八吋榴砲運抵馬公測天島，轟隆隆地開進合字艇的坦克艙內，連同配賦的榴彈、料配件與目標獲得系統裝備，塞入兩輛ＬＶＴ水鴨子固定就位。

水鴨子滿載著口徑二〇三公厘的高爆彈，每枚彈頭淨重九十公斤。轟雷計畫首梯派勤的，是合昇（ＬＣＵ-290）、合茂（ＬＣＵ-292）、合川（ＬＣＵ-289）等三艘姐妹艇。九月十七日二〇〇〇時，爵明正在鉗工場加班修理沱江艦俥軸減速箱的來令片，電話鈴響了。是澎湖海軍二軍區司令部打來的，說是合昇艇的二號發電機壞了，不能啟動，即刻派人來支援搶修。「該艇有重要任務，明晨〇八〇〇時一定要修復」，電話裡交待這是作戰命令，不得延誤。

爵明即刻親率澎湖鄉親的許副領班、工匠老許及老陳等袍澤，一齊到測天島登陸碼頭合昇艇上。艇長說本艇明天有作戰任務，壞了的二號發電機雖然不影響航行，有一號發電機撐著用，但二號機一定要修好才能安心上前線，拜託按時完工，以便明午準點開航。

穿越巨砲與水鴨子後，爵明下到輪機艙檢查的結果——柴油機正常、啟動馬達正常、電機系統正常、蓄電池正常。但按照程序啟動待修的二號發電機，嘎吱嘎吱一番，就是不會動。爵明陪工匠們檢查到子夜，交待許副領班下半夜通宵搶修，直到修好為止。許副領班經驗老到，點頭稱是，應該三兩個小時就搞得定。

爵明回到宿舍，睡了個近來很難得的安心覺。次晨天一亮，他快步趕到合昇艇，看三位工匠累的滿頭大汗，徹夜趕工頗有倦容。他們向爵明報告，所有線路都找過了好多遍，就是找不出毛病。爵明回到鉗工場，敦請王牌領班劉師父來幫忙督導修理。

九點鐘、十點鐘都快十一點了，艙下還沒傳出修妥二號發電機的消息。這時合昇艇長及航輪各班士官兵都到齊待命，只等這部二號發電機備便，立刻開航。這時，海軍二軍區司令齊少將和海二廠楊廠長坐著黑頭車來了，下了車見合昇艇沒有站出港部署的動作，相當意外。等司令和艇長談過，得知二號機尚未修好，司令雙手互搓、急得眉頭深鎖。

司令又急又氣，突然間大吼一聲：「誰是合昇艇監修官？」剛哥作了個標準軍人動作——兩腿並攏、立正挺胸、舉手敬禮，同時應曰：「有。」司令再厲聲問：「誰在主修合昇艇？」爵明同樣應答：「是我！」廠長敲邊鼓火上澆油：「爵明工程官！怎麼還是你！這次你又搞啥飛機？」司令怒聲責斥：「昨天下的命令，要你們今晨〇〇八〇以前修好合昇艇，中午一二〇〇準點開航赴前線，現在都幾點了？你們曉得這艘艇是什麼任務？運巨砲到金門扭轉戰局！當下蔣總統親自在澎湖坐鎮指揮，你們居然不能如期完成任務！好吧，一二〇〇開不了航，你倆貽誤戎機，等著被槍斃好了。」

千鈞一髮之際，領班劉師父慌慌張張從艙下鑽出來，手裡拿著一個齒輪叫嚷著：「爵明工程官，毛病查出來了，是這個齒輪打壞了好幾顆牙齒，換一個齒輪就好啦。」經驗告訴爵明，發電機維修找毛病最難，找到毛病再修到好，倒只是遲早問題，不會太麻煩。現在找出了毛病，天呀，不用擔心被槍斃了。

棘手的是齒輪掛了，一定要抽換。爵明知道合字號艇在海二廠內沒庫存料配件，派人到本島左營基地後勤料配件總庫去翻找庫存品，就算專機來回飛，加陸地往返交通、等候翻查帳籍卡、找對料號、按址到庫房格架取件，十個小時也拿不回來！海二廠的鉗工場倒是有能力自行仿製一個，但至少也要十幾個小時。現在，爵明只有不到半小時去解決問題！

當時不知哪來的靈感，爵明突然想到，最快的方法是拆東牆來補西牆，到同型艇去商拆發電機齒輪換下來應急。另一艘合字號艇正在離此不遠的碼頭，同樣地在鋸桅桿，就是她了！

爵明中尉請領班劉師父去商拆，為了快去快回，司令提供了他的將軍黑頭車載領班劉師父往返。可是，那邊的艇長不太合作，說沒有道理把他艇上的齒輪拆了，給別的艇當零件用。這回爵明的腎上腺素發酵了，他恭請司令再准座車跑一趟，由他親自代表海二廠傳話：「拆了齒輪零件您的艇開不動，責任我海二廠爵明中尉工程官來扛！」爵明估計拆了友艇的齒輪，十多個小時內絕對能想到法子歸還。友艇艇長聽到不用開赴前線，居然有人敢扛責任，那麼要拆什麼就請儘管拆個精光吧，歡迎之至！

不到十分鐘，司令見到商借的齒輪牢牢握在笑嘻嘻的領班劉師父手掌內，下達口頭命令：「監修官你搭我的座艇，跟著合昇艇跑；主修官你帶著工班人手，馬上到輪機艙繼續修，什麼時候修好，才准搭我的座艇回來。修不好，就跟著合昇艇到前線去，邊跑邊修！合昇艇長你啟動主機，解纜即刻啟航！領班劉師父您請回廠，去仿製幾個齒輪，多出來的當備品！」時間是正午一二〇〇時。

工匠們擠在狹窄的輪機艙修二號發電機，爵明一時也插不上手，就站在合昇艇的駕駛台，看著官兵穿著救生衣，站出港部署用俥離開碼頭，司令的座艇，緊跟在合昇艇側。

出了馬公港，但見一艘灰色龐然大物的美艦，正在邊收艏錨邊微速進俥航行。她的艦艉塢門還開敞著，合昇艇直駛入她的塢艙內，裝載巨砲的合川、合茂兩艘姐妹艇，早已經在裡頭繫泊了。這時爵明下到輪機艙，看著許副領班、老許和老陳等袍澤抽換齒輪裝妥、試俥，一切都正常，完全好用！

金門轟雷記事

督戰的兩棲部隊登陸艇隊的隊長程上校臉露笑意，見證艇長驗結簽字。爵明帶著三名工匠爬上美艦的主甲板，想找舷梯下到司令的座艇回馬公時，只見四周茫茫一片大海，澎湖群島成為水線上一些似山似雲的影子，哪有什麼司令的座艇？想來是美艦收納合昇艇入塢艙後，就以戰速前行，把齊司令的座艇給甩掉了。

任務完成後的三位工匠，此時無所事事地呆坐在士兵艙大餐廳裡開始發愁。問中尉美艦是要開到哪兒去呢？上前線嗎？會不會死？爵明也不知道答案，只能安慰他們說：「上前線有我在，你們不必怕，我們只留在美艦，這裡相對安全。」爵明對工匠掛保證：「美艦會供應我們十分豐富的洋食餐飲，還幫忙解決任何便載的起居相關問題。」

暗夜月落以後，美艦下備戰令開啟塢門，全艦燈火管制備砲。二一五〇時，三艘合字艇摸黑魚貫駛出塢艙離開美艦，朝十二浬外的料羅灘頭以跟蹤隊形挺進。出美艦塢門前，合昇艇長喊著問爵明，要不要跳到艇上跟著去一趟料羅灣，冒個險搶灘、退灘？爵明真的非常、非常想去，但轉念及身為馬公海二廠現場的資深官，艦上還有三名不懂美語的工匠，也須他顧著照料，職責在身，他就決定不去了。

爵明站在美艦駕駛台外，月落以後的天空一片漆黑，偶爾共軍從廈門方向掃射過來的高功率探照燈光，把海面照得通亮。爵明目送裝載巨砲的合字號ＬＣＵ登陸艇魚貫駛出塢艙，立刻有漁輪前來旁靠並航，漁艙上還綁著角形雷達反射器作為欺敵用，讓共軍誤以為是大型開口笑前來金門。約莫個把小時後，合字艇隊快到料羅海灘時，漁輪就調頭分道揚鑣，共軍岸砲開始追瞄漁輪轟擊、高速砲艇馳出攔截，合字艇隊則悄悄駛向料羅灣準備搶灘下卸。

起先共軍砲轟與機槍聲，爵明還聽得出是一響一響像連串鞭炮聲。後來簡直變成隆隆聲一片，如同連續悶雷。雙方對戰爆炸的火光，看起來活像直流電機碳刷和整流子所跳躍的火花，不斷在海天相接處的水線上閃閃發光。顯然欺敵用的漁輪因主機故障、通聯失效，佯裝的效果不彰，共軍火砲又聚焦在駛往料羅灣的合字艇隊！

場景拉到金門。海軍巡防處全體官兵聚攏在料羅灘頭看熱鬧，想一窺轟雷首梯次運補的堂奧；紫財少尉站在七號灘頭，用手提式信號燈朝漆黑的海面發送加密信文，提供搶灘船席位置。共軍的砲擊一開始對準料羅灣的漁輪猛轟，逐漸延伸射擊至遠海。發覺被騙之後，共軍火砲又由遠而近轟擊合字艇隊，眾人紛紛躲入掩體。忽然，熟悉的小艇引擎聲由遠而近，紫財心想不會吧，還以為搶灘登陸的是比開口笑更龐大的艨艟巨艦。

來了！首艘「不開口也會笑」於二三四〇時出現在紫財眼簾順利搶灘，共軍火砲轉而轟擊灘頭。紫財手握碼錶在合昇艇艏板放下時歸零，十秒後第一輛水鴨子衝出，三十秒後第二輛水鴨子衝出，一分鐘後千呼萬喚的轟雷主角緩緩駛出艏板。合昇艇接著收艏板倒俥，完成退灘動作時，碼錶停格在兩分二十八秒。

紫財目送最後一艘合川艇下卸完退灘，消失在此起彼落的砲擊爆炸水柱間，時間是〇〇〇九時。三艘合字艇隊只耗費半小時，陸續卸下巨砲就掉頭返航。三艇全數退灘返航後，紫財就跳上轟雷怪獸，引導自走榴砲車隊，駛向金防部六〇〇野戰砲兵群指揮部報到。

彈雨中完成任務的合字艇歸航途中，通訊機的同一波段，有兩批人馬用國語相互插播呼叫，請他們開某某方向就可以回到美艦。在共軍高速砲艇的追襲與岸砲瘋狂的延伸轟擊下，合字艇隊左閃右躲蛇行一陣子後，墨黑的子夜不知身在大海何處，登陸艇隊的程隊長當然也就弄不清該駛向何方。一不小心，他們會被誤導，駛入共軍的岸砲射程內與共軍砲艇的伏擊區。

美艦上駐有金防部的聯絡組，他們透過軍團級高功率SCR通訊機，引導合字艇該向哪邊駛，沒想到廈門岸上有同型的SCR通訊機、用同樣的波段、講同樣的國語、喊同樣的情事，只差航向略有不同，共軍此種軍團級高功率SCR通訊機，有可能是韓戰時期從美軍手中擄獲，仍在繼續使用。

美艦駕駛台上的爵明靈機一動，轉請金防部聯絡官建議美艦航行值更官下令，解除美艦燈火管制，全艦立即同時開燈。透過金防部聯絡官，爵明也請合字艇直駛海平面開燈的美艦，才是正確歸途。美艦位於距金門十二浬之遙的公海慢速兜圈，在共軍砲火射程之外，剎那間艦上所有的燈同時都打開了，從桅頂到水線共十層樓高的艨艟巨艦，遠遠看像株海上晶亮的聖誕樹！共軍就算在海面上滿佈高速砲艇，即使開燈也開不出如此高聳的燈來。於是，合字艇不到一小時內，安全回到美艦塢艙裡，各艇官兵個個如獲重釋，面有喜色輕鬆愉快。

天亮前，在返航馬公途中，爵明遇到登陸艇隊隊長。他說：「爵明工程官啊！你該跟著合昇艇去一趟的，這種經驗人生不容易有啊！像極了抬著神轎衝進、殺出台南鹽水蜂炮陣！」

合昇艇隔天日落後靠好測天島碼頭時，領班劉師父手中拿著仿製的山寨版齒輪，躍身跳進艇內，抽換借用的齒輪歸還友艇。此時，第二梯M55八寸榴與兩輛水鴨子，正緩緩地倒車駛入友艇的艏板。隔天待她收起艏板、解纜、鳴笛、用俥離開碼頭時，爵明率工匠們列隊向曾經商借過發電機齒輪的友艇艇長敬禮，揮手目送艇長加入轟雷計畫二梯，再次運補金門。此際，美軍顧問對海上運補即便不滿意，但巨砲能順利登島，海軍的表現算勉強及格。

在料羅灘頭，紫財迎接轟雷第二梯次運補，順利把三門自走榴砲車帶入六〇〇野戰砲兵群指揮部，向高勤官報到。九月二十一日，紫財看到滿天都是空軍的運輸機，一架接一架在低飛空投物資，彌補海上運補的不足。灘勤組長說：「美軍出動五個航艦戰鬥群穩住海峽空優，空軍才敢啟動『中屏計畫』空投運補。你先別高興，空軍的老母雞只空投不落地，一週後你退伍時沒有飛機送你回台灣。而且，每一架次的空投量不多，連三頓物資都不到，水鴨子搶灘登島一回，就是兩頓軍品！」不過，紫財還是分配到窩心的空投物資——與電機下士共享半顆的中秋月餅。

海軍順利策動轟雷計畫，三梯次總計由馬公前運了六門八吋自走榴砲與六門八吋牽引榴砲，反砲戰勝券在握。在測天島碼頭的爵明中尉，目睹後續合字登陸艇隊兩個梯次運補，消失在海平線上美艦的塢艙內，感觸至深。

在海峽另一邊的金門，當紫財聽到八吋自走榴砲射出第一發砲彈時，大地都在震動！那天是中秋佳節，紫財少尉拿到退伍令。十天後，共軍受不了八吋榴的反擊，主動宣佈停火，紫財少尉換穿便服，隨同金湖中心國民學校停課的學童，在料羅灣搶搭開口笑回澎湖。當登陸艦自料羅灘頭退灘後，八二三戰役也已近尾聲，紫財目睹坦克艙內整齊排列的棺材就淚崩，自己差點兒就躺在棺內。守軍遭砲擊陣亡的官兵，累積超過四百，金門鄉親遭砲擊往生者，也累計近百位。

紫財回到馬公鎮眷舍時，父母抱著他緊緊不放，隨後他飛奔至電信局發了封電報給新加坡的雅惠：「平安退伍 返抵家鄉」。縣政府的長輩們替紫財的退伍安返，又燃放了三天鞭砲。

補記

表哥爵明與表弟紫財於雙十節國慶在眷舍團聚重逢，哥倆都有運補金門共同的話題，一開始就聊個不停。表兄弟倆不約而同在心想，自己也不過就是海峽戰雲下的無名轉子與小齒輪；就算兩人從未領受過一枚獎章，內心深處卻永遠留存著些許成就感。他們臨戰急智、化解災禍的陣中經歷，明快的危機處置，堪稱後輩建忠學習的典範。

八二三戰役結束後，協防的美軍爽快地應允用一對一方式，補充海軍的戰損，避免美軍直接與共軍交戰。美援的中明艦（LST-227），於同年十月補充重損的中海艦。美援的渠江艦（PC-125），於一年後補充重損的沱江艦。美援的新美樂軍艦（LCM-256），於四年後補充遭擊毀的舊美樂艦。

戰役結束兩年後，擔任海軍六二特遣部隊指揮官的中將副總司令榮升上將海軍總司令，他保舉爵明參加甄選，成為國防自主的種子科技軍官，送往建忠在新竹就讀大學的碩士班，學習最新的國防科技，成為建忠的學長。爵明畢業後，再由官費送往美國攻讀博士。學成歸國後，以少校軍職外調至新竹母校任教兼訓導長職務。

紫財退伍後申請到加拿大一流學府入學，順利拿到碩、博士學位，畢業那天三喜臨門，紫財與雅惠結為連理，還留校任博後研究員，隨後巧遇建忠前來攻讀博班。

訓導長爵明、竹科董座紫財、董娘雅惠、學弟建忠四人，學成歸國服務陸續定居在新竹，他們定期校友聚會共同的話題，就是金門料羅灘頭的風獅爺與小齒輪。

（八二三戰役陣亡將士錄請參閱附錄）

讓台海穩定近六十年的最後三場海戰

住左營海軍眷村的建忠，是個天生的軍艦控。海軍的主要基地在左營，海軍過半的眷村也都在左營。海軍的核心戰力是艦艇部隊，當然也是眷村子弟的話題焦點。一甲子前的眷村孩子可不像今天的「滑世代」，早年沒有掛網手遊，當年甚至清寒到連球鞋與汗衫都算奢侈品。但上一世紀的童年，卻享有今天孩童所沒有的竹籬笆春天、木棉花絮無盡的理想、碎浪拍岸連串的夢想，他們總是與軍艦長相伴隨。

在左營軍港的童年記憶

人總是回想年幼時，第一個烙印在腦海中停格靜止住、深深不能抹掉的印象是幾歲時的事情。長大後建忠一直努力地想將最早停格在腦海中的場景儘量還原。不用兒時舊照的佐證，建忠想到的是就讀眷村幼稚園小班的前夕，母親牽著姐姐與他的手，佇立在左營軍區小港碼頭；千萬隻飛蛾繞飛在昏黃的碼頭照明燈罩外，全家在等候久未見面的把拔。他是掃雷艦的中校艦長。

建忠把拔經年駐防大陳海域，偵巡的一江山對建忠言，比月亮還要遠，因為他看得到窗前的明月，卻看不到海峽盡頭外的一江山島。停格始終在建忠吵鬧聲中迴響：「把拔的船怎麼還不靠過來？」終於，一艘灰黑色的艨艟巨艦從夜暗現身，連串進港部署靠碼頭的動作在帆纜笛聲中依序完成；把拔快步飛奔下軍艦的梯口，一邊抱一個親吻不停，把拔滿面的鬍鬚刺在建忠臉上痛得真親切。這，就是建忠童年記憶最早、最清晰的停格景象。

停格外一章。母親告訴建忠下一個場景，是建忠硬拖著把拔返回軍艦，一進入艦長室就爬上床舖，再怎麼哄就是賴著不走，用現煎荷包蛋當誘餌都無效，一直鬧到始曉待建忠熟睡後，才由母親抱回眷舍。建忠要賴的理由是長年看不到把拔，乾脆黏著把拔去前線算了。關於這一點，在建忠的停格內就完全沒有印象。

天下父母心總是望子成龍——水中蛟龍。幼稚園中班的時候，海軍官校的學生在校內水泥泳池教會建忠換氣與潛水。建忠讀大班時，官校剛畢業的少尉初官，就帶建忠從左營小港碼頭，套著救生圈拖泳橫越港池，單程少說也有三百碼，才六歲耶！建忠懷疑這些穿白制服的帥哥會這麼賣命，肯定是想打建忠漂亮姐姐的歪主意。

海軍大家庭有個全國數一數二霸凌成名的附小，家長們是同事，孩子們也是同學。附小校址設於左營碑子頭日本海軍第三十一震洋特攻隊的舊址。因此校園內鬧鬼的傳聞與見鬼的目擊始終不斷。

建忠讀小三時，從國民小學插班擠進了附小。小四以下的低年級下午沒課，那個年代既無輔導課也沒安親班，媽媽們不是忙著家務事就是湫人搓八圈，小屁孩當然得自己找樂子。打發時光而樂此不疲的，當然不是留在校園陰暗處與日本鬼魅抓迷藏，而是到半小時腳程外的軍港，坐在碼頭看軍艦離靠、進出港。通常說出一句：「我把拔就在這艘船上！」大夥兒就發了，跟著意氣風發帶頭的哥兒們登艦，沒派工的水兵總是熱情地招呼小屁孩，張羅吃的與玩的。

就連美軍顧問都難以想像的，是早年眷屬居然隨時可出入左營軍港，不需申請，更懶得檢查證件。在美軍顧問的眼中，海軍官兵、海軍眷屬與海軍子弟在港區內、泊港軍艦上四處可見，都是「同一掛」的。

當年建忠把拔無論岸職、艦職，雖然只是個海軍的中階軍官，但他的僚屬特別多，其中優秀稱頭的還真不少。他們隨後多半仕途發展順利，且都和建忠這個小屁孩打成一片。其中有位小官，日後竟是建忠舅媽在南越淪亡時逃往台灣的貴人。建忠記得有一回，在中程艦（LST－207）官廳觀看這位小官打橋牌時竟然打瞌睡，手指頭不自覺地伸入電風扇內，指甲幾乎被打碎。幸好小官與醫務兵緊急包紮才止血止痛，沒敢給在兩棲部隊服勤的把拔知悉。過了兩年，小官私下告訴建忠，打傷他指甲的中程艦觸礁損毀，在把拔麾下報廢除籍。建忠摸摸指甲，默然無語。

建忠童年的艦長夢

童年總有些夢。建忠生平第一個夢，是要有艘屬於自己的軍艦。靠美援苦撐的年代，「國艦國造、自主國防」的概念尚在萌芽，建忠早就立志自己造艦！雨季不能到港區遊蕩的下午，建忠用把拔工具箱內的槌頭鋸斧，將眷舍內剩餘的木板角料鋸下當船體，竹筷當桅桿，大頭釘當雷達，火柴盒當砲塔，迴紋針當天線；全都黏好了後，建忠就擁有了驅逐艦。加上鉛筆墊板當飛行甲板，建忠還有航空母艦。可是敲敲打打、鋸鋸釘釘卻惹毛了隔壁的楊伯母，抓狂地對建忠大呼小叫，麻將沒胡成都是小傢伙的錯。

於是建忠只好將「造船廠」從後院搬遷到前庭，面對巷口過往的牛車繼續造艦修船。

問題來了，有了軍艦到哪兒下水試俥？幸好「我家門前有小河」，建忠家的眷舍得天獨厚，是日遺眷村唯一有排洪溝穿越的巷弄，雨季溪水暴漲如洪流，旱季涓涓山泉流不斷，從壽山集水區的海軍彈藥總庫流經眷村排入內惟埤。於是建忠軍艦的「下水」與「成軍」典禮，均在家門前搞定。只要軍艦還在眷村排洪溝內，遇上「海事」遭致擱淺，建忠就捲起褲管充當救難大隊長「帶纜」軍艦出淺，拖返造船廠整修。

建忠附小畢業時，保送就讀同一校區的初中部。畢業後的暑假無所事事，十分悠閒。把拔為了獎勵建忠光宗耀祖的保送升學，花了兩個月的薪俸，買了輛飛利浦二十六吋腳踏車配上「中國強」球鞋，讓建忠展開青春生涯。

鐵馬擴大了建忠的生活空間，左營軍區裡裡外外，都有建忠車胎的軌跡。木棉花盛開的南台灣，建忠的嗜好除了觀賞好萊塢電影、聽搖滾音樂與喝可口可樂，最大的樂趣是騎乘鐵馬在綿延九公里長的軍港碼頭蹓躂，欣賞艨艟巨艦並伺機登艦玩耍。

登臨泊港軍艦上下走動還不過癮，建忠生平第一次搭軍艦乘長風破萬里浪，是初二暑假參加救國團航海協會的海上戰鬥訓練。近千名中學生，在高雄港聯勤四六運指部十三號登陸碼頭把中興艦塞得滿滿的。所謂的戰訓活動很簡單——開出高雄港到小琉球海面打個漂靶，再進港離艦解散。畢生首次在開口笑的大型中字號登陸艦上航行搖晃中到處走跳，建忠覺得這才像真正的水兵。

其實，建忠在左營港登臨軍艦已不下百次，泊港艦艇搖得都很秀氣，慢慢的、靜靜地。在外海，大不同的是平底開口笑像臉盆般在風浪中磨來磨去，同行的同學多半都嘔吐暈船，只有建忠仍在拚命吃艦上福利社販售的鮮霸王品牌豆干；於是，建忠又發現了自己另具特質——不暈船也不暈浪。

搭軍艦出海的戰訓青年活動，過癮是有的，但還不夠刺激，最好是親自開船出海搏浪！眷村小屁孩吆喝揪團，騎著鐵馬遠征軍港，看看有沒有軍艦可讓他們開船出海。繞過小港、北港、援中港，穿越危險品碼頭，每艘泊港軍艦都有梯口武裝值更官士兵，親切但有威儀，看來得找一艘沒有官兵駐艦的空船才行。

機會終於來了。在港嘴北防波堤的澳口內，建忠發現到一艘無人看管的竹筏漂蕩搖擺著。五位不知天高地厚的小屁孩，學著水兵屌屌的模樣，在竹筏上站出港部署，船長當然是建忠。解纜的解繩扣，掌舵的操舵，輪機長找槳划，就這樣出海啦。

一知半解的建忠，固執地頂著海流下舵令方位正北、沿著岸際划向援中港，誤以為回程時可以輕鬆地順流返航。十四歲的建忠萬萬沒料到，當落潮變成漲潮時，海流反轉，再怎麼賣力拚命划，不但不能返航，反而被海流愈帶愈遠……再見啦，左營。

嚇破膽的小屁孩們，齊聲向岸際喊救命，期盼陸戰隊的哨兵看得到也聽得見！救兵終於趕到，一艘海軍陸戰隊偵蒐快艇衝來，在後勁溪口帶纜將小屁孩們拖返三千碼外的港北防波堤，一位三條槓的小官喝令不知死活的小屁孩們一字排開貼牆罰站，威脅要一狀告到初中訓導處，把他們全部開除。這可嚇得建忠全身抖個不停。

陸戰隊上尉抓著個兒最小的輪機長就飆罵：「你老爸是怎麼管教你的？我叫他打斷你的狗腿……你

老爸在哪個單位？」

「我爸也在陸戰隊……」小個兒輪機長筆直僵立，邊飲泣邊回應。

「你老爸幹啥差事？給我說！」尉官手叉腰，一臉凶巴巴地。

「我爸是陸戰隊第一師師長……」小個兒輪機長深怕對不起列祖列宗，低聲回應。

三條槓的小官聞聲臉色大變，拔腿就奔回哨所搖軍線電話查證。不用說你也猜得到，之後小屁孩們就有免費的榮泉牌彈珠汽水喝，還可以在水鴨子兩棲運輸車上玩官兵抓強盜直到夕陽西沉。臨行時，守備港嘴的小官還咪咪笑著摟住小個兒輪機長的肩膀說：「下次再來，我帶你們出海飆偵蒐艇。」建忠自承絕對不是塊幹船長的好料。

讀初二時，建忠把拔肩上掛星星晉升少將。同班同學也開始討論要不要畢業後從軍念幼校，三不五時還騎鐵馬遠征鳳山，探望已就讀陸軍官校預備班的學長。那年頭建忠還太小，沒什麼主見。慈母要建忠當醫師懸壺濟世，所以逼建忠考高中，把拔要建忠考五專早早畢業當個工程師有固定收入，父母就是不准建忠考官校預備班的幼校。

父母都對，所以建忠從初三開始就收心用功苦讀，眷村子弟也就逐漸分流，其中半數拚高中與五專聯考，另一半準備子承父志進官校預備班，還有特例的，當然就是混入江湖闖天下去也。

建忠備課準備考高中聯招期間，每天都跟著把拔到他服勤的兩棲部隊閉門自習背誦英文單字。當然，把拔前腳一出營區去督訓所屬艦艇，建忠也向隨員借了輛鐵馬去碼頭看軍艦。建忠敢跟總司令劉伯伯握手，也敢跟他打賭，他講艦名，建忠回答舷號，反過來也可以。比建忠把拔高四個年班的劉總司令考不倒建忠的，反正海軍就這麼百來艘艦艇，建忠都登臨過。

海軍抗戰與忠烈將士紀念塔

建忠每次踏踩鐵馬往返左營軍港與眷舍，都要經過軍區中正路大圓環的「海軍忠烈將士紀念塔」。建忠成年後，每回公訪左營軍區，都會到紀念塔逐一細數大理石碑上最新的先烈統計。扣除清國水師九百餘名烈士在法清甲申海戰與日清甲午海戰陣亡殉國者，民國肇建以來紀念塔勒名的海軍烈士，迄今就累計有近一千九百位自晚清以降作戰陣亡的海軍先烈姓名，刻印在紀念塔周邊的大理石碑上。八百八十八位海軍官兵。

八年抗戰期間，三軍部隊陣亡與失蹤官兵高達一百五十萬之眾。舊海軍末忝為陸軍附屬軍種，開戰之初艦艇部隊就戰耗殆盡，但仍有兩百六十二位海軍烈士勒名在紀念塔上，讓後輩永懷他們為國捐軀的忠義軍風。由於抗戰期間舊海軍編制緊縮、艦艇所剩無多，為國捐軀的海軍官兵與陸軍相較，根本不成比例亦鮮少人知；復以海軍戰力與入侵日本海軍相較，處於絕對劣勢，在裝備與戰備具缺的困局中，舊海軍猶能遲滯入侵之敵，這種艱辛困窘的作戰態勢，史料更為欠缺。

日本軍國主義挾「布國威於海外、建立大東亞新秩序」之侵華政略，指導「速決戰略、三月亡華」的用兵原則。日軍妄圖三個月占我國全境，係指運用長江水系大動脈，先襲取出海口的京滬地區，再快速溯江而上，數日內奔襲華中，數週內奪佔上游的川渝。中央穿心破斬我軍政中心與經濟精華地段後，外圍軍閥盤據的華北、華南及蒙藏疆，可在三個月內招降納叛，各個擊破清理完畢。但是，可用來運輸侵華日軍的長江水上高速公路，卻被我劣勢舊海軍以「折劍鎖敵」戰術，翻轉成處處塞車的大盲腸。

近代水師肇建於清國洋務運動，朝廷陸續組建南、北洋水師及地方艦隊巡守海疆。惟南洋水師於甲申馬江之役遭法軍擊破，北洋水師於甲午黃海海戰遭日軍擊滅，還連帶割讓台澎予日本。海戰連番挫敗復以晚清朝綱不振，待水師殘艦易幟為舊海軍時，已無戰力可言。

民初軍閥混戰，舊海軍殘艦淪為軍頭政爭籌碼。北伐全國統一後，國民政府在中央機關內成立海軍部，優秀青年紛紛投效海軍展現報國壯志。隨後的「黃金十年」建設期間，海軍部提出擴軍專案，然囿於國庫短絀與派閥內鬥，造艦計畫及戰、演訓均無法順利推動。抗戰前，閩系把持的舊海軍連同東北海軍、廣東海軍、電雷學校三個地方艦隊，雖擁有百艘軍艦及雜役舟艇近八萬噸，但半數以上為前清逾齡殘艦。少數新造艦艇火砲單薄，甚者無固接防空機砲，但艦上官兵仍戰志高昂，用隨身攜行的步、機槍，佈陣於甲板上勤練對空射擊。

蘆溝橋事變後，鑑於日軍制海、制空武力占絕對優勢，舊海軍若盲目出海求戰，絕無勝算。抗戰的基本綱領針對日軍溯江西進「三月亡華」戰略，依參謀本部計畫作為，海軍於戰時出敵不意，與陸、空軍協力在長江斷然擊滅來犯敵艦，爾後對敵艦封鎖江面。海軍遂依令拆除江海航標、於長江咽喉遂行水面決戰並在敵後沿海游擊布雷。

在這之後，海軍的海道測量局急派屬艇在敵火下將沿江、沿海航標逐一拆卸，拒敵所用。官兵對多年來耗費心血裝設的導航航標又得拆除，只能轉化悲憤為力量，殺敵報國。再則，海軍逾齡軍艦及停航待修無戰力艦艇計二十八艘共四萬噸，一律拆除艦砲轉用為要塞砲，沉塞艦艇於江海航道港池，拒敵運用。艦上官兵受命後，無不掩面痛哭、義憤填膺，將朝夕相處的愛艦壯士斷腕，自沉於敵前。

海軍集中三十五艘主戰艦艇，佈陣於上海至南京間的長江水道。淞滬會戰爆發後，依山川地利之便以勇猛氣勢向敵艦往復衝殺，惟因缺乏空優，先後遭炸沉，全軍覆滅。這使海軍在長江咽喉遂行水面決戰的戰略指導未盡全功，但也遲滯日軍溯江西進長達四個月。另外，展開於閩粵沿海的地方海軍十九艘艦艇，亦遭日機逐一炸沉。

至此，海軍僅剩十艘可自航之百噸級江防艦艇溯江西退，無艦可派職的編餘官兵，遂被改派至沿江要塞，操作百餘門艦砲佈陣於華中、華南。要塞艦砲除阻敵溯江西進，並協同陸軍抵禦由陸路進逼之日軍。海軍艦砲編成的要塞陣地，在敵火下逐次轉進西撤，最終在長江三峽扼守陪都。在艦砲砲口瞄準三峽江心天險下，日軍始終無法在八年抗戰期間越雷池一步，襲取陪都重慶。

喪失艦艇的地方海軍兩萬名官兵，則編成四個旅級規模的游擊佈雷總隊，自製百磅「海字號」簡易定雷與漂雷。官兵自行背負雷具、編造舟筏運載戰雷，滲透至敵後的長江、珠江、閩江水系及浙閩粵沿岸，親手施放萬枚以上戰雷。其間經常遭遇日軍巡邏兵力伏擊，但也造成日軍至少一百五十七艘艦艇中雷沉損，有效阻敵於華南水系用兵。海軍官兵將士用命，以「折劍鎖敵」戰術，成為粉碎日軍溯江西進「三月亡華」迷夢的主因之一。然海軍八年抗戰一篇篇敵後血淚交織的戰鬥日誌，因史料散缺，以弱擊強的功勳甚少為外人所知。

八年抗戰改寫了近代史，戰爭期間政府頒授戰功的青天白日勳章計六十一枚；陸軍及空軍臨戰當先、英勇殲敵的抗日英雄如陸軍新一軍孫立人軍長、空軍四大隊周志開中隊長均因戰功獲頒青天白日勳章，國人耳熟能詳。但海軍，於八年抗戰期間無人獲此殊榮。

政府於抗戰期間也酬庸頒授青天白日勳章計四十六枚，海軍僅總司令一人獲酬庸頒贈。海軍講究同舟共濟，故個人英雄主義並不彰顯，唯海軍官兵用「我死國生」鋼鐵般的意志抗敵，抗戰期間雖無赫赫戰功，但絕對問心無愧。

海軍忠烈將士紀念塔，就成為錨鍊精神的圖騰、忠義軍風的表徵。

台海風雨飄搖下的海軍

抗戰勝利後，海軍遭打掉歸零，重整編成新海軍。冷戰年代政府遷台前後的國共內戰及歷次台海危機期間，海軍忠烈將士紀念塔再添六百二十六位殉國的烈士；這其中，一九六五年五月起短短兩百天內，紀念塔上突然增添了二百三十三位烈士，幾乎是冷戰年代海軍犧牲總數的四成，甚至與八年抗戰陣亡的海軍忠烈將士人數概等，前往憑弔的後輩，看過統計無不驚愕！

政府遷台迄海峽最後這三場海戰的二十五年間，總統頒授戰功的青天白日勳章僅有三枚——海軍二枚、空軍一枚。爾後海峽無戰事，政府改用表揚的名義陸續頒贈十八枚以迄今。足證當年的台海海域及空域戰情緊繃，這讓建忠憶起高中聯考前後半年間發生的三場海戰。

建忠初三下學期準備高中聯考時，班長衝入教室宣佈，上週「東引五一海戰」大捷的英雄艦已凱歸左營港，大夥兒趕快騎鐵馬去迎接！建忠衝到軍港，救難艦正在把英雄艦拖進港池，旁靠東七碼頭。呈現在眼前焦黑的東江艦（PC-119），讓同學們驚呆。水線上的艦身，滿佈千百個大小不等的彈孔，艙面的血跡已風乾，艦上卻空無一人。

繫泊後，英雄艦沒架舷梯，似乎在等海軍第一造船廠前來勘驗戰損。建忠偷聽到碼頭邊的政戰保防官說，從交戰海域被拖回時，友艦接載所有官兵及忠骸後送基隆港。躺在擔架上的士官長，激動地連續狂喊：「槍斃艦長！」這就是稱為勝利凱歸的「東引五一海戰」大捷？

高中聯考過後的溽暑，建忠在左營港東一碼頭望著輪機隊的水兵打赤膊，揮汗忙著把損管堵漏用的橫木抬上軍艦，看著看著心頭有點慌亂，一股涼意沿著建忠的脊椎湧昇。果不其然，六天後這艘軍艦在「東山島八六海戰」中沉損，她就是甫接艦返抵國門成軍不到一個月的劍門軍艦（PCE-65）。

等到建忠那年深秋讀高一時，把拔眉頭深鎖不發一語好幾天。母親偷偷告訴孩子：「把拔低一個年班的麥叔叔被憲兵收押禁見，等候軍法審判。」建忠家來台灣定居的頭兩個月，就是借住麥叔叔家的眷舍。麥叔叔是「烏坵海戰」的「六二點三南巡支隊」（Task Group 62.3, TG62.3）的支隊長。海戰結束返回左營港就被憲兵羈押候審。

驚心動魄的三場關鍵海戰

一甲子前，台灣海峽動盪非常不平靜。時任海軍兩棲部隊少將副司令的建忠把拔解釋，這三場海戰須先從「東山島八六海戰」說起。一九六五年八月五日，海軍檢派一千二百噸級的劍門艦與五百噸級的章江艦（PC－118），執行「海嘯一號」作戰計畫，接送陸軍總部所屬特種情報隊，突襲共軍東山島雷達站，作為層峰反攻大陸的先期威力搜敵行動。帶隊官為巡防第二（巡二）艦隊司令胡少將。

把拔進一步解釋，一般雙艦任務，依例向由資深的艦長帶領，頂多由所屬艦隊部上校編階的戰隊長或參謀長帶隊。納入作戰編組的雙艦，編成特遣區隊（Task Unit, TU）出擊，還不需要出動到艦隊部少將編階的副司令或司令親征，且胡少將榮調國防部總務局占中將局長職缺的人令早已發佈。唯海軍總部主管作戰的助理參謀長（副參謀長）在航前一週，建議他的軍校同班同學胡司令先親征立功領受勳章，再風光地占中將缺。

東山島八六海戰原本也非檢派劍門、章江兩艦共勤。把拔解釋，原先派遣驅逐艦隊部一千四百噸級的太康艦（DE－21）為旗艦。在候遣時，艦底擦撞沙壩受損，遂改派巡二艦隊部甫成軍的劍門艦為特遣區隊旗艦。臨陣換將後，胡司令帶領的巡二艦隊部參謀群進駐旗艦。胡將軍幾經考量，航前一日堅持換掉原派僚艦，改由其內弟任艦長職的章江艦為特遣區隊僚艦，執行任務累積戰功。

雙艦離左營港後，雖採商船航線欺敵措施，但最後仍遭識破。共軍急調南海艦隊汕頭水警部隊的十五艘快艇圍殲，隔日引發「東山島八六海戰」。雙艦特遣區隊於六日〇〇一〇時在東山島外十五浬處，施放特種情報隊M－2膠舟後，在外海往復巡弋，待機接載特種情報隊員返航。

章江艦首先於〇二五一時遭共軍切割包抄落單，一對十以寡擊眾。〇三三三時，章江艦中雷爆炸沉沒，少校艦長等六十二名官兵全部殉國！千碼外的劍門旗艦，調頭急馳向沉沒中的僚艦，企圖撈救章江艦袍澤，於〇三三五時與增援後的十五艘共軍快艇交戰。

甫接戰胡司令卻因身旁二〇機砲之彈藥箱遭共軍擊中爆炸，當即陣亡！雙方短兵相接近兩小時後，劍門旗艦於〇五二二時遭三枚魚雷轟沉。少校輪機長等八十二名官兵殉職，三十四員官兵遭俘，僅四名官兵由協防的美軍「七二・一台海巡邏特遣支隊」（TG72.1, Taiwan Patrol Force）在線偵巡驅逐艦與外籍商船撈救返回台灣。陸軍總部特種情報隊由楊姓少校率領的七名隊員，因海戰發生退路遭阻斷，幸遇路過漁輪及商船搭救輾轉返台。

劍門、章江兩艦沉損前，擊毀共軍601、611號砲艇、重創132號魚雷艇，共軍三艇合計傷亡三十二員。海軍在「東山島八六海戰」曾緊急申請空援，始終都未等到，造成海軍建軍以來最慘重之犧牲。畢業自青島海軍學校航海科的胡司令，比建忠把拔低一個年班，陰差陽錯成為歷代海軍作戰陣亡最高階的海將，戰後以追晉中將黯然收場。建忠把拔軍校畢業後留校擔任少尉助教時，與應屆畢業的胡生重疊七個月。家住建忠同一眷村的胡司令，建忠把拔都習稱他的本名「德華」。

題外話，一九五四年首次台海危機，海軍在大陳作戰沉損三艘軍艦，各自的舷號（22號太平艦，103號靈江艦，202號中權艦）加總後竟都等於四，海軍總部遂於一九五五年三月令頒重編艦艇舷號，凡舷號加總等於四者一律重編。早於該年一月十九日接艦成軍的章江艦，原舷號接艦時就定編為112，舷號遂依序後推重編為118，十年後在「東山島八六海戰」仍無法避開舷號加總等於四的魔咒。爾後，海軍及其他公務機關如海關、港警、海巡與各部會直屬公務船，陸續比照辦理，舷號加總避開等於四，這是禁忌。

「東山島八六海戰」過後才五天，層峰震怒下把畢業自青島海軍學校航海科的劉總司令及航校二期的空軍作戰司令毛姓中將雙雙拔官撤換掉。

那一年，台灣海峽還發生過兩場更不堪的海戰。曾因戰功獲頒政府遷台後首枚青天白日勳章的陳伯伯，與建忠把拔是軍校同窗，那一年陳伯伯擔任海軍艦隊訓練司令部（艦訓部）少將司令，陳伯伯到建忠家與把拔聊天時，娓娓道出另兩場海戰的經過。

——

一九六五年四月二十九日，海軍巡三艦隊部東江艦自馬公啟航，沿大陸海岸偵巡，向駐泊東引南澳澳口的六二•二北區巡防（北巡）支隊（TG62.2）旗艦報到換防。東江艦因海象惡劣減俥航行，又逢雷達天線時好時壞定位差錯，把東、西犬當成烏坵的大、小坵，把南、北竿誤認作東、西犬，再把東、西引看成南、北竿。東江艦夜暗駛過東引後就迷航，繼續前駛就再也找不到東引島了。

子夜過後，東江艦於東引島北方十五浬的四礵列島岸外，遭共軍東海艦隊沙埕水警部隊575、577號兩艘砲艇匆忙出海查證，東江艦誤將前來查證的共軍砲艇視為北巡支隊旗艦，還全開識別燈向「旗艦」報到。在共軍發射照明彈辨識後，兩艘砲艇於〇〇四五時包挾東江艦圍攻，引發「東引五一海戰」。

東江艦水線以上艦身，滿佈二十三個大口徑火砲彈洞、一百三十一個小口徑火砲彈孔，機槍彈痕近千個。七十四名官兵計有上尉副長等六員殉職、重傷十九員包括少校艦長，另輕傷二十四員。東江艦官兵超過三分之二非死即傷下，仍堅守砲位應戰，擊傷共軍575號砲艇但未造成傷亡。共軍擔心明目張膽朝向福建沙埕軍港駛來的東江軍艦是餌兵，未敢戀戰，故於〇二三〇時迅速退兵。

儘管東江艦主、輔機艙中彈受損失去動力與電力，卻因輪機隊堵漏得宜並未沉沒，僅在敵前隨波漂流。〇五三五時天明後，始由北巡支隊派艦尋回拖離現場。然據陳伯伯的調查，比建忠把拔低二十一個年班的東江軍艦副長，在艦長重傷後接替指揮，於戰鬥間歇時，副長趁夜暗居然棄職跳海遁逃，但卻溺斃。

東江艦在艦長重傷倒地、副長棄逃的群龍無首亂局中，竟有少數官兵誤以為棄艦令已下達，奪取已破損之救生筏但離艦未果！東江艦迷航引發的海戰，艦長難辭其咎，也難怪受傷的士官長在基隆港被抬下舷梯時，激動的揮拳嘶吼：「槍斃艦長！」

東江艦殉職官兵在劉總司令文過飾非的心態下，竟追晉所有陣亡官兵一階。倖存官兵因「戰功卓著」也提升一階。隔週劉總司令在總統府大軍談向層峰面報「擊沉敵艦四艘、重創兩艘」的浮誇戰果，東江艦竟榮獲「陸海空軍團體褒狀」。

此一迷航引發的迷糊海戰，事後遭政戰體系大簽呈報實情，引起層峰極度不悅。北巡支隊未能對屬艦狀況全盤掌握，誤認逾時未現身的東江艦意圖北駛投共。隨後海戰爆發，支隊屬艦又不及馳援解危，輪派的少將支隊長（後勤艦隊部副司令兼）遭究辦，於七月初申請退伍。東江艦亦因聲譽不佳，五年後退居二線，停役撥交財政部海關總稅務司署，巡守領海緝私，這是後話。

同年十一月十二日，我海軍檢派兩艘九百噸級的山海艦（PG-62）與臨淮艦（PCE-61），編成雙艦特遣區隊，赴烏坵偵巡並接載島上傷患後送，卻遭共軍東海艦隊海壇水警部隊十九艘艦艇伏擊，隔日引發「烏坵十一十三海戰」。畢業自黃埔海軍學校航海科的南巡支隊輪派帶隊官、占少將缺的上校支隊長（巡二艦隊部副司令兼）麥叔叔，因指揮錯誤且戰術迴避不當，雙艦在敵前居然各自反向脫離，致臨淮艦落單，遭共軍艦艇圍殲。九十分鐘的海戰，臨淮軍艦孤掌難鳴，最後遭魚雷擊沉。

臨淮艦副長等八十三名官兵殉職，九員被俘，另艦長等十五員由美軍台海巡邏特遣支隊在線偵巡的驅逐艦及山海旗艦撈救起。臨淮艦於沉損前，仍奮力擊毀共軍573號指揮艇、重創576號護衛艇及126、145號魚雷艇，致共軍傷亡十九名。作戰失利後，麥支隊長與兩位艦長同遭法辦解送國防部軍法局。陳伯伯自告奮勇擔當麥支隊長的公訴辯護人，但被告仍遭軍法判刑蹲坐軍牢。

——

海峽最後三場海戰，我海軍半年內就遭擊沉三艘作戰艦，折損了二百三十三名官兵！他們都是建忠把拔的袍澤、僚屬、鄰居。低迷的士氣連眷村少年建忠都感受到凝重的氣氛。根據艦訓部司令陳伯伯的剖析，這三場海戰，共軍的戰法與前兩次台海危機大異其趣。一是運用夜暗掩護接戰，拂曉前一定收兵，藉以減低空中威脅。二是不遠離大陸沿岸叫戰，以取岸砲依托地利之便。三是動員艇海狼群分割戰術，打散國軍海上編隊再各個擊滅。四是運用高速砲艇近戰往復衝殺，將國軍落單的艦艇艙面官兵悉數擊斃，最後出動魚雷艇駛近，對毫無還擊能力的艦艇施放魚雷轟沉。

為因應共軍艇海狼群分割戰術，協防美軍決定將海軍作戰艦全面汰換，把火力更強、航速更快、噸位更大的軍艦移交海軍以屏障台海；爾後陸續透過軍援與軍售，美國移交海軍十五艘兩千噸級的山字號巡防艦與三十八艘陽字號驅逐艦，終於穩住台海局勢。

沉沒的艦隊與沉默的官兵，都深埋在台海的海底。固然敗軍不可言勇，但堅守崗位拼鬥到最後一刻倒下的陣亡官士兵，他們的犧牲換來層峰終於認命放棄反攻大陸。加諸國際情勢逆轉，趨向以談判代替戰爭，兩岸從對戰一舉軸線翻轉為對峙，台海緊繃情勢從此趨緩。海軍官兵的殉職，間接促成往後半世紀海峽的風平與浪靜。

緬懷海軍忠烈將士紀念塔上殉國官兵的勒名，實為後輩所感激與感恩。後輩應向疾風猛浪與驚濤駭浪中作戰陣亡、為國捐軀的海軍官兵致敬！

（海峽最後三場海戰陣亡將士錄參閱附錄）

驚悚的高雄商港聯檢

新冠肺炎疫情爆發蔓延全球後，各國紛紛封鎖邊境，我國疫情因控制得當，旅遊業者改開闢國內環島遊輪航線，讓憋太久的國民，報復性地瘋海上渡假「類出國」旅遊的樂趣。建忠站在高雄港九號碼頭邊，映入眼簾的是星夢集團「探索夢號」巨型遊輪靠泊。街上擠滿遊輪的船客，像潮水般擠進高雄輕軌站，前往亞洲新灣區的購物中心掃貨搶購土產。熱鬧的場景讓建忠的思緒倒帶，回到半世紀前的商港聯檢，當年港池除了商船，根本看不到遊輪，街角充斥海員，根本沒有遊輪的船客，商家熱銷的是船來品，而非在地土產。

從根爛起的聯檢中心

一甲子前台灣經濟轉型為外貿導向，海運蓬勃發展。但政府仍處於半鎖國的戒嚴時期，進口關稅額重，又不准民眾出國觀光血拼，故走私猖獗。由於不法利潤龐大，就衍生官商勾結。商船將走私物件直接吊卸在碼頭，裝車後囂張地公然駛出港區脫售走私貨。

當年的商港聯檢，是由台灣省警備總部（警總）、財政部海關總稅務司署（海關）、行政院衛生署港口檢疫所（檢疫）、省警務處港口警察所（港警）派員編成任務型態的「聯合檢查協調中心」（聯檢中心），負責船舶的入出境檢查。聯檢中心主任，由警總編配在國際商港的港區檢查處（港檢處）處長兼任。在走私猖獗的年代，聯檢中心的官職都是肥缺，絕大部份官員經不起奸商的財色引誘，都向下沉淪。

一九七二年五月，時任副閣揆的經國先生為匡正官箴，動用調查局強勢介入軍方徹底清除走私。調查局幹員強登基隆港的雜貨船豫源輪，按線報在艉艙破獲特製密窩，內有大批高價私貨。經偵訊後私梟又咬出前一年的福熙輪走私案，兩案遂並陳查處官商勾結，陸續起訴四十名貪官。

喧騰一時的海關總稅務司署二把手的白姓副總稅務司涉及豫源、福熙兩輪走私包庇案，衍生出軍方的警總走私貪瀆之案外案。警總總部的檢管處嚴姓少將處長與基隆港檢處佔少將缺的孫姓處長，均遭逮捕上銬帶案拘禁。涉案的軍方七名特種交通檢察官（特檢官），被軍法判處無期徒刑。從根爛起的全國各商港聯檢中心官員，勢必得悉數拔官調職。

豫源輪及福熙輪走私案爆發時，建忠正準備第二十二期義務役預官考試，兩萬大專應屆畢業的役男，搶八千名預官員額，落榜的就得去當很沒尊嚴的士卒。讀理工的建忠盤算，是填選員額近三千的步兵一般官科呢？還是填選員額僅三百的工兵特種官科？建忠對搭飛機有莫名的恐懼，步兵與工兵兩種官科應該都不用搭飛機，這是建忠填選官科的前提。

錄取憲兵特檢官

舉棋不定之際，校園總教官向建忠暗示，木訥寡言不多話去填選冷門的憲兵一般官科最適合。總教官有所不知，建忠沉默寡言是罹患創傷後壓力症。對填選憲兵官科這件事猶疑不定，才錄取五十個員額啊！建忠問總教官，憲兵會搭飛機嗎？總教官很蠻橫地說：「又不是空軍，憲兵不會搭飛機，別胡思亂想，給我用力填下去。」放榜時，憲兵一般官科員額竟然加倍錄取，建忠僥倖榜上有名，總教官果然要得，內線消息真靈通。

建忠順利自大學畢業後，赴台北五股的憲兵學校報到，先參加預官班調適教育再施教三十週。憲兵學校對預官不僅嚴厲還更蠻橫，建忠的室友涂辰滌也考上憲兵預官，報到時陸軍專修班畢業的少尉區隊長點名：「余辰條！」但無人回應。

區隊長連喊五次「余辰條」，還是沒人回應，建忠用手肘碰觸鄰兵涂辰滌，暗示區隊長在點你的名。當區隊長喊第六次「余辰條」時，鄰兵按捺不住舉手：「報告！學員名叫涂辰滌，不是余辰條。」區隊長滿臉大便不知所措，找台階下遂大吼道：「點名三個字只要對一個，你就得喊『有』！給我出列交互蹲跳一百下，你這個智障大學生還敢頂嘴！」

真正讓建忠當個憲兵有滿足感的勤務，是一九七三年以憲兵學校預官隊的學員身份，站南越總統阮文紹來華國是訪問時的特別警衛哨。另一次是美軍藝工隊來憲兵學校演出勞軍，遠朋班的高棉憲兵學官與預官隊互軋，看誰的美語創意隊呼整齊有力，當然是咱們地主隊勝出。

及至憲兵學校預官班七個月訓期結束抽籤分發，除憲兵隊的主籤，加倍錄取的名額竟變成副籤，撥給警總派用。建忠很想抽到海軍軍種憲兵二一四營回左營服役，就近照顧左營眷村體弱的慈母，但中籤的機率比踩到狗屎還要小。建忠第一輪沒抽到主籤的憲兵籤，無緣去憲兵部隊。沒料到的是，建忠第二輪再抽副籤的警總單位籤，竟抽中了名聲不太好的警總檢管處督導之高雄港檢處。軍職專長四二〇六的建忠，從此擔任十五個月的警總憲兵少尉特檢官。

經國先生把全國各商港聯檢中心的主官與部門主管定期輪調洗牌，滾石不生苔。基層聯檢官員，則起用公務員考訓新血、志願役軍校畢業初官，臨時再追加義務役憲兵預官；張張白紙進入港區最多服勤兩年，調離警總前應該還來不及學壞。

商港執行聯檢的勤務

一九七三年四月，建忠向高雄港檢處報到時，少將處長是剛到差的儒將，砲科出身的他文采飛揚出口成章。港檢處新來的上校政戰主任，由聯勤財務單位徵調，中校組長才從空軍基勤大隊轉調來。全處的同仁全都是新手，也從沒上過商船抄班。

建忠與二十一期義務役預官學長一對一重疊三個月，算是見習；台大畢業的學長謙虛地說，他也是個半吊子，被經國先生由地區憲兵隊臨時召來補位，在聯檢中心執勤尚未滿半年。

新科憲兵預官在港檢處的籤，均攤到聯檢中心兩個單位：一組管貨不管人，穿著帥呆的海關白制服登船抄查貨物，二組管人不管貨，穿著境管局制服登船查驗證照。建忠被分到二組，公發藍襯衫上掛有「Immigration Officer」英文官銜銅牌，執行國境證照查驗。此業務是當時內政部境管局的工作，由警總代行職權。

建忠在二組的職掌是管船舶上入出境的海員與船客，對持我國護照者得在護照內，蓋印由建忠署名的入出境官戳。至於持外國護照的海員與船客，除非他們要入境必須蓋印外，過境而不入境者，建忠僅須簽發他們申請的登岸證（Shore Pass），方便他們上岸觀光遊覽，活絡高雄港都經濟。

證照查驗對建忠言一點都不難。在憲兵學校刑事鑑識課程內學過的同中取異、疑人所不疑，就拿來現學現賣。對護照、出入境證、海員手冊、船客清單、登岸證等證照與文件，均須仔細審閱核對，找出名實不符者詳加盤問。例如未成年才十七歲的海員，乳臭未乾連考證照的資格都沒，怎麼會擔當非常專業的船舶報務員？若疑點重重就須帶回偵訊。面對面查驗身份時，除核對註記特徵，如護照身高註記明明是天龍，結果現身的卻是地虎，或來者神色違常，建忠也要隔離深入盤查。若有違法，則移送權責機關偵辦。

在商港執行聯檢，顧名思義就是各單位聯手檢查、各司其職——警總管國安、海關管抄查、檢疫管衛生、港警管保安。實際上，商港聯檢是由警總的組長級資深特檢官負責帶隊，他說的才算數，稍有疑慮，帶隊官可當場裁定決行。例如出港船舶聯檢時少了位海員，若這位失聯海員無國家安全威脅，帶隊官可裁定船舶立即啟航出港；反之，帶隊官有權決定活要見人、死要見屍後，始放行船舶離港。

高雄商港聯檢，有進港及出港兩道手續。進港聯檢時，聯檢官員須會同港務局引水員，搭乘領港艇駛出港嘴到外海的錨區，在風浪中由舷梯或繩梯登輪。聯檢完帶隊官放行後，引水員方能下令起錨，領船入港。進港後，聯檢官員離船登上港勤艇，回聯檢中心向高勤官提報歸詢。進港聯檢全程，耗時超過三個鐘頭。

出港聯檢，聯檢官員僅須奔赴碼頭登船檢查，但高雄港區遼闊，若路途又塞車，及至找到碼頭登船，單程也要半小時以上；同樣，聯檢完帶隊官放行後，引水員就下令解纜、收錨、用俥離碼頭。出港聯檢全程，耗時約兩個鐘頭以上。

忠孝兩全的少尉預官

建忠服役的前期，每日凌晨一至五時高雄商港實施宵禁，商船不能進出港。此舉導致商船宵禁時出不了港、外港錨泊的商船也進不來裝卸，日復一日最終釀成大塞船，也致使聯檢官員天天配合宵禁，執勤二十小時、休息四小時。

建忠服役的後期，因台灣經濟起飛，故海運更繁忙。宵禁是取消了，但為了便民，工作量卻變成全天輪班聯檢。建忠曾歷經一日之內排班聯檢七艘船舶進出港，練就一身鐵人功夫，抓緊空檔就算僅僅十分鐘，都須把握穩妥立即熟睡。

特檢官出勤沒有朝九晚五，而是每天二十四小時排班、每月執勤二十六天，再連休四天。但處長下令資淺的義務役憲兵預官，連休四天期間須隨傳隨到，隨時支援緊急任務。所謂連休，等同於在營區候遣，但建忠從未住宿過港檢處營區。

建忠居家的左營眷村，就在港檢處營區不遠的山腳下，把拔放洋跑船、姐姐出國留學，家中僅剩弱病的慈母。報到第一天，處長降蹲由政戰主任陪同探視建忠母親，處長用家鄉的廣東話與慈母聊天，兩人聊得十分開心。處長訪查後特准建忠外宿在眷村隨時候遣，居家侍奉慈母。附帶條件是電話通知建忠後，十分鐘內須向營區高勤官報到，建忠終生感激處長促成忠孝兩全的德政。

商船啟航時趕不回船的海員，其行徑稱為「流船」。流船的海員除了留滯急診住院治療的病號，還有酣臥溫柔鄉宿醉過頭的尋芳客。建忠常須押解高雄港流船的外籍海員出境。押解出境路程有二，若船舶下一個目的港還是在境內，建忠就押著海員搭台鐵往返國際商港間；若海員的船舶已離境，建忠得押著海員至國際機場送他出境去國外追船，或前往機場等候外籍海員入境後，押解至高雄港追船。

校園總教官不是說好當個憲兵軍官不會搭飛機嗎？現在當憲兵特檢官的建忠必須搭民航機執行押解勤務。固然建忠的押解差旅費統由船務代理行買單，看似吃香喝辣兼旅遊的公差行程，其實壓力很大。為維護人權，被押的海員不能上銬，一旦人跑了或弄丟了，建忠就有蹲坐不完的軍牢。

建忠服役期間押解外籍海員，每次執勤內心一直打鼓惴惴不安，神情緊繃。建忠搭乘遠東航空的民航機，由高雄小港機場國內線往返台北松山國際機場飛行，押解海員轉搭國際航班入出境，執行勤務不下三十回，每次都提心吊膽是否會遭遇空難與死神過招，到頭來建忠也就麻木了。

建忠登船查驗過的船舶，包括把拔退伍後當船長的商船、鄰居叔叔伯伯的油輪，還有海軍登陸艦隊與勤務艦隊所有跑外島軍運的軍差船。上面都是在海軍當九品芝麻官的眷村玩伴。建忠也跟著領港登臨過一艘美軍四千噸級諾克斯級巡防艦，她甫自南越西貢戰場歸來。二十年後，建忠去南沙群島公訪時，接護護航的居然又是她（參閱「沉睡在太平島的南洋寶藏」）！不過，她已移交我海軍，更名為濟陽艦（FFG-932）。

奇特的當兵服役趣聞

當年屬戒嚴時期，不法份子常運用船舶偷渡，自境外內潛，從境內外逃。聯檢中心二組的職掌也要抓拿船舶上窩藏的偷渡客。不過，除非有確切情報，船舶的密艙四佈，查艙搜捕有如大海撈針，往往無功而返。建忠始終沒緝捕過這些傳聞中的偷渡客，倒是親眼目睹過大批「船客」集體逃離商船，事情是這樣的。

文革期間大陸本身不夠吃，香港饕客大啖的烤乳豬食材遭斷貨；政府遂抓緊時機，動員南台灣養豬戶，替豬仔餵食瘦肉精，形塑港人喜好的豬仔瘦削身材外銷。溽暑某天大清早，建忠赴愛河出海口的淺水碼頭（今稱真愛碼頭），在高-港線商船執行聯檢勤務，主甲板堆滿竹簍盛裝的出口豬仔，海員握著水龍帶向豬仔噴灑淡水降溫。突然間，一隻豬仔眼見此趟出國凶多吉少，遂奮力掙脫竹簍爬出，沿著舷梯逃離商船，飛奔衝出碼頭；其他豬仔群起效尤，紛紛跟進衝出港區亡命奔逃，就是不給碼頭工人追上。

精彩的畫面還在後頭。幾十隻豬仔成群結隊快步由公園二路通過愛河的五福橋，碼頭工人上氣不接下氣地在後面追捕；領頭的豬仔帶隊。自玫瑰聖母天主堂前橫越五福三路，衝入一所女校暫避風頭，打赤膊的工人呆立在校門口不便入內，誰說豬仔笨？

警總港檢處沒有服裝儀容檢查，只要別像流浪漢街友就可；是以建忠蓄留長髮及肩，十足的歐美嬉皮模樣，還被憲兵隊的預官同學酸，建忠夜晚一定窩在港都有粉味的外籍海員酒廊臥底。嬉皮妝扮，倒讓建忠有機會執行唯一的一次緊急任務。

在露絲颱風掃過高雄後的某晚，少將處長打電話給在眷村陪慈母用餐的建忠，令建忠用家鄉廣東話罵處長，建忠哪敢辱罵主官？處長催促放膽開罵呀，罵的愈難聽、你特休假就愈多。建忠足足罵處長罵了一分多鐘，連處長的尊輩全都痛加羞辱，直到處長說夠啦，別一再罵他老祖宗，旋即令建忠十分鐘後向處長報到。

建忠滿臉狐疑地向處長敬禮，處長讚揚建忠講的廣東髒話，比香港漁民講的更道地，嬉皮妝扮也很合漁民不修邊幅的特色，下令建忠立刻去軍械室向守值的安全士官領槍彈，再去簡報室聽取高勤官的緊急任務提示。

於是，建忠穿著青蛙裝攜手槍，率通訊士背負無線通訊機，在前鎮漁港登上一艘被擄獲的港籍漁船。建忠對港籍漁民飆廣東髒話，揚揚手槍示威，誰不聽指揮，建忠毫不遲疑會先射腿、再打要害。建忠向船老大下令：「給我立即解纜啟航！」

這艘被帶案處理的港籍漁船，是跨國走私人蛇集團的探子，後面跟著艘大型港籍遠洋漁輪，滿載文革浩劫脫走的大陸偷渡客，要找接應的我國漁舟「投奔自由」。但遠洋漁輪在海峽驚濤駭浪中走失了，探子漁船卻被埋伏在我國漁舟內的警總幹員逮個正著。

隨行的通訊士暈船，啟航後暈癱在甲板上像隻死豬。建忠不敢怠忽職守，整天端著手槍，槍口指向駕駛台警戒。緝捕偷渡客的結果呢？建忠在海上吃風喝浪兜圈子搞了五晝夜，緊握著手槍戒備沒好好睡過一分鐘。滿載偷渡客的港籍遠洋漁輪，被不知情的海關緝私艦踩線緊追攔檢，遠洋漁輪加速馳向公海落跑了，大家都白忙五天，一事無成。建忠押解港籍漁船跟隨帶隊官的警備艇回到前鎮漁港，建忠出海五天執勤，處長就犒賞給五天特休假找空檔排休，特休時段不必在眷村居家待命候遣，去哪兒都可以。

走私奢侈品與特種船客

處長三令五申嚴禁部屬與航商酬酢，徹底根絕酒色財氣積習，唯一無從禁絕的，是軍中呼菸成癮的惡習。船舶與航商都備有免稅又免費的公關洋菸，從英國三五到美國萬寶路無限供應。特檢官執勤時，要呼多少根菸就儘管拿去吧。但少將處長交代——現場呼菸他管不著，但執勤完畢就算一根菸都不准拿走，誰敢拿就送軍法！建忠從小學開始就竊取父親的軍菸暗地呼，菸齡少說也有十年，於焉建忠在船舶上變本加厲猛抽，直到出國留學撰寫博士論文時才戒斷。

有一回建忠登檢進港的遠洋實習漁船，趁引水員領船入港的空檔，建忠逐艙搜查有無內潛外逃的偷渡客。打開海員住艙，巧遇讀台北士林社子島私立海專的老友石麟。他在船上是輪機實習生，此刻不當值正在洗淨裸身，試穿日本高檔蕾絲薄紗情趣內衣。石麟見到老友焉然一笑，建忠掩上門嘟噥著，真是變態。

遠洋漁船靠好碼頭後，建忠在梯口但見石麟老友套穿貂皮大衣，內著皮革超短迷你裙，還隱約可見貼身情趣內衣。石麟頸上掛著琥珀項鍊，還戴著寶石手鍊與腳鍊，十足人妖妝扮。石麟不畏溽暑高溫，離船步出港區。未幾，他穿著單薄涼爽的發臭汗衫回船，又重複同樣的行程。

事後建忠盤問石麟怎麼回事。這位來自新竹空軍眷村的老友說分明：「戒嚴時期民眾不能赴日觀光血拼，日製奢侈品奇貨可居，這是高雄港都崛江商場的委託行指定我專帶的精品。」南台灣的貴婦及特種行業小姐都愛用日貨，偏偏奢侈品進口稅額重、進口款式少，故港都的委託行與日本零售商勾結，找海員當車手，將流行款式以海員自用免稅的巧門，攜回交給委託行，再以海員脫售水貨合法的名義寄賣。

建忠再問石麟，海關有嚴格的《懲治走私條例》稅則，難道不攔查課徵進口稅與貨物稅？老友答曰每回通關只要內衣、洋裝、外套及手飾、腳飾、耳飾、頸飾等飾品穿搭各不超過一件，港警都從寬認定為海員自用。老友還得意地說，走一個航次的台－日航線，攜帶高檔奢侈品的佣金，相當於實習生半年的薪資，領一份海員死薪水，真的永遠發不了橫財。

副閣揆經國先生打老虎，把大宗走私的猛獸給滅絕了，但化整為零的海員如蒼蠅般跑貨更形猖獗，彰顯舶來品供需平衡千古不變的走私潛規則。為了生計，基層海員遊走法律邊緣，千浬航行，真的只為財。

還有一類的國籍海員與船客，國安高層會發文至港檢處特別關照。來函略以：「某某海員（船客），在某港、某商船出（入）境，惠請協處相關手續，至紉公誼。」至於某某仁兄真實身份、持有證照、所攜物件，咱們警總特檢官不得聞問，僅能給予禮遇快速用印通關。

在冷戰年代，派遣情報員攜槍帶械出入敵境，絕對不是搭民航機大搖大擺闖關，而是透過海運界配合的船舶。情報員以證照完備的海員或船客身份，抵敵境周邊國境境外的港口後，伺機跳船潛入敵境。換防的情報員隨後潛登船舶，持原證照搭原船返國，人換、行李也換，但不換證照。各國情報員在遠東進出邊境，就是這樣幹的。建忠最常碰到須給予禮遇的海員或船客，是在跑香港、澳門、東南亞航線的我國籍商船上，建忠都口頭祝福他們旅途順利或歡迎回家。

建忠印象最深刻的船客，不是情報員，而是往返外島的軍差船上某些女性船客。每梯次往返金門的運補，約有五位女性定期搭船「換防」。她們證照上註記的年齡都在二十上下，職業欄的工作是「社會服務」。建忠注意到她們赴外島的去程容光煥發，半年後返程時憔悴虛弱。才半年光景，她們從少女被折騰成熟女。港檢處帶隊的組長感嘆地解釋，這些姐妹們是勞苦功高的八三么軍娼（參閱「風獅爺與小齒輪」）。

建忠在五福橋旁聯勤四六運指部十三號登陸碼頭，查驗八三么姐妹們往返外島的證照，建忠秉持禮遇成規，絕不盤問且迅速放行，以維護姐妹們的自尊心。臨行時建忠還低頭對她們祝福一聲：「辛苦妳們了。」

多年後建忠自海外學成歸國返母校任教，到戶政單位恢復戶籍時，由於教育部的教授證書尚未寄達，戶政辦事員在建忠身份證職業欄註記的職業，竟然也是「社會服務」。職業無貴賤，姐妹們與建忠的職業，都在替社會服務作功德，只是姐妹們的工作比建忠更辛勞、閱歷更精彩。國內首次直選總統前，為顧及國軍形象，八三么軍娼制度最終被廢除。

建忠在警總港檢處服役十五個月期間，聯檢查船累積超過兩千艘次，倒也未曾經歷過大宗包庇走私案件，算是役畢安全下莊。半個世紀後的今天，港區聯檢中心依然持續運作，資訊化的商港聯檢功能更便捷、高效。倒是警總早已裁撤轉型，聯檢中心過往的二組，現在由內政部移民署正牌的移民官，編成證照查驗隊執勤。當年警總高雄港檢處辦公大樓已拆除，原地改成香蕉碼頭的海景宴會館。

國防變革與役政改革，致使義務役預官制度也在上世紀末遭取消。解嚴後，國人可自由出國觀光血拼，導致海員跑貨無利可圖，高雄港都崛江商場的委託行，生意蕭條。

建忠呆坐在高雄港駁二藝術特區的展望台上，感受到五十年來沒變的，是高雄港區船舶依然忙進忙出、海運繁忙一如往昔，港都人潮還是熙熙攘攘、愈夜照樣愈美麗。

滿身傷疤的舵工關叔

別以為海軍的眷村都集中在南台灣左營軍港周邊，連高雄商港附近也有海軍眷村。其中最老舊的，就屬旗津區定海新村。到商港旁逢人問路，都知道定海新村巷子口有家關記魚蛋粥風味餐館，老闆是眷村女婿。

粵籍的關老闆是海關出身，娶到海軍眷村台籍少女，海關與海軍姻緣佳偶，也算門當戶對。

娃娃臉的關叔歲數比建忠大兩旬，兩人特別投緣。建忠應財政部關稅總局海務處之請，搭乘專司燈塔巡補的國造千噸級第三代運星巡補緝私艦，替轄管的離島燈塔作建物結構安全普測。關叔是緝私艦的資深舵工，那趟八天七夜的環島燈塔巡補任務，建忠和小同鄉的粵籍關叔用廣東話很談得來，兩人混熟了之後，長相渾圓的晚輩建忠，有請關叔直稱他的渾號「冬瓜忠」就可。

新友與故知

建忠不解地向關叔請益：「關老爺子，我很納悶管稅收的海關莫非太閒了，連全國的燈塔都要管，燈塔跟照章課稅有啥關聯？」關叔指著高雄商港一港口旁的旗后山頂燈塔說：「冬瓜忠，你有所不知，十九世紀的海關，是國中有國的清國衙門，由英國人把持幫朝廷徵稅，償還不平等條約的賠償金與外債。海上貿易若要安全通暢以利徵收進出口關稅，就得興建、管理燈塔這種助航設施，確保航行安全。像高雄旗后山頂的燈塔，就是清國海關委請英國技師在百餘年前的清光緒九年興建的。」

關叔是海關緝私艦服勤長達半世紀的老海狗。關叔的岳丈退休後，他接掌留交的魚蛋粥路邊攤，擴大營業並晉名為關記魚蛋粥風味餐館重新開張。餐館在港區修船廠林立的高雄旗津略有名氣，長袖善舞的關叔招攬生意很有一套，供應早、午、晚餐加消夜，全天不打烊，跑堂與廚師分三班輪值，符合海員值班的作息，故餐館日夜高朋滿座。粗獷的關叔讀書不多但閱歷豐富，國語有濃濃的廣東腔，但英語卻溜得很，和港區修船不當班的外籍海員攀交情，很快就稱兄道弟。故關叔的餐館消費群以華、洋海員為主。

建忠搭乘關叔的緝私艦回航靠泊高雄港後，關叔拖著建忠去拜見關嬸，關叔說：「冬瓜忠，我是現職的海關舵工還沒退休，所以餐館是老闆娘關嬸說話才算，我充其量不過是個臨時志工，輪休時才回餐館做些招攬食客、接待勸酒的雜務。餐館的採買食材與監廚理財，全都由關嬸一手包辦。」

一踏進餐館，建忠與櫃台後的熟女面對面，倆人都當場愣住。「冬瓜忠！四十年沒見面啦，你的個頭兒還是那麼渾圓。」熟女興奮地迎面撲來，一把抓緊建忠雙肩不放。「是您，潔西大姐，這些年來還是那麼端莊優雅！」姐弟倆自是熱絡話舊。關叔有點插不上嘴地介紹：「冬瓜忠是搭乘我緝私艦執行公務的教授，潔西就是我內人；原來，你們早就認識多年，怎麼你倆從不跟我說分明？」

住高雄旗津定海眷村的潔西大姐，與建忠都是海軍子弟。關嬸的父親姓劉，是旗津海軍第一工廠（海軍第四造船廠前身）的一等銅匠。太平洋戰爭期間被徵兵入日本海軍左營修艦工作部（海軍第一造船廠前身）銅工場服勤，戰後被我國海軍核階續聘，調回旗津老家的海軍第一工廠服勤。關嬸的父親還翻修過建忠把拔的掃雷艦。艦長把拔擔任過駐日武官，與幹過日本海軍台籍一等銅匠劉兵長，倆人用日語攀談都有共同的話題，成為莫逆之交。

潔西大姐考取台北北投的護理職校那年，建忠全家也恰好北遷入住台北市海軍圓山新村。潔西大姐學期間就借宿建忠家，省掉宿舍費也無須耗時在北-高間交通往返，有空時還陪著未達學齡的建忠玩耍。兩位海軍子弟雖然歲數差一輪，但從小兩家經常互相走動，無話不談形同姐弟，直到建忠舉家遷離台北又搬回左營，姐弟倆仍保持書信往來。建忠在新竹讀大學時重病掛急診，還是護士潔西大姐電話關照，方由新竹空軍基地醫院收治救回一命。二十六年後，建忠搭乘緝私艦出海作業，才弄清楚原來潔西大姐嫁入海關，老公竟是緝私艦資深舵工的關叔。

關叔開香檳三人暢飲慶祝重逢，建忠把話題導向關叔與潔西大姐的姻緣：「關老爺子呀，您是怎麼認得潔西大姐的？」關嬸笑彎腰久久才率先給答案：「冬瓜忠，第一次碰見這個虧佬，他全身赤裸裸躺在床上向我招手，」建忠聚精會神傾聽這段邂逅。

「是招手向她喊痛死啦！」冷不防虧佬關叔搶著補充。關叔醉醺醺地捲起汗衫，露出大肚腩說：「冬瓜忠，你看我混身都是傷疤！」建忠仔細端詳，關叔右胸有條筷子般長的疤痕，左腹有條牙籤般細長的手術縫合線。關叔誇稱，他在台灣海峽的兩次海戰，出生入死負傷不退，有大肚腩傷痕印記為證。話剛講完，即遭關嬸打臉：「海關還參加過海戰哩？虧佬呀你騙誰！倒是這個虧佬的傷口，都是我親手搶救縫合包紮，虧佬的命是我幫忙撿回來的。」

關叔藉機向關嬸敬酒謝恩，竟把高檔波爾多香檳整瓶一飲而盡。關叔大肚腩的傷痕印記，這到底是怎麼回事？關嬸硬是把建忠留下，聽關叔吹噓他因公負傷的經緯。其實，關叔一生服勤海關奇特的經歷，聽他講古，等同於賞讀一本厚厚的亂世海關活歷史。

歪打誤撞全靠英文當了海關舵工

關叔命途多舛，在殖民地香港貧民窟出生，沒多久父母就病亡。關叔感嘆地說：「關叔我生命中的貴人，是位英籍傳教士。他收留我進教會附設的孤兒院，在教會學堂免費就讀。學堂用全英語教學，替我的英語打下基礎。」太平洋戰爭爆發後，日軍占領香港，關叔被抓伕當日軍的娃娃兵，替戰俘營的日籍軍官擦鞋洗衣打掃，還目睹遭羈押的傳教士被監視員凌虐。關叔會將日籍軍官吃剩的飯糰，偷偷塞給傳教士果腹。

戰後，感恩的傳教士力薦關叔以同等學歷插班進入教會學堂的高中部。不過，關叔除了英文課跟得上進度，其它必修課的成績都是滿江紅。在傳教士刻意補習教導下，不但拿到教會學堂的高中文憑如期畢業，還被甄選進入海關官辦的稅務專門學校（稅專）就讀補習科。姓關的關叔，從此與海關結緣半個世紀。

教會學堂高中部的同班學霸，都神氣十足被保送入四年制的稅專，令同校補習科的關叔羨慕不已。

學霸在稅專畢業後，是海關艦艇的基層官佐，關叔頂多是他麾下的船工，誰說高中成績不重要？

設於上海市的稅專一分校補習科，類似今天技術學院附設推廣速成班，補習科公費生僅須修習半年的全英語航輪專業課程。關叔過往在香港的吃住，都由教會供應，不須花錢也沒錢可花。初次到十里洋場的上海外灘，關叔首次對金錢有了概念。

關叔問建忠：「冬瓜忠，人生賺到第一桶金的百萬元，你須時多久？」建忠屈指算了算自己的教授薪資，至少須好幾年吧。「好幾年？關叔我讀稅專第一個月的零用金就是一百萬元！」關叔讀稅專時，公費生每個月的零用金，是用政府的法定貨幣（法幣）發放。但先別興奮，關叔在亂世中每個月的零用金，在國共內戰初期狂貶到只夠買一個包子。

關叔對為期半年速成補習科的專業課程，最感興趣的就是「海關史」。翻閱半世紀前稅專教材，指著泛黃的課本對建忠講古。關叔解釋，早在三千年前的西周初期，朝廷即在邊境設「關」徵稅。但遲至唐玄宗開元二年（七一四年），始在刑部下設「市舶司」，針對海上貿易的船舶，執行海關徵稅業務，唯歷代皇朝漠視關政，關稅徵收績效不彰。

洋人建置起來的清國海關

到了晚清，由於大清帝國的朝綱不振、又積弱懼外，加諸列強環伺，陸續被迫簽訂一系列喪權辱國的不平等條約如《南京條約》、《馬關條約》、《辛丑條約》，計息賠償列強的戰費，永世都還不清！

列強遂有協助腐敗的清國重整海關之議，以健全稅收償債。

清咸豐四年（一八五四年），列強以英國為首，逼迫清國在朝廷體制外成立虛級的「海關」，下設具實權的「總稅務司署」小王國，替清國徵稅償債。開署的首長稱謂是「總稅務司」，為英籍洋員，他有個漢名叫李泰國（Horatio N. Lay），海關的關政與關務，從此落入洋人手中近一世紀。

關叔感嘆「國中有國」的海關，年年按規章課徵關稅，稅入穩定成長至每年高達兩千萬銀圓以上。在豐厚的稅入中扣除巨額的海關維持費後，海關尚能解繳半數予清朝國庫，賠償積欠列強十四國的賠償金。

為防杜海盜猖獗的走私行徑，英國主政的清國海關於同治七年（一八六八年）在總稅務司署轄下，成立船鈔部海務科，掌管緝私艦艇與燈塔等助航設施，並向英國添購首艘緝私艦巡海，聘用洋員充當緝私艦幹部，華籍職員只能在艦上擔任基層船工。

英國主政的海關在台灣，早於同治元年（一八六二年）就設有台北關、台南關兩個關口。在北台灣與南台灣課徵關稅，並分別在淡水、雞籠、安平、打狗通商口岸設置燈塔、信號台、航道浮標並駐泊巡艇。

海關首艘編配於台北關的是艘三百噸級的三桅飛虎緝私艦，長年巡守台灣海峽防杜倭寇走私。甲申年的法清馬江海戰，飛虎艦在台灣海域補給燈塔時，遭法國扣留達四個月。後由英法兩國斡旋，法國始將飛虎艦歸還海關。十年後的日清甲午海戰期間，海關將駐泊台北關的飛虎艦等三艘緝私艦，借予清國北洋水師，擔負豐島海域的偵察、通信等哨戒任務。

海關的關務除稽徵關稅、緝私、巡守海疆外，亦兼辦敷設海纜業務。清國首任台灣巡撫劉銘傳於光緒十二年（一八八六年）提出在台灣敷設海底電報電纜的專案，並委託海關代為實施。海關檢派千噸級福州敷設艦實施此任務，在兩年內敷設了從淡水到廈門的海底電報電纜線，另敷設第二條從台南到馬公的海底電報電纜線。福州艦完成敷設任務後，又編配於台南關繼續服勤，加強台灣周邊海域緝私能量。

承襲英國傳統，海關文書、對話全用英文，關叔對建忠秀了秀海關常用的英語。例如長官有吩咐交辦事項，一定要回覆：「Aye-aye, Sir!」（遵命！）海關以英國標準訂定人事制度、稽核管考法規、公佈緝私條例、制定關旗關章，並在沿海勘測航道、繪製航海圖表、建置燈塔導航設施、開闢港區、疏浚港池、管理港務、提供關口檢疫與沿海氣象測報服務、派遣海關緝私艦艇巡守海疆等特業。

海關於光緒三十二年（一九〇六年）將分散在沿海各關口的緝私艦艇，悉歸海關所轄「稅課司」內新編成的「海班」指揮調度，使海域巡緝、燈塔維修一元化。清國海關的關務，自此概分兩大部門——徵稅部門與巡緝部門。徵稅部門轄有內班、外班，分掌官署內勤徵稅、關口外勤查驗與陸上緝私；巡緝部門的海班，則掌管九艘緝私艦的巡海及燈塔航標等海務。

清國覆滅民國肇建後，海關名義上屬我國臨時政府體制內，實則為英籍洋員所掌控的小中央。北伐完成後，國民政府財政部將海關總稅務司署劃為直屬的機關，由財政部長督導，但部長根本指揮不動英籍洋員。

斯時財政部為提昇轄下海關總稅務司署的華籍職員地位、量才器用、落實華、洋職員人事平權，財政部長規勸現職洋員雖可續聘，但遇缺不得再募補洋員，改由優秀華員提陞內升接充，唯多遭洋籍首長否決，人事制度根本難趨平等。

國民政府北伐完成後，大幅開徵進口洋貨關稅，導致不法走私變本加厲。來自周邊鄰國的海上私梟與單幫客，橫行於沿海，故財政部遂有擴充緝私艦隊的規劃。迄一九三七年抗戰軍興，海關編成華南、華中、華北三個緝私艦隊，轄有二十六艘「星」字級緝私艦巡海，海關各緝私艦隊的隊長、隊附、艦長與輪機長，均由海班的一百三十六名外籍洋員充任。

擺脫英國把持後的海關

國民政府成立二十多年迄蘆溝橋事變，一路都還在計息賠償前朝的債物。抗戰軍興時，政府海關關口盡失，償金來源的關稅遭斷絕，國民政府理直氣壯地賴帳，拒絕再賠前朝清國積欠的賠款，斯時我國累計已賠償八十四年之久，賠償總額超過十二億銀圓，前朝計息的國債，尚有半數未清償！

抗日期間，海關艦艇多遭日軍擄走或炸沉，餘皆自行開啟海底門於航道沉塞封港。太平洋戰爭爆發後，海關洋員紛紛避禍留職停薪請假歸國，在職洋籍主管人數大幅萎縮，僅餘六十七員在海關陸域追隨政府抗日。國民政府在抗戰末期為擺脫英國長年糾纏把持海關，改請並肩抗日的美籍首長掌控。蔣委員長遂首次任命非英籍的美國人李度（Lester K. Little），為第九任海關總稅務司。雖然海關不須再籌措關稅以賠償不平等條約所積欠的半數償金，但為有效課稅充實國庫支應戰費，仍需海關杜絕海上非法走私。

抗戰勝利後，曾遭日軍擄走的我國海關艦船，僅五艘倖存歸還建制。戰爭結束後國內民生凋敝、物資奇缺、生產不振、供需失衡，法幣的官匯過低、結匯過於嚴格，遂導致奸商勾結航旅，大舉走私進口貨物，而出口商品藉偷運裝船，以逃避課徵出口稅謀取暴利。戰後國民政府遂以廢鐵價格添置美軍報廢艦艇，重建我國緝私艦隊巡守海疆。

關叔描述，美方堅持我國緝私艦隊不得超過抗戰前的規模，且美艦撥交前就拆除所有固接火砲，以防國民政府將緝私艦轉用於國共內戰。戰後海關復編戰前的三個緝私艦隊，巡海的緝私艦維持二十六艘的規模，其中專司燈塔巡補的就有九艘，負責沿海兩百六十五座海關燈塔的補給。

戰後美籍首長李度召回留職停薪的洋員舊屬復職，歸隊後在海關所屬單位佔回主管缺。至於各緝私艦隊的隊長與緝私艦艦長，仍由首長身邊的四十四名外籍親信充任。戰後海關重新招募華籍員工，英籍傳教士推薦英文溜的關叔，就成為英國把持稅專補習科速成班的一員，結業考及格後，畢業典禮由李度主持。關叔從李度手中接到結業證書，依成績候派至海關艦艇，開始討海生涯。

關叔初上緝私艦任職

離校後，關叔雇舢舨划向上海外灘黃浦江江心錨泊的緝私艦報到。一千三百噸級艦號ＡＮ２的海星艦，隸屬華中緝私艦隊，艦長是洋員但因內戰情勢潰散，請了長假返挪威原籍不歸，由華籍大副代理艦長職。負責管帶關叔的水手長，派關叔擔任見習舵工試用一年，所有的舵令、俥令、錨令與口頭命令全用英語。具領袖特質的水手長說：「關仔，亂世開小差的船工很多，本艦編制應有四位舵工，陸續逃跑後現在只剩兩人，加你剛好湊成三班輪值。」

在第一艘服勤的緝私艦報到後，水手長就交代準備遠航。沒多久，緝私艦從江心泊位移靠上海外灘白渡橋碼頭。關叔持械在梯口值更時，但見數十名挑夫兩肩各挑一箱沉甸甸的木箱，押運員在側吆喝，挑夫將木箱整齊置放在後甲板。挑夫們往復工作數十回，待木箱置滿整個後甲板，關叔被召回駕駛台，準備接更、掌舵出航。

駕駛台議論紛紛，都在猜測木箱內是啥玩意兒？木箱屬於海關嗎？要運木箱去哪兒？海星艦管事嘟噥著對關叔說：「關仔，沉甸甸的木箱絕非海關的財產。」啟航出海後，關叔瞄了眼海圖上的預劃航線。原來，這趟任務是由上海運木箱去四百浬外的基隆港。

關叔首次抵達台灣是一九四八年十二月三日，且由他掌舵旁靠基隆火車站前的二號碼頭。關叔目睹遭美軍轟炸過的基隆市都心四處斷垣殘壁，但市容比髒亂的上海外灘要整潔得多，讓關叔對這塊沒有遭國共內戰波及的淨土，留下非常好的印象。寶島台灣，也就成為孤兒關叔後半生的家鄉。

待押運員連同近千個木箱由卡車運走後，代理艦長交代立即駛往高雄港，緊急搶修停擺的一號發電機。美籍首長李度已與美軍第七艦隊喬好，駐泊高雄港的美國海軍修理艦，恰好有同型發電機的料配件備品，關叔掌舵沿岸航向高雄港，旁靠繫泊在旗津浮筒的修理艦。

水手長說修期冗長，大夥輪流下地登岸探眷遊憩，僅關叔這個資淺的見習舵工須留守不准離艦。水手長還特別交待：「關仔，全艦的安危就靠你把關，軍械室的美製手槍、步槍與輕機槍，你趁值更梯口時多把玩，搞懂如何使用方能自衛。」

輪值梯口時，管事手提大串香蕉，從浮筒前檣的海關第一代國造運星艦搭舢舨回艦。管事對關叔說：

「前檔的海關友艦，光復後就駐防高雄港，艦上的船工都是台灣在地人，但主機損毀，明年即將報廢。」他倆邊吃南台灣的特產香蕉，邊聊管事聽到的台灣海關史。

管事說：「關仔，你我都還沒出生前，清國甲午戰敗，割讓台澎予日本後，英國將海關轄管的台灣關務，完整移交日本接管。」關叔吃完一整串香蕉打個飽嗝，繼續聆聽管事講古。「日本取台後，台灣總督府幾經變革始分別在基隆、高雄港務局設置北台、南台兩個稅關課，編配巡艇管理台澎的關務。抗戰勝利後，國民政府海關總稅務司署重返台澎接收海關，復編台北、台南兩個關口，分設兩個稅務司分署。財政部緊急調派日軍歸還國造的千噸級聯星緝私艦與三百噸級的運星燈塔巡補艦，駐泊台北關巡海，還有六百噸級的華星燈塔巡補艦，駐泊台南關。關仔，你這麼喜歡台灣香蕉，是不是想調差到前檔的運星艦幹活兒？」

關叔靈光地說：「報告管事，您和水手長若都想調差，我一定跟到底。」管事指著停航待報廢的運星艦說：「逗你啦關仔，亂世通膨嚴重，台籍船工薪資全無購買力，開小差的也非常多，他們逃跑後寧可在夜市擺攤糊口。」

關叔不解地問：「報告管事，為什麼海關艦艇的船工都作興開小差落跑？」管事無奈地解釋：「英國主政的海關以厚祿養廉，華籍船工的待遇，較之政府公務員高兩倍以上，這就是關仔你被傳教士擇優甄選入海關稅專補習科的緣由。唯抗戰勝利後，法幣幣制的改革，導致民生物價翻漲千百倍，使船工的薪資購買力急劇下降。但海關聘雇的洋員卻坐領高薪，且薪資均以美金現鈔發放，艦上華、洋階級矛盾愈演愈烈。船工們凡對政府不滿且對共產黨也沒有期待的，都會開小差另謀生計。」

管事掏出月俸袋內一疊面值五元的金圓券對關叔說：「政府的法幣狂貶到形同廢鈔，現在的薪餉改發金圓券；來，關仔，見識一下啥是金圓券。」關叔把玩有蔣總統肖像的中央銀行金圓券，管事憤怒地碎碎唸：「上個月初在上海靠泊，我的月薪還可在外灘買十串人間美味的台灣香蕉，今天在高雄，這疊金圓券連一串本地香蕉都買不起！沒有購買力的俸祿，逼得海關船工能逃跑的，都跑光另謀生路。關仔，你會不會在高雄落跑呀？」關叔巴結地說：「報告管事，您和水手長都開小差，記得叫我跟。」

護國黃金秘密撤運台灣

回航上海前，水手長會同逃難來高雄租屋逾一年的家眷，帶關叔逛旗津海產夜市，以犒賞他留守緝私艦的辛勞。在天后宮旁享用百年風味烤小卷後，水手長結帳時，口袋有一疊大陸發行的金圓券，也有些舊台幣，店家老闆搖搖手用台語說：「長官大人，被你們大陸的法幣與金圓券拖累，我們舊台幣也大幅貶值，這些通通都不收。」

水手長夫人略懂台語，指指老公鞋底；水手長會意地在鞋跟暗槽內取出一枚銀元的中圓硬幣，相當於兩角五分美金，水手長把銀幣交給店家老闆，還說結帳後餘錢免找零，就當小費吧，一付大亨模樣，老闆這才眉開眼笑。關叔很納悶，水手長哪來那麼多保值的銀幣？水手長拍拍關叔肩膀說：「關仔，等你見習試用期滿，遞補正式舵工職缺後，隨時有機會領到緝私獎金發放的銀幣。」

海星艦在高雄港修好發電機後，關叔掌舵回到上海黃浦江已是年底，國共內戰的戰火刻正延燒到長江北岸。關叔從管事手中領到人生首份餉袋，內裝見習舵工月薪四十元金圓券。雖然月薪的金圓券面值在發行之初相當於兩元美金，但已狂貶到僅能買到兩顆包子！碼頭福利餐廳拒收形同廢鈔的金圓券，當地的上海菜飯套餐，實收壹圓銀幣，緝私獎金核發的保值銀幣，果真比較實惠。

跨年夜，緝私艦在細雨中又靠泊上海外灘白渡橋碼頭，重覆上一航次的木箱撤台裝載。這回大不同的是，國軍在碼頭滿佈崗哨，還不時對港區外的中國銀行街口開槍，驅離打劫的莠民。一位挑夫不慎在豪雨中滑倒，梯口值更的關叔目睹黃澄澄的千足條塊黃金，從摔破的木箱滾出灑滿甲板！見多識廣的管事料事如神，木箱根本不是海關財產，海關哪敢私下儲存黃金。

這個航次緝私艦先去廈門，裝載更多的木箱再去台灣。廈門固然遠離國共內戰的戰火，但難民已湧入碼頭，手捧美鈔在梯口跪求緝私艦載他們逃去台灣。駐艦押運的中央銀行官員堅持，此趟是專送黃金任務，就連緝私艦的海關眷屬都不准登艦。

據押運員透露，本艦兩個航次搬運撤台的木箱，裝滿了國庫的金銀美鈔，相當於兩百六十萬兩等值的金條！這是首批避戰禍撤台灣的政府準備金，後頭還有超過六百萬兩等值的黃金待運。不過，押運員也緊張兮兮地四處張望，無意間抱怨這航次應是託付本艦運載金銀美鈔的最後一趟任務，高層已發現海關與海軍的艦艇都遭共黨全面滲透，安全堪虞。

緝私艦回到母港上海後，運載黃金撤台的消息傳遍外灘。潛伏在海關的共黨獲指示——保關護產、緝私艦不得撤台、不得運走金銀！共黨企圖將緝私艦原封不動完整接收，易幟加以運用，故共諜發動華籍船工怠勤，甚至破壞裝備形同停航，等待共黨入城接管。一九四九年初，蔣總統迫於國共內戰潰敗情勢下野，緝私艦船工陸續不告而別，無法湊足人數服勤，形同癱在上海黃浦江錨位動彈不得。

共軍即將攻奪上海，水手長看勢頭不對，拉著管事與關叔說：「你們倆跟緊我，趕快逃去台灣吧。」水手長透過關係，一行三人搭海關便船又回到高雄港。適逢台南關的華籍船工逃跑情況也很嚴重，三人很快又在台南關遞補上內勤職缺。水手長於春節闔家團圓後，又帶領管事與關叔在高雄港登上另一艘缺船工的ＡＮ５號福星緝私艦，向艦長報到服勤。

金融體系崩解船工自尋生路活命

ＡＮ５號福星艦與ＡＮ２號海星艦是姐妹艦，擔負同樣的海關燈塔巡補任務兼辦海域緝私。隸屬華南艦隊的ＡＮ５號艦負責閩、台、粵沿海離島的燈塔巡補，原先華中艦隊的ＡＮ２號緝私艦負責蘇、浙沿海離島與長江下游的燈塔巡補，故三人駕輕就熟上任。福星艦母港在廈門關，每個月會到海峽對岸的高雄港整補、維修與保養。

關叔於第二艘緝私艦報到服勤後不久，在高雄港也領到第二份的月俸袋，內裝的不是法幣也非金圓券，而是台灣銀行發行的二十元舊台幣。關叔記憶猶新，台灣的店家也不收天天貶值的舊台幣，那是另一疊廢鈔。

水手長拉著關叔與管事到後甲板低聲說：「我們的薪餉發來發去都是一疊疊廢鈔，緝私獎金的銀幣又可遇不可求，而且金額有限。你們年青，約會、成家都要用錢，而我更要養家小，買菜買奶粉都要錢，你們跟好我做事，錢就不是大問題。」

清明節過後，福星艦靠泊高雄海關碼頭保養整補，關叔輪值梯口守衛。入夜後，滿載的牛車隊向碼頭走來，至少有幾十輛，蜿蜒的牛車隊延伸到港區外七賢三路轉角，都還看不到盡頭。水手長坐在領頭牛車上吆喝一聲，煞時福星艦艙面與輪機部門的華籍船工，紛紛下地登岸，圍著牛車隊把重約二十公斤的麻布袋卸下扛在肩膀上，回艦井然有序地堆疊在後甲板。

關叔正在猶豫是否該攔查疑似金銀財寶的麻袋，但見水手長向他招手似乎在下令：「關仔，還不趕快下地幫忙扛呀！」關叔滿臉狐疑地肩槍，攜械加入搬運行列。待福星艦橫渡海峽靠泊好廈門港海關碼頭後，在水手長的率領下，關叔夥同華籍船工掀開遮雨帆布，把近千包麻袋又扛下梯口，裝在空牛車車板上拉走。

福星艦回航後，管事交給關叔一封厚重的信封袋說：「關仔，水手長交代這份是你應有的分紅，別亂花掉，藏妥準備交女友、娶妻生子。」關叔打開信封一瞧，是條一兩的千足黃金！

原來，水手長做過市場調研，台灣物美價廉的特產除了香蕉還有蔗糖，兩種農產品在大陸都很搶手，但都因軍運優先遭斷貨。香蕉在航渡運輸過程，缺冷凍設備會熟成霉爛，運到大陸已沒賣相。耐久不變質的蔗糖，在大陸價格高又方便海上運輸，故水手長選擇台灣蔗糖，盤貨低買再跨海高賣，脫手賺價差分紅。

水手長在海峽兩岸人脈廣，很快地分頭找到可靠的蔗糖賣家與買家，動員全艦華籍船工協助搬運過海。洋籍艦長認為國內跨海買賣蔗糖，既能改善艦上華籍船工生計，又不構成跨國走私，更沒有稽徵關稅的必要，也就睜隻眼閉另隻眼樂見其成。

關叔緊握金條在掌心內，心裡卻嘀咕這樣對嗎？海關不是要緝私抓拿逃漏稅充實國庫嗎？怎麼幹起買低賣高的勾當？可是又想及亂世金融體系崩解，海關的華籍船工形同無薪白幹活兒，金條可以暫時紓緩窮困與貧病。就這樣，關叔每個月都發「國難財」，固定有紅利金條的收入。直到一九四九年九月底共軍攻入廈門，蔗糖通路從此阻斷，福星艦也從廈門母港撤守高雄港，關叔的金條外快就此結束。

同年底，政府播遷來台，二十六艘海關大型緝私艦，有十四艘遭棄置、鑿沉甚至投共。十二艘隨政府撤台的緝私艦，也被海軍強徵取走四艘，改裝成砲艦準備反攻。海關萬餘名華籍關員與船工，大都開小差逃跑甚至投共；忠貞可靠來台的基層員工，不足三百人，當然包括關叔、管事與水手長。

海關逃難來台的七名洋籍艦長與海關洋員，包括美籍末代首長李度，亦全數掛冠求去。離台前，他們都領到筆豐厚的養老金歸鄉，海關從此再也沒有外籍關員。由列強主政近一個世紀、歷經九任洋籍客卿掌控的海關，自一九五〇年三月蔣總統復行視事後，洋人把持「國中有國」的海關，就由政府完全接管，讓喪權辱國不平等待遇的海關走入歷史，達致關稅完全自主。

第一桶金回歸上帝始安心

此際，關叔在海關為期一年的見習試用期滿，拿到交通部核發的乙種海員證照，調升候補舵工，在福星艦繼續服勤。關叔的薪餉袋，不再裝滿貶值千萬倍廢鈔般的法幣與金圓券，也不再裝入貶值百倍的舊台幣，關叔拿到的，是月俸二十元的新台幣。關叔見證到從上海搬來台灣的木箱，木箱內的金塊銀碇後來當作台灣銀行幣值改革的準備金，發行新台幣，讓舊台幣、金圓券、法幣走入歷史。過往紙鈔隨亂世無限制供應，短短兩年就改版了四回。

關叔藏在福星艦的內務櫃裡的金條，始終讓他有罪惡感。一九五〇年聖誕節過後，關叔接到香港傳教士的聖誕卡與來信，略述教會在高雄六龜新建教堂。教會孤兒院成長的關叔展讀後，立即入山將金條全數捐贈予教堂，才心安踏實。

一九五一年初，關叔年滿二十歲，也遞補上五等舵工正式職缺，算是公家機關最底層的技工，領到的月俸翻倍，增加到四十元新台幣。其實，微薄的月薪，在高雄市鹽埕區「銀樓一條街」的瀨南街，僅能在銀樓兌換到八元美金。管事告誡關叔：「關仔，協防的美軍大舉湧入港都買春，新台幣又開始貶值啦，金條要省著點花用。」關叔沒告訴管事，他內務櫃裡的金條已悉數捐贈教堂，反正孤家寡人日子過慣了，生活簡樸吃官糧不也很好嗎？果不其然，從開始發行新台幣時匯兌美金的五比一官價匯率，十二年間陸續貶值到四十比一方止貶。

任職五等舵工的關叔，在福星艦的職掌是航行時輪值操舵並保養舵機，靠泊時攜械輪值梯口警戒。工作艇泛水後須掌舵駕艇，不當班逢緝私時，攜步槍於駕駛台哨戒，不當班又逢攔查時，攜械登檢走私船並操舵駕駛帶案處置。

太平洋戰爭結束後，海關緝私艦隊原有七艘專司燈塔巡補的艦艇，從大陸撤來台灣後僅剩兩艘，所幸燈塔巡補的範圍，也因國共內戰的潰敗而限縮在台澎海域及部份浙、閩沿海離島。海關在沿海航道上普遍設置燈塔維持航安，輔之以浮樁、浮筒、燈桿、燈標、霧角、無線電發射定位桿與雷達反射定位桿等助航設備。

至於離島海關燈塔管理人員的輪替、守塔眷屬的接送、設備維護與物資的運補，都靠燈塔巡補艦跑腿。在本島的燈塔如旗后山頂燈塔，尚可搭車前往補給，離島的燈塔非得開船去補給；沒碼頭靠泊的離島，還得收放工作艇搶灘運補。

關叔認為最辛苦的補給勤務，首推沒碼頭靠泊的離島燈塔巡補。關叔除了協助收放工作艇泛水，還得掌舵駕艇搶灘，遇到海象惡劣，更要穩住艇身以防傾覆。英國、日本建造的離島燈塔，關叔最北曾補給過游擊隊戍守的浙海漁山島燈塔，最西則是陸軍戍守的金門東碇島燈塔，最南去過墾丁鵝鑾鼻燈塔，最東巡補過台東綠島燈塔。

深入解放區支援燈塔修繕勤務

在海上執勤日子過得飛快，轉眼間已是一九五二年的初秋。奧立芙颱風剛走，關叔就被召回福星艦由高雄緊急出港，專送海務科燈塔工程隊出海。關叔一面掌舵一面聽艦長氣急敗壞地不斷詢問報務主任：「海軍和空軍到底來不來護航本艦？」關叔再瞄一眼海圖上預劃航線的終點，天哪！居然是台灣海峽盡頭緊靠廣東汕頭的外海，那是解放區呀。海關緝私艦又不是作戰艦，深入共軍控制的海區送死所為何來？艦長親自指揮，關叔抓穩舵輪，航行兩晝夜後，在拂曉天色微明的海域停航下錨，總算看見前來接護的海軍砲艦。艦長瞄了眼砲艦舷號，有些不屑地喃喃自語：「三年前這艘砲艦，是咱們海關華南艦隊的九百噸級A8號縈星緝私艦，遭海軍強徵取走，更名為永春軍艦準備反攻大陸！」

艦長下令備戰，同時吊放左右舷的工作艇泛水，關叔駕駛右舷工作艇，由艦長親自押艇，緩緩駛向前方岩石島礁的澳口，後頭緊隨著左舷工作艇，滿載海務科燈塔工程隊員。關叔緊握手槍的槍把，「會被島上的共軍掃射嗎？」

抵達澳口外，關叔鬆了一口氣。澳口高地上有十幾位持槍警戒的官兵，他們都穿著國軍野戰服，不是共軍。關叔倒是滿腹狐疑，什麼時候國軍反攻大陸居然光復了老家廣東省的離島？關叔拋纜給官兵繫穩工作艇在纜樁後，就持槍緊隨艦長登島。大夥由一位陸軍中校陪同，赴島上制高點會勘。從長官的交談中，關叔搞懂了這趟任務的眉角。

原來，美軍在朝鮮戰場被共軍打得暈頭轉向，故中央情報局駐金門的美籍幹員，策動佯攻牽制入朝作戰的共軍。佯攻當然找共軍戰力空隙下手，於是僅有一個共軍海防排戍守的廣東南澎島，就雀屏中選。面積僅三十五甲的南澎島，屬廣東省南澳縣行政管轄，西距汕頭市三十二浬，東距高雄港一百七十浬。

一九五二年九月二十日，福建省反共救國軍閩南司令部直屬大隊，在美國中情局指導下，以四倍的優勢兵力輕鬆光復南澎島，老總統的誓言「一年準備、兩年反攻」果然達標。光復南澎島後，那海關的燈塔工程隊上島，又是為了什麼？

關叔聽到工程隊長對艦長說：「報告艦長，中共搞抗美援朝，美國就報復，封鎖大陸沿海港口以窒息中共海上貿易；分配給我們海軍的海上封鎖區，是從上海到汕頭。南澎島燈塔離汕頭很近，美國要我們光復後優先修繕燈塔發光，可讓我海軍增進航安，有效執行夜間封鎖。」關叔弄懂了，修燈塔是海關的職掌，封鎖大陸港口不是海關的任務，那是海軍的責任，但海軍卻取走海關的緝私艦去執行封鎖。

守島的陸軍中校大隊長指著制高點傾塌的廢墟說：「報告艦長，美國要你們修繕南澎島燈塔重新點燈發光，海關看看要怎麼修吧。」南澎島燈塔頗有來頭，英國主政時期的海關，於清同治十三年（一八七四年）就承建這座直徑四公尺的燈塔，外圍由大鐵板焊接而成；燈塔用柴油機發電，燈光照程十八浬，為當年閩、粵沿海照程最遠的燈塔。一九一八年汕頭大地震，南澎燈塔倒塌，迄今無人聞問。

南澎島周邊海域每年春夏海霧瀰漫，塔頂的霧笛發聲量，是東亞助航設施功率最強的霧角。海關燈塔工程隊在燈塔廢墟四周丈量測繪，忙到日落始收隊返航高雄。靠好海關碼頭後，艦長就宣佈管制休假，隨時出航支援南澎島燈塔的修繕工程，平均五天一個航次。

第四航次適逢雙十國慶，海軍沒空護航。返港時關叔輪值掌舵，駕駛台的短波新聞報導：福建省反共救國軍閩南司令部又出兵，在中情局指導下，突襲福建省蒲田縣的南日島，激戰三晝夜始鳴金收兵。關叔惴惴不安嘀咕著，國軍三週內連番襲取閩、粵沿海共軍戍守的島嶼，不怕惹火北京當局反撲嗎？

鬼門關前走一回卻換得美人心

第五航次由高雄前運建材到南澎島，關叔緊張兮兮地一面掌舵一面瞭望，除了南澎島周邊經常出沒的粵籍漁舟，一切如常。第六航次關叔記得非常清楚，那是一九五二年十月二十日拂曉，恰好是光復廣東南澎島滿一個月。福星艦下錨後，不見側護的永春艦（PG－52），該艦應該還忙著接護撤運突襲南日島的退軍。關叔駕駛工作艇滿載燈具，緩緩駛向南澎島的澳口。澳口高地上同樣有十幾位持槍警戒的官兵，也都穿著國軍野戰服向工作艇揮手。

關叔心細如髮，觀察到岸上的「國軍官兵」個個都是生面孔，絕非前幾個航次在島上見過駐防的游擊健兒。他們的隨身武器，都不是關叔熟悉的美製步槍和手槍。關叔靈機一動喊道：「弟兄們，我先繞行至島的另一端，在燈塔下岩縫間卸下燈具，再回來澳口套纜靠泊，待會見！」

關叔掌穩舵調頭就走，岸上的「國軍」察覺有異，大吼：「工作艇給我回來，否則開槍！」關叔反而將舷外機加足馬力馳返母艦，「國軍」從南澎島上各據點朝工作艇集火射擊。關叔採用「之」航法躲開彈雨，艇員也臥倒以艇身作掩蔽。關叔既要操舵又要顧舷外機，整個上半身曝露在外。很不幸，右胸突然一陣撕裂的劇痛，關叔中槍倒下！

關叔死命撐著劇痛，將工作艇駛返母艦，就昏倒在血泊中。醒來時，是躺在左營海軍總醫院的術後觀察病房，陪病在旁的水手長說：「關仔你中槍後，我們連人帶艇吊收的同時，二副替你急救止血，艦長下令起錨，以戰速馳返高雄，一天內把你送進左營海軍總醫院急診室搶救，開刀取出彈頭。」

關叔虛弱地問是誰對他開槍？水手長說：「關仔，你中槍前兩小時，共軍喬裝成國軍，趁夜暗掩護搭漁舟以四倍兵力奪回南澎島，守軍來不及拍發閃急電報就遭俘。」老總統的光復廣東南澎島，只是曇花一現，反攻大陸破功啦；好險呀，鬼門關前走一回！關叔闔上雙眼又昏睡過去。

此時，一位妙齡少女穿著手術衣戴口罩走出開刀房，用鑷子夾住一枚變形的彈頭對水手長說：「長官，這是外科醫師從關先生右胸第一、二肋骨間取出來的，已拍照存證了，彈頭請還給關先生。」關叔在敵前急中生智駛回保住了工作艇，但「海戰」中卻吃了這枚子彈負傷，故海關破格將「戰功彪炳」的關叔提一階加薪至四等舵工。

待關叔再度甦醒，看到床前量體溫的護士就眼睛一亮，水手長說：「關仔，這位就是開刀房替你取出彈頭縫合包紮胸口的恩人，還不快叩謝？」關叔癡情地盯著初次邂逅的護士，竟喉頭燒聲說不出話來。護士穿著實習制服，右邊繡有「北護」，左邊繡有「實習護士」；非常亮麗吸睛的少女潔西，比關叔小七歲。她，就是日後的關嬸。

關叔與潔西大姐的愛情長跑，結緣在左營開刀房取出的一枚彈頭，熱戀則在兩個月住院療癒期間逐日升溫。潔西大姐長駐左營海軍總醫院，想都知道，關叔最期盼的，就是燈塔補給勤務儘快返回母港高雄。艦長與水手長都很貼心，靠泊碼頭後，關叔拿著放假單就搭公車去左營約會，關叔與潔西大姐的愛情足跡，遍踏過多次的景點有左營蓮潭、高雄澄清湖以及去鹽埕區光復大戲院、左營中山堂觀賞電影。

第一代的福星艦的艦體也逐年老舊，鏽蝕嚴重甚少出海，多半停靠高雄港待料檢修。關叔趁此良機，與潔西大姐約會的頻率大幅增加，有情人最後終成眷屬，潔西大姐變成關嬸。婚後關叔跟著水手長與管事請調至轄管澎湖、高屏、巴士海峽海域的九百噸級Ａ４號第二代運星緝私艦，這是關叔服勤的第三艘海關緝私艦，Ａ４號緝私艦兼辦ＡＮ５號艦留交的燈塔補給勤務。

走私猖獗致使海關任務繁重

大陸失守前，海關華南艦隊的美製運星艦駐防廣州，撤退時非常狼狽，艦上船工悉數開小差落跑，竟無人開船，被路過友艦拖帶來台。海軍強徵運星艦更名為永年軍艦，但海關呈大簽給蔣總統，力陳海軍須歸還運星艦，以維持海域緝私最低能量的三艘大型「星級」緝私艦與兩艘小型「海級」緝私艇。一九五〇年八月蔣總統裁示，運星艦立即自海軍解編歸建海關，配置於台南關駐防高雄港，專司台灣海峽南部與巴士海峽北部海域緝私勤務，兼辦燈塔補給。

關叔與關嬸的長子入小學報到那晚，運星艦啟航離馬公回高雄駐地，經過望安島海面，瞭望哨發現一艘漁船徘徊不去，看到運星艦用戰速調頭駛近，漁船居然把航行燈全熄滅！水手長令不當班的關叔納編入登檢小組，到軍械室領取步槍及彈匣，這讓關叔既興奮又緊張；海上攔查緝私是海關本業，相形之下，兼辦燈塔補給沒啥挑戰。

武裝登檢果然大有斬獲，在漁艙起出大批走私西藥如貴重的盤尼西林、奎寧、藥用止痛嗎啡等。船老大招認，要趁海關緝私艦逐一汰除或遭海軍強徵取走，台灣黑道邀船老大赴免稅天堂的香港接貨，走私駛入偏鄉望安島潭門港，再用交通船挾帶入台，透過地方角頭高價售予藥局，沒料到突然又冒出一艘路過的緝私艦。

水手長將私梟五花大綁鎖進運星艦錨艙後，令關叔留在漁船掌舵，駛入潭門港，交給轄區的台南關關員扣押。這趟臨檢破獲海上走私案，依私貨現值扣除掉該稽徵的關稅後，餘款按規章頒發緝私獎金。

關叔也從管事的保險櫃領到新台幣百元獎金，相當於月俸，不無小補，而且關叔緝私有功在案，還晉升為三等舵工。

依據《海關緝私條例》及《懲治走私條例》，海關緝私艦在內水、領海及鄰接區海域有司法緊追權，可攔查、抄檢海上涉案船舶，登船查驗貨品並查扣不法私貨帶案處理。在公海，海關緝私艦尚可追捕涉案的國籍船舶；不過，對付外籍船艇除非獲得船籍國同意，否則不可登擒抄查，避免衍生國際糾紛。

為增加國庫收入，海關對進口貨物課徵非常高的稅額，特別是奢侈品的貨物稅與進口稅，往往是品項成本的好幾倍。加諸當年尚處於動員戡亂戒嚴時期，國人既不能出國觀光掃貨血拼，公務返國攜行的奢侈品會被課徵高額關稅，遂變相鼓勵不法份子，走私高單價的私貨牟取暴利。

及至國內經濟起飛創造「台灣奇蹟」後，社會風氣奢靡、黑道横行，緝私艦除了在執法海域攔查私貨外，還要抄檢窩藏的珍禽異獸、毒品槍械及偷渡客，全數押回返港，移送權責機關法辦。關叔在運星艦服勤期間，就在執法海域見識過抄檢查扣的金絲雀移送農委會帶走、海洛英一級毒品由調查局處置、衝鋒槍由國防部領走、越南難民由警總接走。

關叔還記得長子考取高中那年的溽暑，運星艦在颱風過後的高雄港外巡邏。輪值掌舵的關叔都輪了十幾次值班，這五天雷達幕上有艘遠洋漁輪光點，都在附近海域徘徊不走，捕撈的漁貨早該滿艙了，怎麼還不返航卸貨收帳，還繼續留在原處打轉，任憑漁獲腐爛？遠洋漁輪違常的舉止令人起疑，艦長終於下令攔查登檢！

這艘約五百噸級的遠洋漁輪懸掛香港旗，見到運星艦駛近就加足馬力逃逸，由於老舊的緝私艦跑不贏，緊追到鄰接區海域界限，就只能眼睜睜地看著港籍遠洋漁輪駛入公海落跑。關叔講古給聽到入神的建忠聽分明，忽然建忠插話：「等等，關老爺子，您說的追捕，是發生在編號７４１３的露絲颱風掃過高雄後的那週嗎？」

關叔回應：「對呀，冬瓜忠你怎麼連細節都知道？」建忠擊掌嘆口氣說：「唉呀，你們海關無厘頭亂踩線啦！那是警總養的偷渡案子，滿載偷渡客的港籍遠洋漁輪，被關老爺子您的緝私艦追捕，把案子給搞砸啦！」

建忠那次持械藏身在接應偷渡客的小型漁船內，準備一網打盡潛入國境的陸籍文革難民。那時建忠是服義務役預官的憲兵少尉，在警總高雄港檢處任特檢官。所以嘛，人與事冥冥之中都有緣，早在七〇年代，建忠與關叔竟然有五天相處在同一海域不同的公務船上執勤，但那時節倆人在海上相隔十餘浬惜沒機緣相見。（參閱「驚悚的高雄商港聯檢」二）

暗夜登船緝私破片飛來險喪命

及至關叔幼女就讀五專，走私與偷渡方法也與時俱進。過往傳統的走私偷渡是將私貨與偷渡客藏在密窩、貨艙及貨櫃內。碰上海域攔查抄檢時，私貨與偷渡客易遭起出人贓具獲，走私偷渡母船就被帶案查扣，船東不論是否涉案，損失都很慘重。隨後私梟為避免走私偷渡母船被扣押，就在大海明目張膽接駁，將私貨與偷渡客轉送至漁船偷運入境；海象不良時，由走私船將私貨密封後連同偷渡客丟包，由漁船撈起人貨偷運入境。

道高一尺就魔高一丈。為避免商船、漁船入境靠港時遭抄出私貨與偷渡客，致使船舶又被扣押偵辦，私梟在漁船駛近海岸時，請黑道令膠筏出海前往旁靠，再次接駁丟包的私貨與偷渡客；膠筏滿載後，調頭直駛岸際搶灘下卸，由黑道接應的車輛將偷渡客與私貨接載走。

緝私艦的雷達若鎖住一艘大型目標被很多小型目標團團圍住，不旋踵又解散各奔東西，大型目標肯定是走私偷渡母船，小型目標就是接駁或撈撿丟包私貨與偷渡客的國籍漁船或膠筏。這種機運不常見，若在公海遭遇就抓小放大，在領海內就抓大放小，屢屢都大有斬獲，關叔也分過不少緝私獎金，甚至超出月薪所得。唯雷達偵蒐範圍有限，頂多二十浬，除非有線報。要績效，就得勤出海犛田式往復緝私巡邏，非常辛勞。

從大陸撤退來台的海關緝私艦，船機日漸老化保養不易，經常故障停航，就連另一艘國造聯星號燈塔巡補艦也於一九六五年面臨汰除。海關只剩下兩艘大型「星級」緝私艦與一艘小型「海級」緝私艇巡海。此際，水手長與管事雙雙屆齡退休，關叔依依不捨地站在梯口，目送兩位共事近十七年的長官，落寞地背著沉重的水手袋離開運星緝私艦。

到了一九七一年，連海關最後一艘小型Y5海威緝私艇也汰除，僅剩下兩艘大型鴻星與運星緝私艦巡海。財政部雖有擴大緝私艦艇的造船專案，但諱於走私集團的政商勾結，始終未獲政府編列預算。此際，海軍佛心來著，將三艘老舊堪用的江字號巡邏艦免費移撥給海關，「增強」海上緝私能量，順便補償撤遷來台初期「掠奪」海關四艘大型「星級」緝私艦改裝為砲艦的不堪往事。

其中一艘為參加過「東引五一海戰」聲明狼籍的東江軍艦，海關把她降編為P1海度緝私艇，編配於基隆關，還特地開了個二等舵工的職缺讓績優資深的關叔調升佔缺。關叔對破損的海度緝私艇興趣不大，且須長駐基隆不能在高雄顧家，遂婉謝長官的拔擢抵死不從。好在關叔沒去海度艇服勤，兩年後該艇的船機因戰損不堪修整而永久停航，否則關叔又得重新找職缺。

政府最終框列龐大的預算，籌建全新的巡緝艦隊，艦名均傳承前一代的「星」級緝私艦，但新造的第三代運星巡補艦還躺在中船公司基隆總廠的船台上等待安放龍骨，故關叔於一九八六年底從即將汰除的A4號運星緝私艦請調至甫成軍的三百噸級潯星巡緝艦，占二等舵工的職缺，算是遲了十五年的升等。關叔請調最大的理由不是船新也非調升高缺，而是這艘配屬台中關的潯星艦，超前部署在馬公港鎮守台灣海峽中線。關嬸調差服務的省立澎湖醫院，距馬公港碼頭僅百米之遙。

原來，關嬸在左營海軍總醫院服務多年，一對子女也拉拔成長就讀大專院校，但軍醫院的護理長職務都被國防醫學院的軍職學妹占缺，不放給民間護校畢業的護士。關嬸的父親曾在八二三戰役調派至馬公的海二廠鉗工場擔當領班支援作戰，還緊急仿製過山寨版的發電機馬達小齒輪（參閱「風獅爺與小齒輪——八二三砲戰中的小故事」），也常協助馬公的省立澎湖醫院檢修機電設備，軍民來往密切。女兒潔西工作升遷不順，醫院院長二話不說立即開個缺給她，故關嬸商調至偏遠離島的省立澎湖醫院，占副護理長高缺。

三百噸級潯星艦凡有留守澎湖的差勤，都由關叔帶班在岸上執勤。故關叔與關嬸的牽手足跡，遍踏過多次由英國海關興建的西嶼燈塔，還有日本取台期間在目斗嶼、東吉嶼、查姆嶼、花嶼、七美嶼興建的燈塔。關嬸清楚記得，關叔在海關第四艘潯星艦服勤一年多後，於一九八八年五月一日凌晨與關嬸話別，就返艦啟航出港。再看到關叔時，是當天子夜過後被抬進省立澎湖醫院急診室。

事情是這樣的。潯星艦在澎湖外海往復偵巡，入夜後，掌舵的關叔聽到值班大副催請艦長上駕駛台，雷達幕上領海內有艘大型目標被六艘小型目標團團圍住，久久不散。艦長說那就耐心等著吧，一旦這批私梟鳥獸散，就衝過去抓大放小逮個正著、人贓俱獲。

正如艦長所料，接駁私貨與偷渡客的六艘小型目標，快速駛離大型目標後，朝馬公港駛去，落單的大型目標肯定是艘走私母船，居然還賴在領海內不走。艦長當機立斷抓大放小，一面用海事衛訊加密通知澎湖當局攔查進港漁船起出私貨與偷渡客，一面以戰速馳向走私母船準備登檢。

國造的潯星艦航速，至少是舊式美製緝私艦的一倍。不到一刻鐘，就逼近航行燈全熄滅的走私母船；值班大副拉備戰鐘，剛交班的關叔飛奔至右舷吊架，準備吊放工作艇泛水操舵登檢。

正當關叔由駕駛台快跑奔向後甲板小艇吊架時，眼角撇見月光波鱗的海面，有個黑點後面拖著橘紅色尾燄與濃煙，朝潯星艦高速直奔而來。「碰通」一聲巨響，關叔跟前的右舷工作艇，被來襲的黑點撞落海，關叔則被黑點的破片擊中左腹倒地昏迷……再醒來時，是躺在省立澎湖醫院的術後觀察病房，關嬸在旁焦慮地照護。

「虧佬你沒事了，飛彈的破片劃過左腹，腸子幾乎露出；醫師和我把腸子塞回縫合包紮，休養一個月後，應該就可康復出院。」關嬸手掌握住從關叔腸子取出的金屬破片，故作輕鬆狀安慰關叔，一對兒女與退休的水手長及管事，都連袂由台灣搭飛機趕來澎湖探視。

關叔虛弱地問是啥東西對他撞來？水手長說：「關仔，潯星艦回到馬公才弄清楚，走私母船原來是海軍的靶船，接駁私貨的六艘漁船，原來是海軍的港勤艇；港勤艇收隊後，海軍對準靶船發射一枚新型反艦飛彈進行測試驗證，歪打誤撞追擊到旁靠靶船的潯星艦後甲板，飛彈平衡翼的破片劃傷你肚子刺入大腸。」

關嬸接腔：「剛才有位海軍長官攜伴手禮來慰問你這個虧佬，我掀開左腹說是小傷，長官就先回營區處理賠償、釐清責任歸屬。」關嬸頓一下接著說：「在潯星艦衝進靶區前，長官解釋這枚國造增程飛彈早已發射，屬射後不理的新彈種，繞飛多個預設轉向點後，才調頭鎖定靶船衝來。斯時虧佬你的潯星艦已駛近靶船；飛彈尋標系統又很聰明，將戰速航行的潯星艦視為新增高威脅目標，所以飛彈尋標器自動脫鎖靶船，重新瞄準你的潯星艦，幸好這只是枚操練彈，不是實彈的戰備彈。」

出院後，經水手長關照安排，關叔調往剛下水新造的第三代運星緝私巡補艦，這是關叔服勤的第五艘海關緝私艦。關叔在一等舵工任內退休前，海關「總稅務司署」這個具有殖民色彩的機關，立法通過更名為財政部轄下的「關稅總局」；關叔服勤的最後一航次，還專送建忠的團隊替離島燈塔作建物結構安全普測。

——

關叔退休後，建忠在高雄旗津關記魚蛋粥風味餐館陪他閒聊海關軼聞時，每回都留意到樓上書房懸掛著一幅裱框，內有正、反面的新台幣、舊台幣、金圓券、法幣、蕉園與蔗園明信片。關叔說，那是他亂世服勤海關的印記。建忠在他書桌玻璃板下，還見識到海星艦、福星艦、美製運星艦、潯星艦與基隆廠打造運星艦等五艘關叔服勤過的緝私艦特寫照片。書桌上有個檀香木盒，內裝有一枚變形的彈頭與飛彈平衡翼的金屬破片，那是關嬸在關叔體內取出的傳家寶物。

海關歷經一個半世紀唯一沒變的，是緝私艦上的海關傳統文化。即便海關的外籍高階領導幹部早已離職七十年，艦上的舵令、俥令、錨令與口頭命令，還是用英語對答。關叔偶爾在餐館宿醉時，會無厘頭地對建忠爆出一句執行舵令後的回應：「Port twenty……, Sir！」（報告！左舵二十度……到！）

只不過，關叔沒料到的，是海關緝私艦艇在他屆齡退休後，悉數移編至新成立的中央二級機關「行政院海岸巡防署」；具有海關獨特色彩的「星」字號巡緝艦，隨著服勤歲月陸續汰除，新造的海巡艦拒絕再傳承、延續「星」字命名，暗示海關緝私重生的海巡機關，刻意抹除前世殖民色彩的記憶軌跡。目前僅剩第三代運星號巡補艦留在交通部航港局的航安組服勤，專司外離島燈塔補給任務。

要展讀政府遷台後海關緝私的活歷史，唯一的正辦就是找退休的關叔請他講古。

二部曲

逆風飛行

空軍基地旁有座寡婦村

大江大海離亂的年代，隨政府撤台的三十萬軍眷，陸續安置入住八百八十六座竹籬笆搭建的簡陋眷村。這些年來，封閉式的眷村孕育了不少傑出的第二代，在海內外嶄露頭角，但艱苦貧窮的眷村環境，也塑造出一些不愛讀書的眷村子弟，成長後大都潦倒終老。

新竹市區範圍內有空軍二聯隊駐防的機場，在五〇年代基地服勤的有眷軍官與士官，始終維持在兩千戶以上，眷口數近萬人；市府行政轄區內的各軍種四十七座眷村，空軍就多達二十六座，遍佈新竹機場周邊。建忠在新竹讀大學時，因籌辦大竹盃專上籃賽而認識新竹東大路空二村的石麟，知道他家的詳情是這樣的。

空軍遺眷的生活不好過

石麟的童年往事記憶無多，但在腦海清晰烙印定格的圖像，他是空軍婦聯分會附設幼稚園首屆學童。但上幼稚園都一年了，他連數字都還弄不太清楚，就甭提認字了。石麟擁有生平第一份禮物，是阿爸送給他黑色無軍徽的四引擎螺旋槳偵察機相框，角邊有阿爸「北斗七星下的黑蝙蝠」親筆落款；石麟很勉強熟記下這九個字，心想，有一天也要學阿爸當個飛勤組員遨遊藍天。

石麟的父母隨政府撤至新竹落戶，與袍澤們被安置在同一眷村。巷子裡的外省囝仔很自然地從小就生活、作息在一起，不但分享蜂蜜麵包，連糖廠冰棒與彈珠汽水都是你先一口、我再一口地共享。石麟的最愛，是喜歡吃阿爸從美軍顧問團拿回家的巧克力糖。

理小平頭的石麟自幼稚園畢業後，向北步行到東大路五條街口外的新竹空軍子弟學校（簡稱新竹空小）去上學。那些年還沒電視可觀賞、沒玩具可把玩，眷村子女貧困但親情、友情濃厚，新竹空小的外省囝仔放學後在巷弄一直玩到母親們喊：「回來吃飯啦！」

石麟熱愛打籃球又習武術，體格日漸強壯。被眷村姐妹暱稱「石頭哥」的他，常穿著喇叭褲出面保護眷村同學免遭太保、太妹欺侮，打打殺殺久而久之，石麟學業荒廢到完全跟不上進度。他總認為自己的腦袋不夠好，即便巷子口的空小學霸明珠費盡心思義務教導惡補，成績卻還是滿江紅。

在小六那年，惡耗傳來，阿爸黑蝙蝠中隊的軍機失蹤了！是失事？還是遭擊落？在海峽失蹤？還是在大陸墜毀？突然失去阿爸的打擊，加上阿媽終日以淚洗面，石麟硬是撐下家務雜事，好讓阿媽回新竹機場天天等阿爸的最新消息。

失蹤一個月後，黑蝙蝠中隊派人送來阿爸在隊部寢室遺留的衣物鞋襪與文具書籍。再過半年，阿爸的衣冠塚安置在台北新店碧潭空軍烈士公墓，石麟隨阿媽參加簡單隆重的追思儀式，同學明珠也以義女身份全程參加告別式。那時明珠忙著準備初中聯招模擬考，還不忘陪伴悲慟的石麟，渡過失去阿爸的孤寂與徬徨。

阿媽被政府安置在新竹果菜市場，任職清潔領班謀生，缺了阿爸的石麟也無心讀書。小學勉強讀到畢業後，投考公立初中敗北，只好補習多準備一年重考。全校第一名的學霸明珠，則保送就讀學府路的新竹一中。

石麟在市區補習時，班主任看他體格魁偉，有請他擔任補習班「訓導助理」，實則遣他約束調皮搗蛋的補習生不准鬧事。當訓導助理，讓石麟有威儀也有成就感，更有薪資收入。他買了輛中古機車無照騎乘代步，載著阿媽到果菜市場上工，減少她在烈日寒風中步行的辛勞。隔年，石麟再投考公立初中，又名落孫山，只好花大錢就讀西大路甫由教會設校的私立初中。

發育快速的石麟人高馬大，十年前他的身高僅及同齡明珠的耳廓，十年後明珠的身高卻僅及他的肩頭。明珠保持優雅的身段，頂多只准石麟騎機車載她，一路狂飆去學校早自習。那年頭倆人不戴頭盔，更沒護膝與護踭，警察也假裝沒看見倆人無照駕駛、違規騎乘。

在石麟讀初二時，住眷村巷子尾學妹沛蒂的父親殉職了！沛蒂父親服勤的黑蝙蝠中隊軍機，納編入美國空軍執行南星任務時，降落南越西貢新山一機場前，遭越共砲火擊墜，組員連同搭載的美軍與華航職員共十二人殉職，無人生還！

說起這位學妹，她父親自黑蝙蝠中隊「借調」給華航後，舉家從新竹空軍眷村遷往台北松山機場的華航宿舍。沛蒂家人北遷看似吃香喝辣，其實全村大小都知道，沛蒂父親的編制員額還留在空軍，但人卻以華航員工的掩護身份，赴中南半島幫美軍作戰。沛蒂的大姐就讀學府路新竹商職期間，就寄宿在石麟家。沛蒂週末都會從台北回新竹，探視大姐也順道找眷村的好姐妹敘舊。

這回沛蒂父親的忠骸火化後，由空軍派專機從西貢迎回，安葬於碧潭空軍公墓。參加完沛蒂父親的葬禮後，石麟格外想念自己的阿爸；沛蒂還可觸摸父親的骨灰罈，石麟連阿爸在哪都搞不清楚。

高中聯招放榜，明珠一如眷村長輩的期待，考取中華路上人人羨慕的省女中。明珠的父親在黑蝙蝠中隊出勤敵後飛行任務，此際也超過百次，可申請轉調專機中隊服勤，任務的風險大幅降低；明珠的父親調離黑蝙蝠中隊，是她考取省女中收到最好的賀禮。父親在專機中隊接送美軍官兵與眷屬非常頻繁，家裡的美國巧克力糖愈堆愈多，明珠天天都塞好幾盒糖給石麟與沛蒂分享。

「我要繼承父業，捍衛領空，初中畢業後就去報考空軍幼年學校！」豪邁的石麟在私立初中畢業前，向藍天許下承諾。此舉嚇壞了阿媽，對獨子想當飛官的反應非常激烈，就是不肯在空軍幼校報名表上簽字。唯獨鄰居明珠與沛蒂貼心地說：「石頭哥，只要你有想法，我們都支持你！」可惜，石麟的體檢視力沒通過，就算讀了空軍幼校，將來也不能飛，只能戴眼鏡在地面服勤。

石麟最後沒去空軍幼校，但初中畢業後投考高中聯招，就連私立學校都沒上榜。垂頭喪氣的石麟失去方向，茫然不知所措。班導師建議他參加五專聯招，畢業後至少有個專長與證照，職場找工作應該不難，還可奉養阿媽，別讓阿媽在果菜市場辛苦幹粗活。石麟聽從班導師的開示，勉強考上在市郊新豐甫設校的私立工專機械科就讀。

大學聯招放榜，鄰居明珠與沛蒂先後考上新莊同一所教會大學，她倆與石麟分頭奔向各自的大專校園。石麟偶爾去探視從此遠離寡婦村的明珠與沛蒂，新豐的工專與新莊的大學聽起來很近，但火車無法直通兩地，跑省公路的客運車就算沒塞車，連同候車與轉車，單程也要兩個小時以上。石麟是空軍遺眷，進私立工專就讀學費昂貴，還得半工半讀自力更生。他在校園附近的工廠打零工，每學期扣掉打工加班時段，只能去新莊與明珠、沛蒂敘舊一到兩次。

遺孤石頭哥的逆境人生

身材高大的石麟在新豐校園是籃球校隊的前鋒，練球練得很勤，準備在全國大專校際對抗賽嶄露頭角。石麟與建忠在籌辦大竹盃專上籃賽就此成為好友。然而石麟縱橫球場衝刺過猛，在初賽與複賽中，先後搞成嚴重摔傷骨折掛急診住院。出院後，按醫囑休學一年，等到不須再用拐杖行走後，插班轉學到台北士林的私立海專，降轉五專三的輪機科。

明珠與沛蒂就近前來校園探視，以免病癒的他承受士林、新莊兩校間往返奔波之苦。石麟熱情地招待眷村兒時玩伴，來到社子島陋巷內髒亂的眷村麵店前，還喋喋不休地描述這是人間美味的山東大滷麵。妝扮優雅高貴的明珠與沛蒂並未放緩腳步，更沒入店消費的打算，她倆還對石麟建議：「石頭哥，我們從小一起在新竹吃眷村美食吃到大，我們難得來一趟社子島，倒想品嚐校園食堂的學生餐！」石麟頹然無語，難再接腔。

明珠與沛蒂就讀教會大學，視野大開，寒暑假都在外商公司實習。明珠大三時，沛蒂讀大二。石麟因重考、休學、轉學故耽擱學業，還只是個五專的專三學生。學歷相當於高三程度的石麟，對人、對事與對時局的評析，與讀大學的她們具有高度、廣度與深度之見解，落差愈來愈大。明珠與沛蒂在就讀幼稚園、小學與中學時期，對巷子內的石麟言聽計從，成年後在大學校園，她們卻屢屢打臉石麟的話題。她倆在教會大學校園內都是校花級的美女，苦戀追求她們的富二代學長們頻獻殷勤，甚至駕駛跑車護花出遊，人人羨妒。她們畢業後都先後嫁入豪門，隨夫婿行遍全球、定居美國。

——

石麟的運動舊傷在回診時，醫師確診他的膝蓋軟骨全都摔碎，不能再做激烈運動，這真是晴天霹靂。那年頭還沒有人工膝蓋問世造福病患，醫師還警告石麟，中年過後恐怕寸步難行且疼痛無比，最終只能依靠輪椅移動。嚇破膽的石麟，不敢向阿媽吐露病情。

石麟因隱疾一度自暴自棄，放棄用功讀書、離開社團。讀專五的最後一學年，他帶著憂鬱，登上遠洋實習漁船出海，航向不確定的未來。在遠洋實習漁船見學期間，他跟著漁船的老海狗學壞，一靠港就跑單幫挾帶私貨賺取外快匯給阿媽盡孝。這些走私勾當，曾在高雄港遭特檢官的老友建忠當場撞見。（參閱「驚悚的高雄商港聯檢」）石麟實習結訓獲得畢業證書後，服役時分發到海軍艦艇部隊，至少不須像海軍陸戰隊那樣，每天操練戰鬥體能，那會讓膝蓋更疼痛。

但石麟運勢不佳，抽籤抽到外島籤王——赴海軍烏坵指揮部的小艇分隊任少尉輪機官。有一回，福建省主席由海軍高級長官陪同，在大坵碼頭搭乘 LCM 機械登陸艇赴兩浬外的小坵，登島視導春節前勞軍團聯歡演出彩排，石麟奉命率分隊部的油機士官隨行。沒料到入夜出海後航程過半，專送省主席的座艇內兩台柴油機先後故障，海面東北季風也突然增強，座艇被季風吹襲，逐漸漂向共軍駐守的崇武大嶼角！

主修故障主機的油機士官，在驚濤駭浪艇身劇烈横搖下，早就癱在甲板像條爛蛇暈死。石麟身為現場監修主管，撇下癱瘓的油機士官，捲起袖子接掌修理排除故障；石麟不敢怠忽職守，連續十六小時拆開柴油機檢查、找出故障部件、拆零併修再試俥，亂中有序。隔天拂曉，終於排除一部柴油機的故障毛病，讓省主席的座艇恢復單俥動力。此際，座艇隨風遠漂，距小坵二十浬之遙，艇長掉頭朝向目的港回航，頂著風浪吃力前行。

沒多久，石麟精神耗弱虛脫……有隻手搖著他的肩頭，長官慈祥地用《晉書》文言文體關切：「石頭仔，你呀廟算有餘卻良圖不果，降齡何促卻功敗垂成，別再貪睡，抱憾終生呀！」石麟睡眼惺忪慌忙起身立正，向眼前的省主席敬禮，想必是在艇身劇烈搖晃中，省主席前來探視虛脫的少尉輪機官。

省主席握著石麟的手，讓石麟感覺到他的體溫奇寒不已……黎明前冰冷的浪頭打在石麟掌心，將他從噩夢中驚醒，身旁沒有省主席蹤影呀，油機士官還在腳邊暈睡。回想剛才的噩夢情節，不對呀，探視的長官不是穿著西裝打領帶的省主席，他穿著的是空軍破損殘缺的飛行夾克，再仔細回想噩夢中長官燒焦的容貌，竟是明珠的父親！難道，明珠的父親前來烏坵責怪石麟，催促石麟快追求他女兒免讓長輩抱憾終生？那明珠的父親為何又燒成焦黑？飛行夾克為何破損殘缺？

——

石麟在海上吃風喝浪兜圈子，折騰了整整一晝夜始安全歸航。海軍烏坵指揮官為獎勵石麟的臨陣搶修功勞，就放他十五天返台特休假，快找空檔去排休。半年後，石麟才輪到從外島搭乘軍差船返台休假，踏入眷舍就見到淌淚的阿媽，果不其然，巷子口明珠父親的專機中隊軍機墜海失蹤了！時辰約莫在石麟於烏坵外海夢見明珠父親之際。哆嗦的石麟，不敢向阿媽報告在夢中明珠父親曾來訓誡的靈異夢事。

石麟獨自騎乘中古機車，專程赴明珠父親在碧潭空軍公墓衣冠塚祭拜，叩謝長輩這些年來，對自己的調教與關切。墓碑前有幾把枯萎的花束，底下壓著美國巧克力糖的空盒子，讓石麟心頭一震。熟悉的美國巧克力糖，表示遠嫁美國的明珠不久前才來過墓園。石麟順道再赴前五排阿爸的衣冠塚，叩謝養育之恩，那兒同樣置有花束與巧克力糖空盒。他祈禱阿爸與墓園內其他空軍烈士父兄們，能在天國享受平安，不再受到戰火的折磨。

石麟在烏坵前線役畢後，上商船任職三管輪。由於輪機艙工作環境太悶、太苦、太窮，商船抵澳洲雪梨他就跳船偷渡，惜沒有身份不能謀取正職，只能在唐人街餐館充當清潔工。石麟把賺到的血汗錢，透過地下錢莊匯回給新竹的阿媽。某日，石麟看不慣食客當眾調戲打工的女學生，出手護花將對方打成傷殘而被捕。坐牢三年出獄後，遭遣返歸鄉，回到寡婦村陪伴阿媽。

未幾，石麟因膝關節壞死舉步維艱，需靠拐杖移動。此時身障又失業，固然有政府微薄的補助津貼過活，但人生向上發展頓成泡影。透過學成歸國服務的好友建忠轉介，石麟靠修理科學園區各廠的機電設備，賺工錢打發孤獨的時光。石麟老後，偶爾坐輪椅現身在新竹市北大公園，陪鰥寡世代的鰥寡長輩話家常，還當選過「敬老楷模」。

遠離寡婦村的貴婦明珠與沛蒂，均榮獲就讀過的學校所頒授傑出校友頭銜。她倆更行善積德，捐贈善款給母校，獎勵清寒學生潛心用功讀書，不要重演眷村子弟歷經艱苦貧窮、無法專心向學的困境。

北斗七星下的長空勇士

石麟對阿爸服勤過的黑蝙蝠中隊為何會有這麼高的殉職率，始終耿耿於懷。因此，待黑蝙蝠中隊資料部份解密後，石麟就積極還原阿爸出勤死亡任務的來龍去脈。

自韓戰爆發後，美國諮請我空軍黑蝙蝠中隊，協助執行在朝鮮半島、中國大陸與東南亞的空中反共特種任務，包括收錄雷情與監聽截情，兼辦敵後空投、空降等高風險派勤。迄二十年後美國退出亞洲反共戰爭，方終止特種任務，解散黑蝙蝠中隊。

該中隊的前身，係由美國中情局於一九五二年六月起，抽調我空軍新竹第八與第二十大隊飛勤組員，去執行中情局指派的特種任務，由空軍總部作戰署遂行作戰管制。石麟、明珠、沛蒂的父親們，都是開隊的元老隊員。沒多久，美國就因出勤頻率、維修保養等爭議，要求我方空中特種作戰須整編為「特種任務組」的獨立部隊，由空軍總部作戰署改隸情報署。為保密緣故，隨後二度易名為「技術研究組」作為掩護。在第二次台海危機爆發直前，「技術研究組」對外公開使用獨立第三十四中隊的番號。由於隊徽是黑蝙蝠在北斗七星夜暗掩護下飛翔，故該中隊有個雅名為「黑蝙蝠中隊」。

石麟、明珠、沛蒂的父親們在黑蝙蝠中隊服勤，組員合作無間但壓力也大，均須肩負任務成敗、安全返航的重責。每回的死亡任務，組員對計畫航線、備用航線與緊急脫離航線，都要背誦得滾瓜爛熟。對分發使用的最新航照及航圖，都要瞭若指掌。夜間飛行時，還要把航圖內的等高線在腦海中轉換成不同航高的立體對景，方便夜暗中目測比對定位。

每回任務，組員均包括有機長、飛行官、領航官、電子官、通信官、考核官、情報官、機工長、裝載士與空投士卒。任務冗長的飛行，還要加派組員輪值。黑蝙蝠勇士們在九重天外漫天砲火中出生入死，每位機組組員的功勳，都多次榮膺年度空軍戰鬥英雄與國軍克難英雄榮銜。每位組員，都獲頒過多枚勳章。

黑蝙蝠中隊二十年間納編過的三十八架各型軍機，共執行特種任務達八百三十八架次，任務機戰損十架、戰耗五架，累計殉職飛勤組員一百四十五人及搭機乘員十人。自政府遷台後的冷戰年代，三軍的營級以上戰鬥部隊，論作戰陣亡率，犧牲最慘重的首推該中隊，執行特種任務的飛勤組員殉職率高達七成，陣亡率非常高，累計殉國的官兵超過百人！北斗七星下犧牲的每位黑蝙蝠勇士，都有可歌可泣的事蹟。每位勇士的遺眷，都有鋼鐵般的意志苦撐餘生。

隊內已婚隊員，都聚居在東大路旁近百戶的空二村與南邊緊鄰的兩百戶空三村。空二村與空三村，就被稱為東大路的「寡婦村」。石麟、明珠、沛蒂及很多眷村玩伴，都曾是寡婦村的未成年遺眷，含淚繼續邁向未知的人生。明珠、沛蒂的父親都難逃死亡任務的魔咒，她倆先後遠嫁至海外定居，把母親接到美國奉養，斷然離開令人心碎的寡婦村。

——

留在這一頭的石麟，忙的卻是追索阿爸失蹤的真相。政府解嚴後，兩岸開放探親旅遊。石麟陪同阿媽，各自用拐杖吃力地踏上神州，向大陸當局探聽阿爸的下落。經過多次踏訪，聯繫上大陸伏擊區的省人民政府台灣辦公室（省台辦）。大陸當局派員引領石麟與阿媽，至伏擊區外偏鄉的玉米田憑弔。

台辦官員說：「中蘇兩國反目成仇後，美國亟需掌握大陸地區接受俄援的共軍，是否因此而空防戰力衰退，故要求你們黑蝙蝠中隊深入大陸空域，蒐錄防空雷達的雷情與無線通訊的截情。」石麟小六那年，黑蝙蝠啟動「猛禽專案」任務。阿爸被納編入電偵機出勤，在月缺的暗夜掩護下，自新竹本場飛向大陸執行任務。

共軍透過在台潛伏諜員，早已掌握猛禽專案的動態情報，中共空軍在伏擊區部署三個高砲團與一個探照燈團等候。任務機終昏後飛向目標，距目標約百浬處就遭共軍防空雷達偵知。電偵機距目標二十浬，又遭共軍射控雷達鎖住，共軍探照燈開燈對夜空盲照如白晝，但故意釋出無燈缺口，電偵機立即轉向遁入夜暗。

未料此舉中了共軍請君入甕的圈套，毫不自知地飛入伏擊區的埋伏口袋內。飛近埋伏口袋兩浬後，再遭共軍的探照燈開燈搜照鎖定機身，隨後敵軍百多門高射砲集火射擊，半分鐘內電偵機慘遭擊墜，十餘位飛勤組員無人生還。

台辦官員補充說：「伏擊區的一位村委書記，動員當地人民公社社員，協尋散落玉米田四處的遺骸屍塊，並以一人一棺木的方式，將十餘口棺木集中安葬，還立碑紀念。遺憾的是，文革期間，屍骸、棺木與碑石都被紅衛兵挖出，屍骸遭鞭撻，棺木與碑石遭搗毀。文革結束後，安葬處也沒有復原，墜機處又經過整地重劃，當年安葬棺木及立碑的玉米田位置，如今在伏擊區現場難以辨識。」

石麟與阿媽佇立在玉米田良久，噴淚呼喊著阿爸的姓名官階，直到天黑。母子倆返台後，此生就再沒回過玉米田，阿媽不久就病逝在寡婦村，全家只剩石麟，呆坐輪椅上渡日，面對孤獨的餘生。

石麟六十歲那年，位於東大路的「黑蝙蝠中隊文物陳列館」開館。館內有隊員各種相關文物的陳列展示，其中有一個展示櫃內有個破水盆，格外引人注目。

當年在猛禽專案電偵機墜毀的伏擊區現場，老農孫先生搶拾電偵機機體燒焦的金屬碎片，攜回打造成兩個水盆。其中一個摔破的水盆，是另一位飛官遺孀到現場憑弔時，孫老先生贈予她作為紀念。遺孀返台後，將破水盆交給黑蝙蝠文物館公開陳展，這是猛禽專案任務機在隊史館所留下唯一的實體遺物。坐輪椅的石麟，每回目睹這個破水盆，都會一再心酸掉淚幾至崩潰。

——

石麟、明珠、沛蒂的童年往事，都是在新竹東大路的寡婦村居住時譜出。政府於一九八〇年依《國軍老舊眷村重建試辦期間作業要點》推動眷村改建後，寡婦村被怪手夷為平地，原址變身為空二村國宅與空三村國宅。東大路寡婦村的陳年舊事，只能往南到十條街口外的黑蝙蝠中隊文物陳列館去尋找記憶了。

（空軍黑蝙蝠中隊陣亡將士錄請參閱附錄）

失聯一甲子的藍天鵝

建忠以教授身份受邀訪美演講，題目是「冷戰年代的三次台海危機」。當時，才發生過九六年台海飛彈危機。散會後有位熟齡美籍護理長攔住建忠說：「教授，我叫伊蓮姐姐，您的演講讓我心酸到落淚，您回台灣後能否協尋我失蹤的大哥縴德（Claude L. Baird）？若他還在人世，現在應該六十歲了。」

建忠遞上紙巾給伊蓮姐姐拭淚，問她到底怎麼回事。伊蓮姐姐接著說：「在八二三戰役期間，我大哥縴德才二十一歲，在美軍顧問團馬祖顧問分組（USMAAG/TW/MDCAT）服勤，去馬祖南竿島駐點，協防台灣。他搭機返台途中失聯，從此音信杳然。這是我的電郵，若教授您能協尋，提供任何蛛絲馬跡最終可找到我大哥，無論生死，我們都備有豐厚的賞金給您。」講完後伊蓮姐姐紅著眼框離開會場。

建忠返國後，就把這件事暫時擱一旁，忙著本業去量測核爆輻射落塵。在公訪馬祖替連江縣政府建物檢查是否有輻射鋼筋污染時，恰好收到伊蓮姐姐的電郵，提到的賞金是由美軍協防台灣退伍官兵基金會所募款而得，總額百萬美元。建忠對失蹤美軍下落的興趣，遠遠超過領賞的慾念，立刻交代隨行研究生繼續普檢縣政府建物鋼筋，自己奔赴南竿島的連江縣政府文化處查詢來龍去脈。

令人望之卻步的台馬航線

建忠在縣政府翻閱近半世紀的舊檔卷，找到相關的事件簿如下。

駐華美軍顧問團於一九五一年成立之初，就已前推顧問分組至外島，督訓使用美援裝備的兩萬守島國軍，兼辦外島情報蒐集。美軍顧問團的馬祖顧問分組，由一位美國陸軍上校帶領，駐點位於南竿島的馬祖守備區指揮部（馬指部）現今支援營補給連的營區。緷德一等兵在顧問分組專司負責守聽來自美軍顧問團本部的無線電指令。

八二三戰役期間，全球矚目的金門砲戰搶盡媒體的風頭，北方百浬外的馬祖，同處於戰雲籠罩下，但似乎遭世人忽略。

砲戰期間，馬祖島群曾遭砲擊多次，唯落彈數目遠少於金門島群。反而閩北的大規模空戰，很多次都發生在馬祖周遭空域。馬祖不像金門島群緊密相鄰，馬祖五個外島加三十一個離島橫跨百浬，距大陸的海岸又遠，共軍只能用長程火砲轟擊，但無法封鎖。砲戰全期馬祖對台的海空交通，也都維持正常。

說到台馬間的交通，人員、裝備與大宗物資全賴海上運輸，但航途非常折騰，特別是颳東北季風的寒冬，航行台馬間的運輸艦遭橫風與橫浪撲打，左右橫搖致使旅客無不暈癱，因此視台馬海運為畏途。尤有甚者，短短百餘浬的台馬海運線，往往要跑好幾天才抵達。建忠大二寒假，曾參加救國團五天四夜的「馬祖戰鬥營」冬令活動，去程由基隆港搭乘運輸艦半夜啟航，一路搖晃下橫渡台灣海峽。隔天下午在南竿島福澳下錨接駁搶灘，營隊輔導官說優先送同學登島，這是同學的福氣。

結訓返台的同學就很無奈，先從南竿島馬祖澳搭小艇攀登上運輸艦。啟航後軍運優先，先駛往北竿島馬鼻灣錨泊，接送部隊換防；調頭再去東犬島（今東莒島）福正海灘搶灘下卸油桶，又去西犬島青蕃（今西莒島青帆）下卸彈藥，最後再去東引島南澳接載傷患。回到基隆港，已是兩個禮拜之後，五天活動的馬戰營足足拖成三週，建忠的營隊學妹們，一路暈船暈到掛，非常折騰。

台馬交通首選，當然是搭舒適快捷的飛機。但五〇年代當地山多平地少，尚未炸山、闢地構築飛機跑道，故空中交通僅靠水上飛機在澳口海面起降滑行。水上飛機在馬祖卸載人員與物資，都靠小艇出海接駁，遇海象惡劣時，水上飛機就無法在海面起降。

藍天鵝失聯事件

冷戰年代初期，我國只有兩家民營的航空公司飛國內航線，一為美國中情局掌控的民航空運公司CAT（Civil Air Transport），另一為國人自辦的復興航空公司（Foshin Air Transport）。接送馬祖島群駐點的美軍官兵，當年由復興航空公司拿下美軍顧問團標案合約，派遣PBY-5A型水上飛機，提供每週至少一航次不定期往返台馬間軍租包機的服務。

這架交通部民航局編號B-1402的水上飛機，漆成偽裝的海水暗藍色，故被暱稱為「藍天鵝」。機組組員與搭客的座位共有十二個，接載美軍後若還剩空位，國軍高階長官亦可由藍天鵝便載，往返台馬。

馬祖的軍政中心在南竿島，故飛機的起降大多在南竿島岸邊。在寒冬吹颳東北風的季節，藍天鵝選定島南的馬祖澳海面起降，運用島上的山形擋風；在溽暑西南風盛行的季節，則選擇島北的福澳海面起降。藍天鵝到、離馬祖島群的航管與起降，由海軍馬祖巡防處的水上飛機導航組提供服務。

八二三期間的一九五八年十月三日，藍天鵝自台北松山機場先飛金門航點，再飛馬祖中停後返台；藍天鵝過了海峽中線飛在福建沿海的航段，就超低空貼海飛行，躲開對岸雷達的搜索與戰機的攻擊。當天下午，藍天鵝在海軍馬祖巡防處導航組的引導下，安全降落馬祖澳的海面走滑區下錨。

經馬指部派員在碼頭安檢後，回程的乘客除了緝德一等兵，還有美軍顧問團馬祖顧問分組的陸軍少校後勤官、陸軍上尉通訊官及海軍電戰上等兵共四名美軍官兵。便載的國軍乘客，則有馬祖戰地政務委員會副主委兼連江縣縣長的王姓上校、馬指部情報副參謀長鈕姓上校及馬指部作戰參謀張姓少校等三員。復興航空的機組組員，則包括正、副駕駛、機工長及報務員共四員。

藍天鵝乘客與機組組員一行共十一人，搭交通艇出海登機，於一七四五時由海軍馬祖巡防處導航組放飛，收錨後滑行離開馬祖澳，在微浪海象及低雲細雨中逆風起飛，航向台北。超低空貼海飛行二十分鐘後，藍天鵝越過海峽中線接近台灣西邊，就開始爬升。一八一〇時藍天鵝報務員開啟無線電，與台北松山機場塔台構聯，提呈飛航報告：「航向一三〇，航高一千呎……航速一百一十節，距松山機場八十浬……預定到達時間一八五五，完畢。」

松山機場塔台則回應：「抄收，海峽空域天氣預報有低壓雲層發展中……海面驟雨有強風，能見度變差，請保持既定航高於雲下飛行……避開華美各方高空戰鬥巡航的軍機編隊……台北天文終昏為一九一〇，沿淡水河谷可目視進場……落地時天色應尚未全暗……祝一路順風，完畢。」雙方的無線電構聯，斷斷續續約兩分鐘，通話於一八一二結束。

藍天鵝筆直朝台灣東飛，在一八一四時分，距松山機場七十三浬，藍天鵝在台北航管雷達幕上的飛行軌跡光點突然消失！松山機場塔台急忙呼叫藍天鵝，但始終沒回應，塔台遂閃急通報華美兩方搜救中心，派遣在空警戒的軍機前往查證，並協調在線偵巡的艦艇前往營救。

這是八二三戰役期間，美軍首次有官兵折損，也是唯一的一次。經過三天綿密的海空搜救行動，連一片藍天鵝的殘骸、破片、油漬都沒找到，緯德一等兵連同十名乘客與機組組員從此人間蒸發，迄今都不見蹤影！

擾亂了調查的螺旋槳葉片殘骸

這讓建忠追憶起失聯事件三年前的一九五五年六月二十七日。藍天鵝前運美軍的醫療團，赴馬祖搶救駐點重病的美軍顧問，航途中在海峽上空遭共軍海航兵的航四師十團米格15戰鬥機群攔截。共軍王崑大隊長率僚機徐富根及程玉井，一路尾追藍天鵝開砲，從六千七百呎打到海平面。滿身彈孔的藍天鵝最後迫降在馬祖東犬島福正海灘，趁夜暗掩護始勉強飛返台北緊急搶修，誰說共軍不打民航機？

共軍追打民航機，是台北中樞可資運用撻伐中共的大好宣傳機會；詭異的是，上自總統府、協防美軍、前線守軍、下至復興航空公司，各方都沒替失蹤者辦理隆重盛大的追思會，相關部門對媒體記者探詢藍天鵝失聯事件，都噤若寒蟬；受難的家眷也被封口，不得擅自對外表達意見。

這連串違常事件唯一的例外，是藍天鵝失聯四個月後，連江縣縣長夫人在縣府官辦的《馬祖日報》，刊登一則銘謝啟事，略以「長官親友賜予籌贈幼年子女教育費，隆情盛誼五內銘感！」如此低調委屈的登報啟事，顯然有難言之隱。

建忠對素味平生的縣長夫人與遺眷寄予無限的同情，對藍天鵝的失聯產生更大的好奇心。建忠由馬祖返台後，立即到國家圖書館調閱八二三戰役公開的檔案，近半世紀來執政當局各機關對藍天鵝失聯事件都口徑一致——藍天鵝是遭共機擊落，彰顯對岸泯滅人性，連民航機都下毒手。

既然如此，為何執政當局沒有大張旗鼓辦理追悼告別式、厚發慰撫金給遺眷、表彰機組組員與乘客對保障台海安全的犧牲奉獻、廣邀海內外媒體大肆報導共軍攻擊民航機事件？

馬祖藍天鵝失聯當天，美方的動作更大。除了派遣機艦擴大搜救範圍，舉凡藍天鵝剩餘油料可及的六百浬飛航半徑海域，包括黃海與南海都不放棄搜索。美軍更派遣電偵機沿大陸海岸往復巡弋，蒐錄無線電截情，企圖收聽到藍天鵝相關的通聯。

美方大動作搜索突顯美國另有想法。

美軍對藍天鵝遭共軍擊落的說法很保留，也許她還在大陸境內某處安然無恙。藍天鵝的失聯事件過了三個月，美方按捺不住，把失聯事件列入美中雙邊第八十五次華沙會談的議程中，向北京當局要求歸還藍天鵝的四位美軍乘客。

北京當局嚴詞否認這些乘客與藍天鵝身陷在大陸，且中共軍機從不離開大陸十二浬的領空與領海偵巡接戰。藍天鵝失聯一整年後，美軍依規定將緋德等四位美軍乘客列為「在前線作戰任務中永久失蹤」結案。但沒有對失蹤官兵頒發勳獎章，眷屬也沒領到撫卹金。

馬祖藍天鵝失聯事件雖然結案，但仍未結束。美方依然鍥而不捨地持續分頭在海峽兩岸找尋四位美軍失蹤官兵。美方對台北的查訪，執政當局回應還是「遭對岸共軍擊落」。美方對北京當局的探詢，獲得的答覆也是鐵板一塊：「中方手上沒有美軍官兵，更沒對藍天鵝下毒手」。

建忠協尋近一整年後，將上揭經過告知伊蓮姐姐。不久伊蓮回覆電郵，對建忠的努力致謝，但表明這些公開的資訊她都知道，令建忠挫折感很大。隨著國內政黨執政首度輪替，二〇〇〇年五月新的執政團隊一反過往的說詞，不再堅持是共軍擊落藍天鵝，藉以改善兩岸敵對關係。這個逆轉，導致伊蓮姐姐又來了封電郵給建忠，略以美國官方於我國新的執政團隊就位後，又重啟馬祖藍天鵝失聯事件的調查，民間協尋賞金則提高至兩百萬美元。

既然美方重啟調查，僱請兩岸積極協尋藍天鵝下落，層級已拉高到華府、北京、台北的官方多邊接觸，建忠就不便再插手過問。唯建忠感受到兩岸執政當局，均對美方灼灼逼人要真相的姿態不堪其擾。

二〇一三年十月，藍天鵝失蹤五十五年後，馬祖陳姓漁民在南竿島仁愛澳口外半浬處，駕駛拖網漁船捕漁，卻撈起一整付飛機用鋁合金三葉葉片的螺旋槳。經行政院飛安調查委員會長達半年的鑑定，研判是美國漢米頓史丹公司製的螺旋槳，藍天鵝的兩具美國惠普公司R－1830型引擎，恰好也使用同款螺旋槳！於是藍天鵝失聯事件就此「大事化小、小事化無」，行政院飛安調查委員會以藍天鵝飛行途中疑似墜海結案，還將此「證物」運往高雄岡山的空軍軍史館陳展，宣告藍天鵝的失聯終於「真相大白」。

建忠立即將此訊息以電郵告知伊蓮姐姐，滿以為她大哥緯德一等兵的協尋就到此為止，建忠建議協尋賞金應從速頒發。遭「誣指」劫機叛逃的國軍乘客後代子女，也上書總統要求平反，懇請還給他們父親的清白。沒料到一波未平、另一波又起！

二〇一四年六月，從醫院退休的伊蓮姐姐行動不便，委請律師來台查案以便發放賞金。美籍律師先赴空軍軍史館，仔細審認陳展的螺旋槳，再赴馬祖南竿島現地查訪後返美。不久伊蓮姐姐回了封電郵給建忠，表示賞金歉難發放。這又是怎麼回事？執政當局不是都已表了態，藍天鵝的螺旋槳「殘骸」都已尋獲還公開陳展，難不成美方想賴帳拒發賞金？

藍天鵝可能去向的六個版本

美方律師查案的總結是這樣的──海底撈到的螺旋槳，在法律上無法舉證是屬於失蹤的藍天鵝。律師探詢曾返台檢視螺旋槳的復興航空創辦人陳董的看法，百歲人瑞的陳董選擇緘默不回應。顯然旅居美國加州的陳董，對政府粗糙的結論與結案頗不以為然。就算撈到的是藍天鵝螺旋槳，當年它飛離南竿島都快三十七浬了，為何突然掉頭朝大陸方向貼海低飛，經過南竿島墜海？這段突然折返的怪奇航程，藍天鵝難道不會拍發無線電給個解釋？追隨陳董多年的四位機組組員，不可能作出這些掉頭飛離台灣違常的舉動。

美籍律師進一步分析，他在空軍軍史館目睹的螺旋槳，沒有明顯的撞痕，更沒有嚴重扭曲變形，不是飛機墜海該有的形狀。此外，使用漢米頓史丹公司製螺旋槳的各型發動機，美籍律師指出就有十五款，裝配的飛機更是不計其數。例如，與藍天鵝使用同款發動機搭配漢米頓史丹公司製的螺旋槳機，就有三十四種機型合計超過十萬架。這款惠普發動機自一九三二年起，陸續生產超過十七萬具，遺落在馬祖海底沒有撞痕變形的螺旋槳，可能屬於其中的任何一架，甚至僅為料配件庫存備品。

使用R-1830型發動機的飛機，除了藍天鵝，還有更多使用同款發動機的飛機往復飛越馬祖空域，這些飛機包括PBY-5A型水上飛機與C-47型運輸機，華、美空軍及國籍民航公司如復興航空當年均普遍使用。再者，公開陳展的螺旋槳序號，律師調閱復興航空的維修記錄，序號不在維修表上，間接說明了海底撈到的螺旋槳，不屬於復興航空的藍天鵝。

換言之，律師以他細膩的法律專業觀察，認為最合理推定，撈起完好沒變形的螺旋槳，應是前運馬祖庫存當作拆零併修納補的堪用品，作為美國中情局駐台的兩架PBY-5A在馬祖游修的料配件備份。最可能的解釋，是中情局租用商船在仁愛澳口吊放螺旋槳至駁船之際，不慎滑落海中，與藍天鵝毫不相干。

建忠半信半疑，再電詢連江縣政府有關二〇一三年海底打撈的後續發展。果如建忠所料，漁民獲知有賞金可領後，紛紛出海在仁愛澳口外百呎深的海床往復進行打撈，也許有機會可撈獲更多藍天鵝的「殘骸」去領賞。忙了一整年，漁民都空手而歸。此外，總統也對失蹤家屬要求平反「劫持藍天鵝叛逃」作冷處理，間接低調否定藍天鵝在仁愛澳口墜海。那藍天鵝到底在哪？

建忠有一回從馬祖南竿島搭交通艇，赴外離島莒光鄉的西莒，訪查島上共軍殲十五師四五團米格17

飛行員王文炳大尉的埋骨。藍天鵝失聯事件後一年，王文炳駕駛米格機在西犬島島北半浬外空域，遭空軍防砲六團駐防白犬列島防砲連的四聯裝機槍，追瞄發射六百餘發機槍彈擊中墜海爆炸，屍體由漁民撈起掩埋豎碑厚葬。建忠協尋遺骸，擬由政府歸還給大陸王文炳的山東故居後代領回，藉以改善兩岸關係，期盼因釋出善意而促成兩岸和解。

建忠由西莒返程途經南竿島仁愛澳與馬祖澳，驚濤中交通艇非常搖晃，建忠忙於搜尋屍骸過度疲憊恍神，在夢中遇見緯德一等兵。

——

緯德在藍天鵝座艙內驚呼一聲：「唉呀！」共機擊中又追撞藍天鵝，油箱爆炸的火球吞噬了他的身軀，緯德隨同藍天鵝墜海。這是第一個版本。

證諸八二三啟戰以來，馬祖的空襲警報日夜長鳴不已，滿天都是對岸的殲擊機呼嘯掠過，藍天鵝遭擊落或與來襲的共機相撞都不無可能；復以藍天鵝失聯事件前後兩天，國軍無武裝的運輸機在金門空域也多次遭襲擊，損失了兩架C－46運輸機，故藍天鵝遭殲擊機擊落的可能性大增。馬祖守軍的防空機動雷達站攔管官甚至傳出：「藍天鵝失聯前，雷達螢幕上有一個光點自大陸快速接近它，兩個光點重疊後同時消失。」難道這是兩機相撞爆炸墜海嗎？

不過，第一個版本立即遭美軍打臉。斯時海峽有五個美軍航艦戰鬥群把關，海峽空域塞滿了近百架華、美兩軍的偵巡戰機，共軍戰機斗膽出海五十浬追上藍天鵝，難道我方偵巡戰機視若無睹？美軍艦隊的防空雷情與台北公館蟾蜍山的美國空軍戰管雷情，始終沒有兩個光點重疊的訊息。執政當局堅持第一個版本近半世紀，在首次政黨輪替後因國防部提不出雷情證據，終於對美方鬆口，放棄第一個版本。

——

緯德在藍天鵝座艙內驚呼一聲：「唉呀！」某位國軍乘客突然朝藍天鵝的報務員與無線電機開槍掃射，劫持藍天鵝超低空貼海飛往大陸「起義」。這是第二個版本。

藍天鵝失聯兩週後，華、美各方的監聽截情，都收聽到大陸的統戰廣播，「起義立功」的國軍乘客不但加官晉爵領黃金，還上廣播節目對台喊話。「被俘」的美軍官兵包括緯德，他的個資也逐一遭詳細起底播出。藍天鵝也被廣播節目繪聲繪影地描述，停放在上海某軍用機場棚廠內。

協防台灣的美軍，立即責成由馬祖顧問分組的上級主管，即美軍顧問團陸軍組組長勃克准將（BG L. S. Bork），調查四位失聯美軍官兵的下落。藍天鵝失聯當天的十月一日，是對岸的國慶日，劫機者是否早已預謀藉中共國慶起義邀功？令人不解的是，八二三以單打雙停草草收場後，對岸熱炒的藍天鵝統戰廣播從此就無聲無息地消失。為何中共不會藉機讓「藍天鵝起義立功」話題增溫，以打擊台灣軍民士氣？

當年甫晉升中將的黃埔七期馬指部何姓指揮官兼馬祖戰地政務委員會主委，亦因三位部屬「疑似劫機叛逃」，於藍天鵝失聯兩個月後遭拔官，黯然退伍。美方寧可相信確有劫機叛逃，故在美中雙邊華沙會談，將藍天鵝失聯的美軍官兵列為常設議程，緊咬北京不放；美中建交後，更循外交管道向北京要人，直到今天都還在追討「活要見人，死要見屍！」

——

繹德在藍天鵝座艙內驚呼一聲：「唉呀！」藍天鵝內突然冒出第十二位乘客，前往駕駛艙吵鬧不休，最後投擲數枚手榴彈引爆同歸於盡，藍天鵝爆炸後空中解體。這是第三個版本。

十二人座的藍天鵝在馬祖中停安檢後，只有繹德等十一人登機就「客滿」，碼頭上總會有排隊後補的乘客耐心等到最後一刻補滿艙位回台，留一個空位不補人，是否違反常理？藍天鵝起飛時，是否滿載始終是個謎。據美軍顧問團金門顧問分組通聯紀錄，當天中午藍天鵝離開金門飛向馬祖不是空機，除四位機組組員外，還有一位神秘乘客在金門登機，過境馬祖返台。是這位神秘乘客劫機不成同歸於盡？

民航機遭劫持未果，最終釀成空難，在台灣曾是驚天大新聞。藍天鵝失聯八年後，一架ＣＡＴ民航空運公司的Ｃ-46國內班機，遭兩名國軍軍官劫機，打鬥中飛機失控在台中神岡墜地，五十七名機組組員與乘客包括劫機犯，均墜機罹難。不過，藍天鵝爆炸後就算空中解體，墜落的海面總該有些漂浮的油漬、機體殘骸與屍塊。八二三期間海峽滿佈華、美艦艇在線巡弋，少說也有百艘以上，如此綿密持續近一個月的搜索，卻沒撈到任何與藍天鵝相關的證物。

——

繹德一等兵在藍天鵝座艙內驚呼一聲：「唉呀！」藍天鵝因空中熄火加諸尾舵脫落，筆直墜落消失在海峽。這是第四個版本。

藍天鵝當時機齡超過二十年，算是加拿大產製的古董機，維修保養均由復興航空負責。機組員之一的嚴姓機工長，又身兼復興航空的航務機械長，是黑手出身的資深維修保養老幹部，沒有理由在自己出勤的飛機維修保養上便宜行事。要說飛機航途中因機械故障失事墜海，難以令人信服。

——

縪德在藍天鵝座艙內驚呼一聲：「唉呀！」他頭朝座艙頂撞上去，飛機在航途中遭遇看不見的亂流側滾多圈，螺旋狀墜落無法改出，消失在海峽中。這是第五個版本。

從千呎高空遭遇天氣劇變，藍天鵝的羅姓報務員有好幾秒的時間可按下無線電機上的緊急求援鈕，拍發出閃急求救電碼。他身兼復興航空的電信主任，航途中突然遭遇極端天氣劇變，失聯又失事，也難以令人信服。

——

縪德在藍天鵝座艙內驚呼一聲：「唉呀！」正、副駕駛倆人突然同時失能，飛機筆直墜落消失在海峽。這是第六個版本。

不過，美籍律師查案時，翻閱復興航空的檔案顯示，兩位駕駛在復興航空服勤都超過六年。在PBY-5A累積的飛航時數，孫姓正駕駛有八千二百八十飛行小時，陳姓副駕駛有七千四百八十飛行小時，都是資深的飛行員。他倆飛台馬航線已飛到非常嫻熟，正、副駕駛同時失能，這種人為因素導致失事，更難以令人信服。

——

上述六個版本，是建忠在西莒回南竿的交通艇上恍神期間推演出來的。真相也許複雜到是好幾個版本的混合版，如先遭遇共軍殲擊機攻擊、後遭搭客劫機引爆手榴彈、機械又同時故障、天氣劇變加上受重傷的兩位駕駛員失能……也許還有建忠想破腦袋都想不出的其它版本。

聯合國所屬機構「國際民航組織」（ICAO）自二次大戰末期成立以來，統計自戰後迄今七十五年間，全球民航業的機毀人亡空難事故，已累計超過六千架以上。十萬以上的組員與乘客罹難或永久失蹤，當然包括失聯的馬祖藍天鵝與搭機乘員。

ICAO解析空難的肇因，百分之五十三為操作不當（如駕駛員過失），百分之二十為機械故障（如尾舵脫落），百分之十二為天氣劇變（如遭遇亂流），百分之八為惡意或無意破壞（如乘客劫機），百分之六為其他（如遭遇敵機攻擊），還有約百分之一的原因始終不明。七十五年間空難原因始終不明的民航機，總計有八十八架，我國僅有一架，就是復航於馬祖失聯的藍天鵝。

二〇二〇年二月底，美籍律師發了封電郵給建忠，伊蓮姐姐病故了，享壽七十有八。她的家屬很期待建忠參加三月中旬瑪格麗特・伊蓮・緋德（Margaret E. Baird）的葬禮。建忠非常想去美國參加告別式，向二十三年前赴美演講時有一面之緣的伊蓮姐姐說聲一路好走，唯碰上全球新冠肺炎大爆發而作罷。伊蓮姐姐癡等他大哥歸鄉，等了整整六十二年，始終沒等到。

如果緋德一等兵還活在人間，當下已是高齡八十四歲的老兵。藍天鵝與緋德一行人到底在哪？建忠真的很想知道。

（協防台海美軍烈士錄參閱附錄）

摔不死的飛官老哥

左營海軍眷村成長的建忠，他與飛機的情緣，可追溯到他三個月大時搭民航機來台的初體驗，但襁褓中的建忠對此不可能有任何的印象。建忠童年的美夢還真不少，小六那年升初中模擬考作文題目，是俗到不能再俗的「我的志願」，建忠自訂的題目竟然是「我要當個飛將軍！」

建忠倒不是要背著海軍投效空軍，正好相反。當時海軍沒有海航兵科，所以建忠的志願是先加入空軍，然後幫海軍成立海航兵飛行部隊，協同自己的軍艦擊潰敵人。建忠的把拔於八年抗戰期間，因海軍艦艇盡失，無法派職上軍艦，曾被借調至空軍官校教育班隊，擔任飛行班、照相班、偵炸班等術科高級班隊的教官，故而建忠小時候常隨著把拔往岡山空軍眷村跑，長輩們忙著串門子泡茶敘舊，小屁孩則呼朋引伴往停機坪線上聚攏去摸飛機。

最令建忠印象深刻的，是在左營軍港望著天頂俯衝下來，打個滾又緊貼著海浪超低空迎面飛來的F-86F軍刀機，雙機纏鬥呼嘯而過，實在有夠帥！真正讓建忠立志當飛將軍的臨門一腳，是跟把拔搭乘空軍C-46行政專機從屏東往返台北的長途飛行，讓建忠深刻體驗到翱翔藍天白雲的快感。沒多久，建忠的飛行夢碎。奉調至國防部服勤的把拔，自從帶建忠搭過一次行政專機後，就再也不坐飛機南北往返了。

建忠起先以為是過動的自己在飛機上不安份，像隻紅屁股獼猴摸這摸那惹得把拔生氣。後來母親才悄悄告訴建忠，把拔隔週因為加班忙過頭，沒搭軍機南返，結果那班317號行政專機，撞上苗栗三義關刀山摔掉了。全體組員與乘客無一生還，包括把拔在總統府同辦公室的同事周姓陸戰隊少將！

建忠人生充斥憧憬與挫折，多有不切實際的冥想。當然，若能考上空軍官校，建忠應該是空官五十三期畢業生；但夢想抵不過現實，建忠從就讀初三起，自發性的氣胸症頻頻發作，無法適應高空氣壓驟變的環境。報考時的體檢，一定會把他刷掉。

初識飛官老哥

建忠認識的第一位現役空軍飛官，人稱老哥。他還陪伴建忠在病房兩個晝夜。事情是這樣的，建忠在風城新竹的大學讀大二時，接掌學生代表聯合會服務組組長的職務。代聯會組長是校園社團不算小的官兒，忙著籌辦校際「梅竹錦標對抗賽」，勞累到因氣胸痼疾而咳嗽、胸部刺痛、呼吸窘迫，進而併發肺炎、高燒不退。透過在左營海軍總醫院服務多年、當護士的潔西大姐（參閱「滿身傷疤的舵工關叔」）在軍醫界的人脈，由空軍新竹基地醫院收治建忠，安置在加護病房搶救，這是建忠生平首次急診住院治療。

及至病情穩定轉至普通病房留觀後，同學陸續前來探視之際，有位身著飛行衣的上尉飛官攜簡單行囊，入住建忠的雙人病房。待同學離開後，這位具領袖氣質的飛官拿起建忠床頭的病歷表，瞧個仔細說道：「好樣的，大學生耶！你家也住左營眷村？認不認得我的死黨，讀空軍幼校綽號叫四腳的謝大哥？他跟你住同一個眷村。」建忠當然認得，四腳謝是守護眷村子弟的幫派老大，他尊翁是建忠把拔在黃埔海軍學校高一屆輪機科的學長。

飛官接著說：「我舅父姓陸，是海軍的英雄艦長也是烈士。我去岡山讀空軍飛行學校時，就窩在你眷村四腳謝的家裡避風頭；所以，我也算半個海軍子弟，你我都是自己人哪，呵呵。」上尉飛官盤查完建忠的底細後，就開始攀親帶故。老實說，四腳謝在刀光劍影中闖出名號時，建忠還在讀小學。到六條巷子外的謝家玩耍，碰到進進出出的兇神惡煞們，當中曾有夾雜著眼前的帥哥嗎？建忠哪認得誰是誰。

「得了肺炎你要多休養……你同學都叫你『老咪』？」建忠點點頭。飛官說：「我二弟綽號叫『小咪』，你倆都是『咪』字輩的！二弟叫我『老哥』，你就跟著叫我為『老哥』吧。」

長建忠九歲的老哥，是駐地在台中清泉崗三聯隊八中隊的飛官。老哥一年多前開F－104G戰機，執行海峽掩護任務，座機衝場抬頭之際，發動機突然故障。老哥放棄起飛升空，放阻力傘滾行但依然衝出跑道頭，在清除區撞毀。他的座機重損，修到現在都還躺在維修棚廠，老哥身子也因高速撞擊，搞成壓迫性脊椎骨折停飛休養。直到這個月初，航校二期出身的空軍賴姓總司令才特准老哥回到飛行線。

老哥此番過境新竹基地，是因為這兒的軍醫院剛接裝了美援的影像醫學掃描系統。老哥奉命作徹底的住院骨骼檢查，順便與新竹機場二聯隊即將換裝么洞四戰機的飛官分享經驗。老哥是空軍飛行學校四十四期第三名畢業的優秀飛官，他很耐心地向建忠這個飛機控解說酷似火箭般的么洞四戰機飛操竅門、固接機砲與外掛飛彈的威力，更特別指出薄如紙片短短的雙翼，別妄圖靠它滑翔迫降，么洞四戰機空中熄火後，會像隕石般筆直墜地。

飛官老哥神采飛揚地述說空軍捍衛長空的軼事與駕機九死一生的故事，還在昏暗的病房講古，低聲說新竹機場處處都有被美軍在太平洋戰爭期間轟炸過的房舍。光復後接收整理雜物時，前輩清出了很多日軍屍塊與骨骸，晚上你別獨自亂闖，有學長最近還遇過講日語的鬼魅。

探視老哥的訪客川流不息。除了袍澤，多為妖嬈的美眉、狠角色的鱸鰻角頭，訪客致贈的鮮花及保健食品等伴手禮堆滿病房。老哥待訪客離去後，立即將鮮花轉贈值班護理長轉發護士們，保健食品分送病友，伴手禮則有勞前來探視建忠的同學攜回。交遊廣闊的老哥，是醫院最受歡迎的住院病號。

隔天作完全身掃瞄後，老哥叫了碗牛肉麵請建忠吃消夜，感覺到建忠對他的訪客濃妝艷抹、衣著暴露、滿口髒話又在病房呼菸鬧酒頗不以為然，就對建忠開示：「老咪你要知道，海峽情勢緊繃，明天老哥出任務能否活著回來，真的沒把握。但你放心，新竹城隍廟旁的龐姓命理師說過，老哥是摔不死的，只會病死。他那鐵口準到會讓你頭皮發麻！」

省立建國中學初中部畢業的老哥天資聰穎，很嚮往就讀建忠的一流大學，可惜就是無緣。老哥見到探視建忠的同學個個愁眉苦臉，不解的問道：「醫官說你會慢慢復原，過兩天就可康復出院返校讀書，同學幹嘛憂心忡忡？」

建忠這才告訴老哥，上週大夥承辦梅竹錦標對抗賽聯誼晚會，借用經濟部聯合工業研究所（工研院的前身）光明新村大禮堂演唱時，有混混三人持武士刀衝入鬧場，藉口晚會過於喧鬧致使光明新村眷戶投訴擾人休憩，混混揚言隔週再來校園尋釁踢館！老哥安慰建忠：「別擔心，老哥會替你搞定！」

第三天醒來，老哥的床位已空，桌上留有一張字條：「老咪賢弟：三天兩夜同室相處，是老哥的福氣。你要養好身體早日康復，繼續給我用功讀書，將來報效國家。我的軍用飛行夾克就留交給你這個飛機控穿著，愚兄老哥留字。」瀟灑的老哥文如其人，這是建忠與老哥此生最後一次紙上對話。

豪情四海的老哥

出院返校沒兩天，值日教官傳話有校外訪客找建忠。來人派頭十足，後頭有亦步亦趨的三位跟班，建忠一眼就認出跟班的就是持武士刀鬧場的三名混混。領頭的對建忠致意：「您應該就是『老咪』了……上尉老哥是我們共同的空軍朋友，老哥有指示——我的小弟不懂事，上週他們鬧場純屬誤會。你們三個吼！還不快向『老咪』請罪？」自稱為「光復聯盟」盟主的鱸鰻，怒目責罵跟班，三個小混混立刻向建忠深深九十度鞠躬，直到建忠一一扶正他們身子。

「真對不起，我的小弟讓『老咪』您受到驚嚇還住院治療，奉老哥指示，以後兄弟我掛保證，絕對不會再發生這檔糗事……這點兒小意思請您笑納，壓壓驚。」鱸鰻呈遞的封套內，有一疊厚厚的慰問金，江湖規矩建忠多少還懂一些，建忠收下封套但不收慰問金，來客始哈腰而退。高空飛虎的老哥果然夠力，除了在前線捍衛長空，還得兼顧後方社會安寧。

不久，老哥交待「光復聯盟」鱸鰻，由老哥作東邀約建忠及梅竹賽幹部餐敘。也算是在老哥見證下，地痞鱸鰻率子弟兵向學生社團幹部當面正式請罪釋前嫌。建忠陪著代聯會主席赴宴後，才得知老哥臨時有偵巡任務，上了飛行線出海偵巡不克分身，由幫派鱸鰻帶領三個混混分別捧著高粱酒杯「先乾為敬」，逐一向代聯會主席敬酒。學長主席一付豪邁模樣，跟著也乾杯回敬打通關，雙方你來我往，學長主席一個打四個，兩三下就醉倒癱在飯桌上。鱸鰻的敬酒，就指向落單的建忠。

建忠自小就學會喝幾杯，他通常陪著把拔與叔伯們一齊吃藥膳狗肉喝高粱，練就千杯不醉的功夫。六百西西瓶裝的金門高粱酒，建忠讀初中時配著小菜，喝個兩瓶面不改色，在長輩前呼乾從未失態過，當然就不怕地痞鱸鰻單挑的煮酒論英雄。

當鱸鰻起立雙手捧著酒杯轉向建忠敬酒時，被建忠制止，還叫混混去廚房拿三百西西的公杯來，讓鱸鰻當場傻眼。建忠的謀略是快打速決，首戰即終戰。飛官老哥既然不在場，虛耗下去也沒啥意思。

混混把公杯斟滿後，建忠就向幫派鱸鰻叫戰：「飛官老哥今天有偵巡任務不能蒞臨作東，兄弟我今天受邀前來與貴幫餐敘，是學校代聯會的榮幸，那兄弟我就向天借膽，代表老哥把這碗公杯的高粱先乾掉表達回敬！不過，各位若誠意十足，請接著逐一斟滿公杯也乾掉，再下來就接力互敬。一旦各位不勝酒力認輸不能乾杯，那也不勉強，但酒席就到此為止！」

建忠說完舉起公杯，咕嚕咕嚕一飲而盡，再將公杯交給鱸鰻。鱸鰻輸人不輸陣，將剩下半瓶的金門高粱斟滿公杯仰首狂飲，才勉強灌了兩百西西就衝廁所嘔吐。三個小弟未敢接招，藉故侍候滿身穢物的大哥，搖手服輸乞降。建忠好整以暇地吃完前菜，打個酒嗝，請廚房把宴席大餐打包外帶，令混混安排計程車，攙扶著爛醉如泥的學長主席，上車回宿舍消夜續攤。

永遠摔不死的老哥

建忠大三暑假結束前，空軍新竹基地醫院的護理長來電，說建忠同室的病號又摔飛機了！那天，老哥駕駛單座F－104執行海峽反制任務，離場初始爬升段機艙突然起火，他為了避免戰機墜毀在台中都會區造成重大傷亡，就把一團火球的座機飛向空曠的海峽棄機。

領隊長機下令僚機的老哥立即跳傘，最後老哥只好按下彈射鈕，跳傘平安降落毫髮未傷。座機墜毀在彰化縣烏溪出海口的和美鎮第二十三號公墓內，地面幸無生命財產損失，僅驚嚇到公墓內野放的羊群。建忠替浴火重生的老哥祈福，求蒼天保祐他的平安。命理師鐵口直斷說過，老哥是摔不死的。

建忠正慶幸大四整學年有驚無險科科勉強及格，安全過關還可領取畢業證書時，再度接到護理長電話，說老哥又摔了，這回麻煩可大了！

那天老哥駕駛全掛載武器的么洞四戰機，準備執行對地密支炸射戰訓任務。衝場抬頭之際，空速表突然失效，塔台過遲指示放棄起飛，座機高速衝出跑道頭的清除區，斷成三截且爆炸焚毀，老哥燒燙傷昏迷，被施救官兵拖出座艙送急診。待建忠役畢出國留學時，老哥還躺在醫院復健治療，命算是撿回來了，但從此他的飛行生涯告終。命理師算得準，老哥永遠摔不死。

老哥服勤的清泉崗空軍三聯隊八中隊，自一九六〇年起，陸續外購接裝美製F－104戰機。八中隊累計失蹤、失事墜毀四十二架，其中三架是老哥親自駕駛摔壞。中隊殉職飛官累計二十員，但像老哥連摔三次都與死神擦肩而過，算是全球空前絕後的紀錄！

自從建忠與老哥在空軍新竹基地醫院住同一病房後，就無緣再重逢。但從媒體報導得知，老哥康復後，以少校軍階退役，永遠離開他熱愛的飛行線。不過，退伍後的老哥話題始終不斷，期間還涉及黑幫非法暴力活動，曾兩度入獄。老哥亦兩次參選區域立委，但都高票落選，經商倒是事業順遂，擔任自行創業的企業總裁有成。

無奈，駕駛么洞四連番摔不死的老哥，卻於二〇一一年心肌梗塞辭世，享壽七十有二。建忠擠在眾多黑衣送行者的行列中，默默向多年前的同房病友告別，祝念老哥駕駛么洞四一路飛往瑤池。命理師一點都沒錯，老哥是摔不死的，只會病死。叱吒風雲的老哥，永遠是建忠心中的真英雄。

——

過往建忠的酒膽與酒量打遍天下，讀大學時期與新竹幫派角頭拼酒首戰就完勝！隨後不論服役、留學、就業，煮酒論英雄的酒席建忠無往不利，直到追隨層峰擔任核心幕僚八年期間，陪層峰赴宴勇猛地擋酒，被御醫再三告誡「乾杯定會肝悲」，始行戒斷酒精。

當年建忠掛急診的空軍新竹基地醫院，如今已晉名為國軍新竹地區醫院。住院照護建忠氣胸症的護校學歷護理長，世代交替給當下碩士學歷的護理主任。讓建忠健康偶爾亮紅燈的原發性氣胸症，始終如一地揮之不去。在建忠心底永遠懷念的，是在空軍新竹基地醫院病房短暫相處三天兩夜豪邁的飛官老哥。

麵食街的川籍老兵

建忠大學室友歐碧，家住中油公司嘉義溶劑廠的宿舍，但初中和高中都在台北上學，大學又跑到新竹就讀，歐碧只有假期才返嘉義老家陪父母。建忠每逢放連假，趁回左營眷村省親之便，返程都會中停嘉義，到歐碧居停處拜訪，哥倆再連袂回新竹。歐碧的閱歷精彩，老後與建忠再三分享的人生體驗，就是嘉義市麵食街川籍老兵蒼涼的一生。

半世紀前，歐碧役畢後在嘉義故鄉應徵到人生首份工作。公賣局嘉義酒廠的工程師學長於職前訓練時，再三叮嚀歐碧，你算是半個嘉義在地人，下班後就得去民國路一家不起眼的成都紹子麵店，體驗什麼叫做人間美味。歐碧待領到第一份月薪後，才依學長指示，去享有麵食街雅名的麵店，品嚐傳言中的美食。

竹籬笆外的川味紹子麵

麵店很不起眼，是民國路在光彩街口十坪大小的空軍眷村自建戶，裡頭除了三張竹製麻將桌椅外，暗黑的廚房佔了大半空間；食客滿桌時，還得側身讓路。禿頭店主是位不修邊幅的川籍退伍老兵，在高溫悶熱的廚房，他始終穿著汗衫與四角內褲進出招呼食客；這種半下流麵店你放心，波麗士與鱸鰻都不會來，饕客們可隨興用餐。

價目表是用毛筆在漏水的三夾板牆上歪歪斜斜地寫上去的。麵食僅有紹子麵與牛肉麵，各有乾、湯兩味。非常簡單的菜單，反映出禿頭店主集掌廚、跑堂、結帳於一身的無奈。歐碧分別嚐過湯紹、乾紹、湯牛肉麵與乾牛肉麵後，就鎖定津津有味的湯紹足足近半個世紀。

禿頭店主的湯紹分三個動次備料，坐在餐桌看他忙著張羅，也算是欣賞另類的表演藝術。他的湯紹備料第一動，是一邊哼唱走音的川劇《雙八郎》戲曲，一邊將長及腰際帶鹼味的細麵條，用長筷挾緊，置入燒薪柴的熱水鍋內烹煮。他來來回回將麵條兒拉出又置入，一首戲曲唱完了，麵也全熟了。

備料的第二動，是滴個數滴香油、醬油與香醋入碗，將熱騰騰的高湯倒入約半滿，再將麵條自鍋內撈起置入碗中。這個滾燙的高湯，與牛肉麵的湯頭不太一樣，既不油膩也不太鹹。歐碧每次都把湯紹的高湯喝到一滴都不剩，而且餐後不用猛灌水。對街無照營業的黑心麵館，餐後口乾舌燥，須頻頻喝水方能紓解味精激發的口渴現象；禿頭店主很有自信，他的原味高湯絕對好喝，不須添加化學增味劑提升口感。

備料的最後一動，是將祖傳密方的川味紹子醬，自甕缸內撈出一大杓，澆淋在麵條兒上，再加滿整碗蔥花與香菜攪勻後端出。他的紹子醬，用舌尖可分辨出有肉糜狀的豬絞肉、切成碎片的豆乾、蛋皮、榨菜和木耳，紹子醬帶著滿滿的蒜薑椒辣味，非常可口。

歐碧的湯紹吃法，是半口紹子搭半口麵，紹子沒了就吞全口麵。麵條也吃完了，再喝漂滿香菜與蔥花的高湯。用完餐，齒唇留著川味紹子的餘香，久久不散。歐碧食畢儘量不喝水，深怕把紹子香味沖淡稀釋，總是熬到就寢前，才漱口入眠。

嫌湯紹不夠辛辣還缺了點川味？不打緊，重口味的食客可免費添加桌上的「哈哈牌」辣豆瓣醬。可別貪心加太多岡山空軍眷村特調的醬料，你會被嗆辣到混身燥熱冒汗且淚流滿面！其實，禿頭店主的湯紹已夠辛嗆，那股麻辣刺激，讓歐碧被椒麻的滋味辣到忍不住把嘴噘起吸氣、鼓腮再吐氣，像在苦練海軍帆纜笛；所以，紹子麵也稱為哨子麵。

川味紹子醬到底如何調製就是不准問。歐碧有請酒廠學長的妹子，同時也是空軍建國二村公認的美少女去撒嬌套出配方，她被禿頭店主飆罵：「好個哈兒的粉子，再問就嗨妳娃兒一錘子！」給轟出來。

脾氣有夠怪的麵店老兵

老兵退伍後，向川籍老長官借了點錢，頂了建國二村的臨路自建戶改裝為麵店。在對面光彩街陋巷內，再蓋了間違建窩居。歐碧曾陪著臥病在床的禿頭店主聊天，家徒四壁的違建窩居與麵店，都有丁點兒大的後院菜圃，可栽種家鄉的金陽青花椒與芫荽香菜。歐碧與禿頭店主熟識後，老兵才承認這兩種食材，在北迴歸線濕熱的氣候中，長的肥碩又茂盛，都是調製湯紹的秘密武器。

禿頭店主的紹子麵，像極了全國近千個眷村內各省風味美食與媽媽家常菜。但你千萬別以為紹子麵超好吃，麵店就高朋滿座、翻桌頻仍。禿頭店主的食客雖不致門可羅雀，但最佳的情況也只是稀稀落落爾。由於他執著澆淋川味紹子醬要多多益善，致使一碗湯紹抬高的售價，超過一般麵食街競逐者的親民價，故麵店生意算不上興隆。

歐碧近身觀察統計，午、晚餐加消夜每日十二小時供膳，禿頭店主平均每天可賣個近百碗麵吧。扣除成本與償還借貸，每月淨利約為歐碧月薪的一倍。故老兵退伍創業不只溫飽，還可以算是小康。

再者，麵店的衛生條件特別差，禿頭店主經常掛在頸上腥羶的抹布，黑油油地發亮，在你面前擦拭桌椅噁心十足不說，用餐時歐碧不時要騰出兩腳踩踏路過的蟑螂。歐碧還見過個頭和貓一樣大的田鼠，躲在廚房瞪著他，一副準備爭食的模樣，體面的高消費食客絕對不會來光顧。不過，歐碧在中油宿舍骯髒的環境下成長，練就鐵一般的腸胃，麵店再髒，歐碧照吃。

禿頭店主收容了一隻在空軍水上機場遊蕩的混血流浪犬，歐碧問老兵整天忙進忙出為何多此一舉。老兵解釋，至少牠不會鬧脾氣，更不會頂嘴，收留牠可當作麵店的保全。老兵催請歐碧給這隻有德國牧羊犬血統的新伴取個名字，為避免過度庸俗的大眾化狗名如小黑、小黃，歐碧就取個牧羊犬 Shepherd 洋名吧。禿頭店主擊掌說：「好樣的大學畢業生酒廠職員，那就稱呼牠『蝦趴』吧！」

歐碧本以為禿頭店主把 Shepherd 洋名直接音譯為蝦趴比較記得牢，沒料到多年後店主才告知他，這隻混血流浪犬經常不務正業也不老實，比包穀豬都不如，稱牠為蝦趴，一點都不過分。蝦趴是四川髒話，暗指「搗蛋、擺爛、搞破壞」。不過，自從蝦趴擔當麵店公關經理後，蟑螂與鼠輩就陸續絕跡了。

國軍各軍種在嘉義共有二十九個眷村，空軍就佔了十五個；水上機場的空軍官兵近萬人，有家眷者兩千多戶約七千多眷口，都擠在嘉義市區東門町、白川町與機場四周的空軍眷村內。禿頭店主打烊後，蝦趴就一溜煙從後院菜圃竹籬笆間隙遁走，到各眷村找牠的狗友廝混。其實，狗兒都有很強烈的地域性，外來的狗友只要侵門踏戶，免不了以狗咬狗收場。眷村狗主人常來麵店興師問罪，說蝦趴越界搗蛋咬傷他家的毛小孩。生性懦弱的店主只能打躬作揖賠不是，和氣生財嘛。

蝦趴也有自己的地域概念。歐碧目睹過蝦趴在麵店周遭五十公尺的電線桿上，揚起後腿對準桿柱用力撒泡尿，這是蝦趴王國的「界碑」。凡在蝦趴王國國境內出沒的蟑螂與田鼠，蝦趴一律撲殺，就連過境的毛小孩，蝦趴也追監，誰敢徘徊不去，蝦趴就衝去廝咬驅離。蝦趴很有紀律，絕不越界擴充版圖侵略其它狗友的地域，田鼠只要逃離蝦趴王國的地界，蝦趴就不再越界撲殺。豪雨過後，歐碧也見證盡責的蝦趴，重新在雨後的電線桿柱再次撒泡尿「重劃定疆」。

不過，蝦趴倒是對來店消費的饕客非常友善，總是搖著尾巴送往迎來，且對賴帳的食客照樣親熱無比；蝦趴敵友不分的態度，惹得店主很不高興。偶爾食客順道攜來傳統市場買的鮮肉、野菜，蝦趴也會把頭鑽進菜籃一探究竟；驚聲尖叫的食客，讓蝦趴遭禿頭店主著實一腳踹開。搞破壞的蝦趴給老闆惹不少麻煩，老兵常向食客鞠躬致歉，還當場免費送碗牛肉麵賠罪。

老兵生意不太興隆的根本原因，是他非常臭屁。食客口頭點餐老兵屢屢不回應，怕他聽不清楚或錯置弄混，食客只要複誦一遍點餐，定會遭老兵用四川髒話回嗆：「你個哈麻批，早就知道啦！」有誰斗膽大聲催餐、打斷他邊哼唱川曲邊備料，禿頭店主立即衝出廚房爆粗口：「包穀豬呀你，敢嫌慢？瘟傷沒耐心就甭吃！再催，格老子鏟鏟就是不煮你龜兒子的麵！」

誰沒用餐用到光盤，老闆定逼你在他眼前吃光麵、喝光湯才收錢放人離開，以示尊重店主的辛勞。

遇到食客用膳大聲喧鬧，他會手持剁肉刀奔到桌前就雰：「咋個的青勺子們，用餐就得專心吃，少在我店裡寶塞塞地晃兮糊兮噴口水；用餐要快，省下來的時間，通通給我回去努力長知識，別像咱，始終是個豁皮文盲大老粗！」

嘉義的眷村自成一個半封閉的體系，與在地的嘉義人有些隔閡。早年「二二八事件」水上機場成為朝野兵家必爭之地，市區白川町與東門町的日遺眷舍，日軍敗走後遭在地人佔用不還，說這兒百年前原先就是他們的祖產，致使空軍在嘉義始終和在地人有些疙瘩。空軍官兵與眷屬多來自大陸各省，其中四川人最多，也因此成都紹子麵店的食客，多為外省鄉親。在地嘉義人即便慕名前來，人數不多且都有外省囝仔作陪以策安全。

有回歐碧陪嘉義酒廠的女友來吃消夜，老兵的麵還沒端出，就手持剁肉刀迎面而來，嚇得歐碧拿起豆瓣醬罐護著女友漂亮的臉蛋！所幸老闆怒氣沖沖提刀擦身而過奔出店門，面朝眷村揮刀重覆吶喊：「殺朱拔毛！解救同胞！反攻大陸！還我河山！」禿頭店主眼露凶光返回繼續煮麵，嘟噥着：「什麼一年準備、兩年反攻、三年掃蕩、五年成功？格老子日怪被騙了這麼多年，蔣委員長您憋憋沖磕子呀！」歐碧與女友扒光麵、汲光湯，默然無語付錢閃人！禿頭店主思念成都老家想到躁鬱呀。

遭拉伕參軍當上了伙房兵

歐碧與女友雙雙出國留學前，多次邀約室友建忠來嘉義敘舊，順道去品嚐老兵調製的人間美味，但建忠都推諉太忙沒空。歐碧上飛機留美前一日，回到嘉義酒廠向經理、同事辭行，順道攜帶半打酒廠自產的高粱酒拌手禮，到禿頭店主居停處探視他。三杯下肚老兵就淚崩，慨嘆人生無常。

八年抗戰末期的一九四三年，在成都北郊務農的他遭路過的部隊拉伕參軍，編入空軍新成立的「空運隊」當炊事兵。駐地離家不遠，在城南太平寺機場。所以，禿頭店主是貨真價實的老兵。他服勤的空運隊，屬空軍中隊層級的獨立隊，隊長是航校二期的王姓前輩，隊長每回出夜航任務，都要老兵先下碗麵條兒當消夜始上飛行線。老兵到差還沒滿一年，隊上就摔掉六架飛機。機組組員在出死亡任務前，都曾吃過老兵煮的紹子麵。

出事的第六架，就是隊長親自駕駛的美援C-47運輸機，在湖南撞山。接替隊長職務的飛官，是委員長專機正駕駛的航校五期衣姓前輩。衣隊長避諱，就不再吃老兵的麵食，讓老兵非常洩氣。不過，衣隊長非常照顧隊上袍澤，把並肩作戰的美軍所贈零食，均分給大家享用，故老兵在抗戰物資缺乏的困頓中，偶爾會給農村裡的妻小帶些美國巧克力糖。

四川號稱天府之國，理應物產富饒、居民豐衣足食，但軍閥長年割據魚肉鄉民，加諸戰亂連年，老兵自農村出生後，就從沒穿過新衣新鞋，吃肉也只有逢年過節才可品嚐丁點醃肉。老兵從小就在旱田中幹粗活，從早忙到晚，勉強圖個溫飽，沒錢更沒空去讀書，別說不識字，老兵連簡單的加減乘除，都是當兵後的炊事班長耐心教會他的。

一窮二白的農村生活，傳宗接代的嫁娶可絕不馬虎，且偏鄉流行早婚，方便早生貴子增加勞動人口。老兵在七七事變時年方十六，經媒婆撮合與鄰村的農女結為連理。簡易婚禮結束後，新娘子就白天下田耕作，夜晚備餐補衣，日子苦但很幸福。未幾，新娘子先後產下兩位壯丁，村裡的師爺替寶貝取名蜀生和蓉生，紀念兩位川娃兒都在四川省（蜀）成都市（蓉）出生。

遭拉伕參軍的老兵，在機場廚房服勤非常忙碌，很難顧得了家；愛妻就更辛苦，除了盡慈母本份照顧兩位川娃兒，還要身兼嚴父管帶兩個好動的孩子。愛妻在夫家要服侍尊長，旱田的粗活她一人就得作夫妻倆人共有的農務，倍極辛勞。唯一讓全家歡欣的，是老兵每個月有一天的探眷假，從城南機場走回北郊返家團聚，老兵總會從隊部廚房挾帶些雞蛋、鮮肉與美國零食給妻小。至於老兵法幣計價的薪餉就甭提了，第一個月的月俸尚可買一打雞蛋，一年後貶值到只能買半打。

機瘟總伴隨著老兵左右

沒多久逢抗日勝利，老兵的空運隊擴編為空運大隊。空軍從戰後美軍留交的剩餘裝備弄到大批C－47運輸機，編制也從老兵剛到差時的十架，急速擴充至百架，衣隊長晉升為大隊長，下轄四個運輸中隊。大家都在慶祝抗日勝利與升格為大隊雙喜臨門之際，香港華僑鄭姓飛官駕駛的C－47，在甘肅嘉峪關機場落地失事殉職。港僑飛官出勤前，也是吃過老兵烹煮的牛肉麵。後來老兵撤往台灣，才得知港僑飛官的姑丈，竟是首任台灣省魏姓省主席。

抗日勝利後，大隊所轄四個中隊有三個陸續出川，僅第三運輸中隊留守，老兵世居成都，故賴在太平寺機場方便顧家。半年後第三運輸中隊也要調防出川移駐南京，老兵這下子可踐了，生平第一次扛著一扁擔鍋碗，搭中隊部的237號C-47從成都飛南京。當了兩年空軍的伙頭兵，終於也能享受遨遊藍天白雲的樂趣。

大隊長問老兵，你在隊上算是開隊元老級的伙頭兵，各中隊分頭駐防北平西郊機場、上海江灣機場及南京明故宮機場，四個中隊都有伙頭兵空缺，你愛去哪？老兵抓抓腦杓子，聽說上海十里洋場是花花世界，那就去上海開開洋葷好了。於是老兵又扛著一扁擔鍋碗，二度搭大隊部的246號C-47飛抵上海，向第一運輸中隊報到。

老兵到上海服勤後，空運部隊再擴編一拆為二，原空運大隊易名為空運第一大隊，第一運輸中隊重編為一〇一運輸中隊。老兵輪休時，常隨中隊部的兵痞子到外灘冶遊嫖賭，但貧寒出身的老兵沒跟著學壞，對嫖賭沒興緻也沒錢，只能呆坐在馬路邊等袍澤玩膩了才一起回機場。

兵痞子玩得愈野，老兵就愈思念成都的妻小。三不五時存夠薪餉就去買梨膏糖、鬆餅之類的上海特產，委請中隊部的文書兵代為執筆稍封信給愛妻，託隊上的運輸機送回成都給妻小。

很不幸，老兵搭過的237號與246號運輸機，在一次編隊飛行時竟發生擦撞，雙雙墜毀！隊上袍澤以異樣的眼光盯著老兵，背地裡都在竊竊私語——這下麻煩了，伙頭兵這個飛機剋星竟調到隊上來了。

緊接著國共內戰爆發，政府進入戡亂時期。空運第一大隊因應戡亂局勢，開始換裝馬力更強、裝載量更大、續航力更遠的美援C-46運輸機。除了運兵、運物資還兼投彈。既然擔負轟炸任務，大隊與各中隊就不能再冠以「空運」、「運輸」等隊名，故空運第一大隊再度易名為第十大隊，老兵的一〇一運輸中隊改稱一〇一中隊。

沒多久，中隊內馬力強的166號機在轟炸共軍時遭擊墜，355號機搭載隊部長官及眷屬遷台時，在台北萬里撞山。中隊部議論紛紛，說是老兵的烹飪有問題，導致飛官駕機起飛後就鬧肚子而分神出事……上級十大隊的政治部主任看勢頭不對，把老兵調回南京大隊部就近調教。老兵覺得委屈，向主任說明自己的烹飪絕對沒問題，是採買食材的補給兵為籌措嫖妓夜渡資，竟向商家索回扣，因而高價購入腐爛食材。據理力爭的老兵，讓政治部主任煩上加煩。

主任說：「不如這樣吧，在你家鄉成都鳳凰山機場，大隊部有一個飛管分隊駐防照顧機場，那邊也缺個伙頭兵，你要不要調回成都順便顧家？」老兵欣然銜命，三度扛著一扁擔鍋碗，搭大隊部的035號C-46離開南京，又飛回成都闔家團聚。主任送走老兵返鄉駐防後，嘆了口氣，旋即隨大隊部撤往遠在天邊的嘉義水上機場。老兵自責地對歐碧說，抵成都一週後，035號機從昆明飛重慶時撞山了！老兵搭過的軍機都會摔，自覺是個掃把星。

戡亂末期的一九四九年底，政府把首都撤遷入川，退至成都。共軍攻入成都市區前，老兵帶著妻小一行四人，想擠進最後一架留守的226號C-46未成，被機上逃難的行政院眷屬推出機門；四人呆立在停機坪，目送這架塞滿難民的軍機飛離兵燹。

老兵對妻小說，不久共軍就要攻進機場，這兒很危險，快回家躲砲火流彈吧。老兵依依不捨地看著妻小瘦弱的身影消失在跑道頭，這是老兵此生最後一次凝視妻小，從此天人永隔。老兵哽咽地對歐碧補充解釋，沒搶搭上的226號機起飛後，在海南島金牛嶺墜機，全機無人生還。

老兵繼續守值在鳳凰山機場人去樓空的飯堂，替留守的飛管分隊官兵烹煮備餐，靜待叛軍攻入機場。

老兵清晰記得那天是十二月十日。蔣委員長前腳才踏上專機從成都鳳凰山機場飛返台灣，老兵就聽到機場外叛軍的槍聲大作、響個不停。正在下麵條備午餐的老兵，心想該來的叛軍還是躲不掉。當老兵把爛熟的清燉牛肉置入湯碗時，小同鄉的飛管分隊通訊士官持槍奪門而入，向老兵大呼小叫別再備餐了，拉著老兵邊跑邊說：「格老子！大隊長沒忘記咱們，一架蔣委員長的預備機，正穿越叛軍的防空火網，從五邊進場下滑，兩分鐘後降落，機上還預留空位撤出咱們幾位留守的弟兄！」

老兵慌亂中乞求通訊士官讓他回家接妻小搭機，對方搖頭說：「叛軍已打到跑道頭外，你跑步回家接妻小往返要好幾個鐘頭，還要通過叛軍封鎖線；別再猶疑，現在就給我跳上飛機，這是命令！」

老兵未及向妻小話別，含淚在跑道清除區抓了把野生香菜、花椒與泥土塞進制服，就搭上落地慢俥滑行中的 291 號C-46自成都飛往台灣。半年後，老兵搭過的撤台 291 號機，由海南島撤運留守在海口機場的袍澤與眷屬回台，經台中又撞山機毀人亡。老兵很確定自己帶衰，搭過的軍機都會墜機！

處處被嫌不知前途何在

老兵飛抵寶島台灣、踏上嘉義水上機場停機坪時，本以為過幾個月就可光復大陸返鄉與妻小團聚，萬萬沒料到嘉義竟是他終老的第二故鄉。正當他走進十大隊隊部報到時，管編裝的人事官稍來口信，第十大隊撤台的軍機摔得所剩無多，人員也跟著縮編，老兵的員額因久久不見他行蹤就優先被裁掉了。

老兵失業了嗎？佛心來著的大隊政治部主任對老兵說，大隊長已榮升空軍嘉義基地作戰指揮部的指揮官，下令主任調配挪出個職務給老兵佔缺，以免晚到台灣的部屬，變成編餘冗員遭汰除。

主任說：「大隊部新編成一個救護直昇機分隊，須單獨開小伙，正好有個伙頭下士的缺，你就由兵晉升到士，升官補缺吧。當作表彰你思想純正、忠貞不二，寧可拋妻棄子隨政府撤台的獎勵。你想栽種成都帶來的香菜與花椒？那沒問題，跑道與滑行道間的隙地就儘管栽種。」從此，老兵的駐地就固定在水上機場跑道邊偏僻的日遺破爛兵舍，直到五年後退伍。

老兵到差時，映入眼簾的是從未見過的美援H－13直昇機。老兵目睹直昇機居然可以懸停在半空中不動，甚至可以橫向和倒退飛行，非常新鮮，比胖嘟嘟直線向前飛的定翼運輸機稱頭多了。故老兵趁送餐盒至直昇機座艙之便，觸摸直昇機溫暖的蒙皮，讓身處異鄉的老兵有安全感。但好景不常，半年後航校十二期的楊姓少校機長，駕駛H－13直昇機由水上飛松山時，撞上台北樹林鎮的山仔腳高壓輸配電線墜毀殉職。老兵心想自己衰到爆，連摸過的軍機都會墜機！

老兵輪休時，常騎乘救護分隊的公務鐵馬，沿著省公路騎到嘉義市區白川町的空軍建國一村，找老長官用家鄉話聊天消磨時間。川籍的飛管分隊通訊士官眷舍就在村子尾，老兵聊天也順便幫忙修剪竹籬笆內嫂子親手栽種的芒果樹與聖誕紅。

嫂子愈把老兵當成家人看待，老兵就愈掛念未及撤出的妻小。老兵私底下偷偷問嫂子：「可以幫我寫封家書寄回大陸嗎？我很思念成都的妻小。」嫂子含淚回應：「別傻了，寫信寄大陸？在軍中算通匪罪嫌，萬萬使不得呀！」老兵沉默無語。

早年軍中生活苦悶，水上機場周邊陸續開設俗稱八三么的特約茶室，召募軍娼供官兵入內嫖狎消費。老兵始終專情掛念家鄉愛妻，故從不光顧八三么。不過，老兵的單身袍澤都是八三么的常客，瞪著老兵的薪俸打歪主意，有借不還，都拿去八三么買春消費。這些陣中八卦，老兵講得有鹽有味兒的，歐碧卻愣住無言以對。老兵的亂世人生閱歷充盈著酸甜苦辣，寫出來絕對是有看頭的大兵文學。

老兵剛來嘉義時，就常私下偷聽大陸廣播電台。北京方面統戰新聞說，十大隊的航校十期江姓少校飛官太想家，兩個月前駕駛C－47自水上機場叛逃飛向南京，安全降落。過了一年，大陸又廣播說，十大隊的航校十三期戴姓上尉飛官也想家，劫持大隊部專機隊的總司令座機，再度叛逃飛向上海江灣機場。就連空軍官校的兩位飛行生，在雲林虎尾機場都駕駛初級教練機，飛向大陸沿海迫降，還獲得千元人民幣的「起義」獎金。

老兵自己想家也想到慌，很想學叛逃的飛官瓜兮兮地開飛機，回老家與妻小團圓那該多好！老兵對歐碧說，飛官獨自駕駛運輸機叛逃飛回對岸，都風光地當了「黃金義士」，真是千金難買早知道。若提前獲知他們要飛回大陸，說不定還可搶搭上機跟著走。

——

韓戰停火後，空軍嘉義基地作戰指揮部晉名為空軍第四聯隊部，轄管四大隊與十大隊兩個飛行大隊。協防的美軍噴射戰鬥機中隊也進駐，停機坪與抗炸機堡塞滿百餘架各型軍機。機場內的伙食型態也開始洋化，炊事班所有弟兄都要學做生菜沙拉、蛋糕、三明治、牛排與披薩等洋食，還要考西餐食勤證照。

老兵沒興趣學也沒本事做洋食，文盲的他更不可能考照，只能繼續幹個沒尊嚴的伙頭下士。

第一次台海危機的浙海大陳戰役爆發前，老兵服勤的救護分隊，因應惡化的戰局奉命接裝美援的水陸兩用救護機。救護分隊迅速擴編為救護中隊，脫離十大隊建制，直屬聯隊隊部。擴編後的救護中隊隊部明明就有個綜理伙房的炊事班長缺，但長官嫌老兵廚藝幾年來都沒長進，就是不讓老兵佔士官缺。

老兵因不識字也沒功勳，一直都窩在伙房幹著下士副班長，不被長官器重，久久升不了中士，受盡袍澤的窩囊氣。不過，佔缺的炊事班長對老兵這位前輩倒很體貼，請他不用再幹廚房粗活，有空指導一下幾位幫廚充員兵的廚藝就好。老兵心想，幾位充員兵都是民間有證照的廚師，哪需要指導？從此老兵在伙房閒到發慌，覺得自己在部隊裡是個廢物。

救護中隊的官兵逐漸學美軍要吃漢堡、薯條等洋食，嫌老兵的供餐千篇一律，吃多了麵條索然無味，吃久了更會產生厭食症。隊上弟兄們藉題發揮，直指老兵的廚藝差，過往幾年害得飛官出任務時老是鬧肚子摔飛機，還加油添醋說，老兵搭過的運輸機甚至摸過的直昇機，最後都會摔掉，弄得全空軍無人不曉。

嘉義才是店主終老的家

十大隊疏遷移防的傳言終於成真，連拉他上軍機逃來台灣的飛管分隊通訊士官也要移防屏東。嫂子也將西門街旁建國一村的眷舍頂讓出，舉家遷往屏東市六塊厝。臨行前，老兵向隊部請假，幫老長官把眷舍家當搬上卡車。

老兵自覺在嘉義頓失依靠，留在救護中隊終日無所事事還被霸凌，幹得非常沒尊嚴，於是鐵了心，乞求文書兵代寫報告申請退伍。中隊政治指導員當場把簽呈檔下，請老兵前來懇談。政治指導員苦勸老兵：「無論如何，前輩拜托您一定要在空軍給我熬滿二十年，才夠資格領終身俸；您的烹飪廚藝能精進當然最好，沒興緻那就幫您在屏東的十大隊老東家找個缺轉調過去。至於閒言閒語說您帶煞會搞到摔飛機，您就別當真，空軍哪個禮拜不摔飛機？」

老兵習慣了北迴歸線的氣候，不想去風災、雨災連年的屏東，就向政治指導員表態堅持要退伍。記得那天是美軍協防台灣司令部編成正式護台，他拿到了退伍令。老兵步出營門，就發現自己連三餐溫飽都有問題，必須立即自謀生路。

老兵向歐碧訴苦，五〇年代軍中待遇微薄，下士炊事副班長的月俸僅二十元台幣，還買不到十碗餛飩湯。早早退伍也好，創業開個麵店，可改善物質生活條件。於是，老兵拎著小包袱，抱著一麻袋水上機場隙地栽種的家鄉芫荽香菜與金陽青花椒，走到熟悉的民國路旁建國二村落腳，寫信給屏東的老長官借了一千元，買間眷村自建戶開麵店，重啟退伍後的遲暮人生。

老兵拿著退伍令跟緊鄰長，到戶政事務所請領國民身份證順便辦理戶籍遷入。從此，老兵搖身一變成為嘉義在地人。貼心的鄰長還帶老兵去辦理麵店的商業登記領取稅號，避免無照營業遭人檢舉法辦。

歐碧放洋留美五年學成後歸國，在嘉義蘭潭報到任教的第二天，就駕車回民國路的成都紹子麵店重溫舊夢，但徘徊在建國二村前卻遍尋不著老兵。原來，禿頭店主獲知老舊的眷村要拆，在民國路對面陋巷外，買下有權狀的臨路店舖另設麵店。歐碧持之以恆，在新的店面繼續飽餐禿頭店主的湯紹。湯紹維持過往的風味，但歐碧總覺得缺了一味。原來，當年搖著尾巴陪伴歐碧用餐的蝦趴已不在人世。老兵說，打烊後蝦趴習慣趴趴走，遭吸食強力膠的暴走族給輾死了。

解嚴後，禿頭店主搶著歸鄉探親。但沒多久，老兵又孑然一身孤伶伶地回台。禿頭店主嘆口氣喃喃自語，愛妻在共軍攻入成都後遭姦殺。文革前的大饑荒期間，僅四川一個省就有千萬人餓死，蜀生和蓉生兩位川娃兒在天府之國的人民公社勞改時，也因缺糧餓斃，往生時尚未成年。浩劫餘生窮困潦倒的同村鄉親，一心只想脫貧發橫財、一切向錢看唯利是圖，讓禿頭店主很寒心。

老兵感嘆地說：「四川成都是出生地，但台灣嘉義才是家。」老兵把麵店多年賺到積存的辛苦錢塞滿包袱，要歐碧帶他去嘉義市西區永春二街的孤兒院，讓歐碧見證老兵不具名低調捐贈整包現金給院方。歐碧可以感受到老兵的心境，兩位親生的川娃兒身陷成都形同孤兒，勞改當奴工最後餓斃街頭；老兵行善積德，替他帶給家人悽慘的折磨贖罪。

——

禿頭店主嫌自己老了也累了，不想再賣麵了，收容了位泰緬邊區孤軍撤台的遺孤為義子，教導手藝，免費傳店給義子經營。但店老二硬把滇南的過橋米線風味湯料去混搭川味湯紹，不怎麼對歐碧口味；歐碧還是忠於禿頭店主原汁原味的湯紹，入店指定要老兵親自備料才肯下單用膳。

老兵探親返台後，整天呆坐在違建窩居後院菜圃前。也許，望著親手栽種綠油油的家鄉芫荽香菜與金陽青花椒，可紓解思念至親亡故的哀愁。大陸尋根結束後，禿頭店主絕少踏進麵店廚房，店務完全交由店老二招呼，除非歐碧再三催請禿頭店主親自備料，老兵才勉強下廚烹調歐碧的湯紹料理。

——

國內政黨輪替多次，禿頭店主越發鬱鬱不得志，身體日漸衰老。八八莫拉克風災那晚老兵心肌梗塞，急送嘉義聖馬爾定醫院搶救，但回天乏術，享壽八十有八。

歐碧參加簡陋的告別式，送老兵最後一程，這也註記著撤台第一代老兵的凋零、消逝。

老兵的違建寮居，也因眷改被怪手剷平，兩處麵店原址被徵收變身為公有停車場，靜待市政府規劃為財團經營的商業區。嘉義二十九個眷村全數改建，眷村第二代陸續搬進嘉義市白川町的經國新城集合式住宅。至於歐碧役畢後首次在職場服務的嘉義酒廠，已遷至嘉義縣偏鄉，西區舊酒廠原址轉型為今日的嘉義文創產業園區。唯獨老兵在空軍服勤過的最後一個單位，現在的名氣可響噹噹，被暱稱為慈航天下的海鷗救護隊。

半世紀來，歐碧在嘉義市麵食街享用過禿頭店主的湯紹何止千碗。每回去別的麵館用餐時，歐碧都很懷念川籍老兵與蝦趴在爐灶旁的身影，還有他黏稠的川味紹子醬。建忠每回聽完歐碧陳述老兵的境遇，都悔恨當年沒跟緊歐碧去嘉義市民國路品嚐老兵調製的人間美味紹子麵。

狼嘷嘶吼的F-104戰機

半世紀以來，建忠一向都是新竹市「揭家牛肉麵館」的常客。從讀大一開始，他就常在東大路二段樹林頭鐵道旁空軍五村的揭家舊址用餐，一直享用到揭家麵館遷至東大路三段康樂公園前的新址。慕名前來朝聖的饕客，餐後總是匆匆離去，建忠卻走到揭家巷子後的康樂公園散步。康樂公園俗稱飛機公園，陳展的主題，當然是一架除役的軍機——機號4398號、美國洛克希德公司製造的全天候、倍音速的F-104G星式戰鬥機。

么洞四雖然在西方陣營十五國空軍服役過，但脾氣古怪的發動機難以駕馭，致使失事頻仍，故么洞四有「寡婦機」（widow maker）的渾號。在「八二三」結束後，空軍陸續接裝么洞四，先後編成過七個飛行中隊捍衛長空。F-104戰機守護台海近四十載的歲月，讓前線的敵軍難以招架，讓後方的居民安居樂業。直到二代戰機入列，么洞四始功成身退。

軍機控才知道的航空燃油氣味

建忠每回享用過揭家的牛肉麵，都呆立在塗漆有些剝落、鏽跡略顯斑駁的寡婦機前良久，內心澎湃不已。憶及在新竹市就學、就醫、就業的歷程，他都與寡婦機有段難捨難分的緣份。

建忠在風城新竹的大學生活，課後既健身又長知識最大的娛樂，不是追女友、逛書店、看電影或去城隍廟啖美食，而是傍晚獨自騎著鐵馬在街頭巷尾四處接地氣。騎鐵馬造訪次數最多的地方，是在新竹市延平路二段底機場的洞五跑道頭，觀賞空軍二聯隊戰機在暗夜中起飛，試圖彌補建忠沒有當上飛將軍的殘夢。

建忠動念去機場跑道頭觀賞軍機，是新生訓練首次入住十八尖山山腳下的宿舍時，整夜都聽見四浬外新竹機場軍機沉悶嘶吼的起飛噪音此起彼落，因此引起建忠的好奇，很想窺其堂奧。在那個台海戰雲密佈的年代，戰機無分晝夜頻頻起降，真的很有看頭。光復後由空軍接收的新竹機場，二戰戰前由日本海軍興築，作為岸基第十一航空艦隊南進的飛行基地，是台灣本島距離大陸最近的機場，軍事地位極其重要。

戰機在跑道頭迎風衝場起飛，都會點亮後燃器以增加推力。在飛官鬆掉煞車前，後燃器持續噴出橘色的尾燄，帶著濃濃的焦油味，隨風飄入百米外延平路上建忠的鼻內。噴射引擎耗用的航空油料，燃燒不完全所釋出的殘餘廢氣，略帶辛辣的撲鼻味。一開始建忠不太適應，掏出手帕遮鼻，久而久之習慣了，學著跑道頭的警衛，兩手插腰踮踮地目送戰機騰空離場、鑽升高飛。

建忠大一的時候，駐防新竹的是空軍二聯隊四十四中隊的F－86D軍刀式夜間戰鬥機，還沒換裝么洞四。這種老舊的美製次音速戰機竟然也裝設後燃器，使用JP－3高燃點航空燃油，廢氣焦油味較不辛辣。F－86D後燃器的噪音也很秀氣，尾燄偏暗橘色。戰機夜航出海偵巡，都是一批兩架並排，同時衝場抬頭。兩架戰機平行明亮的後燃器尾燄，像流星般在墨黑暗夜中相伴離場，直到越過頭前溪的河床才消失在夜空。陣陣撲鼻而來熱騰騰的焦油味，總會沾黏在跑道外建忠的衣褲。雙機編隊是空戰一攻一守的戰術基本單元，同時起飛，既可爭取接戰時效，又可讓跑道使用效率倍增。

一般人對飛官既定的印象是帥氣、豪邁但吊兒郎當，建忠可不這麼認為。其實，飛官們臥虎藏龍、文采飛揚的空戰英雄比比皆是，建忠最仰慕的是空軍官校三十七期畢業的偉哥。在建忠初一時，三聯隊少校飛官偉哥駕機號４２２的么洞四，執行海峽偵巡查證任務返回清泉崗五邊進場時，座機突然故障墜毀在本場。偉哥及時彈射張傘，但落地時摔成重傷。

偉哥是鼎鼎大名的空軍詩聖。官校剛畢業，就被派赴桃園機場五聯隊擔任F－86F的少尉飛官。沒多久適逢八二三戰役，偉哥駕軍刀機於「九八澄海空戰」可能擊落一架共軍殲十八師五十四團的米格17戰機，成為空戰英雄！

偉哥在出擊前夕，譜寫一首現代詩，就當作遺囑贈予單戀女友。建忠輾轉抄錄到這首情詩：

當我戰死，折翼化作天邊的煙塵；
愛人，請容我的遊魂，投宿在妳聖潔的芳心。
黎明，我把幽情，寄托叢林隱隱的鵑啼；
黃昏，我感懷眉月淒清，揮流星如淚。
愛人，請莫酸辛，趁這靜寂的良夜，

我們何不歡欣，在那依稀夢境。

當我戰死，雖歲月長流，往事已消沈；

愛人！請莫酸辛，

看那天邊的一簇雲，又似我昔日的痕影。

偉哥這首臨戰前譜寫的情詩，以飛官在前線的心靈感觸去影射、象徵愛情，隔空傳遞給後方單戀的女友。手抄本被建忠的眷村學姐仙妮取走，在女生宿舍爭相傳閱。據學姐仙妮說，個個讀後無不動容！誰說空戰英雄一定得粗獷勇猛，不能舞文弄墨？偉哥復健治療康復後，借調至美軍，在中南半島執行飛行作戰任務，退役後辦移民長居南美與西歐，繼續在民航業服務，還出版過《空中助產記》、《涉獵世界村》等報導文學專書。

寡婦機參與了台海最後一場空戰

偉哥於八二三期間，參加九八空戰時的編隊位置，是在四機分隊的「菜鳥二號」，緊跟在一號分隊長座機右後學習戰技。上尉分隊長憲哥當天也是空戰英雄，擊落兩架共軍米格17，隔年依戰績功勳獲准結婚。當年九八空戰，兩岸各出動十四架戰機在廣東沿海上空交戰。十分鐘的空戰，我空軍完勝擊落五架共軍戰機，外加可能擊落兩架。空軍官校三十一期畢業的分隊長憲哥，與偉哥均因戰功優先榮調至清泉崗三聯隊佔高缺，接裝甫成軍的F－104戰機。

很不幸，五年後的少校中隊長憲哥，駕機號4329的么洞四執行海峽夜戰阻絕巡邏任務時，與戰管通話：「座艙……」隨後座機的光點在戰管雷達幕上消失，位置約在澎湖吉貝嶼北方二十浬。憲哥空留遺恨給遺孀及一對幼年子女。么洞四，可真是惡名昭彰的寡婦機。

空軍接裝么洞四戰機成為主力後，由於美國的約束，阻撓我戰機主動求戰。然在海峽彼岸，共軍因中蘇交惡，致使俄援零件斷絕，故俄製戰機避戰不升空。所以，台灣海峽戰雲逐漸消散，但情勢依然緊張。海峽上空最後一場空戰，也是么洞四唯一參與的空戰，更是場羅生門的空戰，它是建忠高二時爆發的「一一三金門空戰」。

偉哥服勤的隊上於當天中午緊急起飛一批四架F－104戰機，前往金門接護我空軍獨立第十二中隊的RF－104偵察機。該機正遭共軍八架殲六戰機尾追。沒料到共軍一改「不出海」的慣例，緊咬住RF－104不放，深入海峽空域達十浬之遙，接護的F－104戰機遂在金門外海空域與共軍對頭接戰。

我方發佈戰報——用飛彈擊落兩架共軍殲六，唯少校分隊長宗哥作戰未歸。空軍官校三十六期的宗哥駕4353號機，在戰管通話中留下「唉呀……」一聲，從此失蹤。

然而，對岸的戰報卻是——共軍參戰的八位殲六機飛行員全數安返，且對頭攔截時，用殲六的機砲擊落一架F－104！

宗哥作戰未歸，是遭殲六擊墜？

還是遭自己的豬隊友飛彈誤擊？

或是飛入濃雲因空間迷向衝入海中？

難不成座機突然空中解體？

迷團迄今無解。

「一一三金門空戰」的領隊，是偉哥服勤大隊上的中校輔導長，空軍官校三十二期的民哥。建忠入住新竹空軍醫院急診那年的端午節，民哥駕4145號雙座寡婦機，帶飛上校副聯隊長落地時，高度過低左輪撞斷，致F－104側翻墜地起火，雙雙燒傷致死。參戰「一一三空戰」倖存的英雄霖哥與波哥，也先後病逝。台海最後一場空戰的F－104飛官陸續離開人間，也象徵冷戰年代兩岸對戰局勢的終結。

——

建忠大三時，倍音速的F－104A戰鬥機開始進駐新竹機場汰換F－86D。F－104的後燃器噪音像極了狼嗥般地淒厲，三倍大的軍用推力爆發之音量非常霸氣，尾燄呈炙熱的亮橘色。它使用低燃點JP－4航空燃油，廢氣的焦油味更辛辣。站在機場的洞五跑道頭觀賞二聯隊么洞四衝場、點亮後燃器所附贈的焦油味，建忠不但衣褲沾了怎麼洗也洗不乾淨，連他的體味都帶有淡淡的焦油味，室友還誤以為建忠整晚都在加油站打工。

么洞四後燃器所排出的辛辣焦油味，在冷戰年代守護著台海，讓年輕氣盛的建忠有安全感、讓熱血沸騰的建忠有飽足感。在新竹市的夜空，像流星般鑽升奔赴前線偵巡的么洞四飛官們，都是建忠崇拜的偶像。

建忠放洋留學學成歸國後，回到新竹市母校服務，過著庸庸碌碌的生活。半世紀來，忙到無緣再返新竹機場跑道頭觀賞F-104戰機。不過，建忠倒有兩次與二聯隊么洞四有關的機緣。一次是在桃竹地區的重大飛安事故；另一次是除役前在新竹機場的告別飛行操演。

每一位飛官都有受命不辭的英勇故事

建忠執教鞭期間，不少優秀軍官來聽課寫專題。建忠認識的另一位現役飛官，是學生輩的璋哥。空軍官校飛專班六十二期畢業，任職於空軍二聯隊四十一中隊的中隊長時，他的部屬在短短十分鐘內，連續摔掉三架F-104，三位飛官也粉身碎骨！

一九九〇年三月二十四日，璋哥奉命週末加強戰備操演，以因應天安門事件後台海劍拔弩張的情勢。為掌握領空的絕對優勢，當日的天候一轉好，璋哥中隊的十四架妥善機全數由洞五跑道放飛出海操演，營不留兵。

孰料天候又突然驟變、風向逆轉，璋哥召回海峽上空的機隊，從新竹機場兩三跑道進場落地。機隊於亂流中搖搖晃晃勉強維持跟蹤隊形，在低視界下由第五邊進場，未料駕駛4421號機的上尉阿志，在雲下飛行高度不足，於機場以北四浬處的新竹縣新豐撞山失事！

璋哥聞訊，立即呼叫機隊鑽升出雲，避開籠罩新竹的密雲雷雨，轉降清泉崗外場落地。到站滑行報到時，始發十三架戰機又有兩架未歸！事後才知4368號機的少校阿良與4385號機的上尉阿英，先後在新竹機場以北七浬處的桃園縣新屋墜地失事！

空軍官校六十三期的阿良，撒手留下遺孀與三歲的幼子。六十五期的阿志，撇下新婚的嬌妻。六十六期的阿英，離開懷有身孕的未婚妻，她守靈時哀傷過度導致流產，空留遺恨。建忠的學生輩中隊長璋哥，十分鐘內連續痛失三位優秀部屬！這也是全球兩千六百架F-104服役期間，最密集又悲慘的飛安事故。此一事件，也間接促成空軍加速二代戰機的籌購，儘速汰換么洞四。

——

另一次在新竹與F-104戰機的近身體驗，是除役前的告別飛行操演。建忠的兩位犬子和建忠的基因雷同，都是么洞四控。一九九五年的空軍節，適逢新竹基地營區開放，湧進十餘萬人參訪。建忠率兩位犬子在吉羊路塞了三個多小時，才駕車擠進滑行道清除區的臨停場，恰好趕上二聯隊四架么洞四滑向兩三跑道頭。狼嗥般淒厲嘶吼的後燃器噪音，再度讓建忠熱血沸騰！

么洞四衝場抬頭後，由第一邊離場作垂直鑽升操演，瞬間消失在天頂，緊接著四架戰機編成鑽石隊形，以高攻角對準新竹機場塔台俯衝，再以超低空匍匐飛行繞著機場操演，好讓擠不進基地在場外的民眾同飽眼福。最後，戰機從第五邊進場，在兩三跑道落地，張開阻力傘滾行，轉個彎到站滑行至停機坪線。

飛官們關俥後，動作齊一打開座艙罩，下機以橫隊齊步前行，至觀禮台向民眾行舉手禮。飛官們接受來自學府路的省立新竹商職女學生獻花過程，是建忠畢生聽過十數萬雙手最高分貝的掌聲，持續達五分鐘之久。

再見了，么洞四戰機！

空軍自一九六〇年五月十三日起，陸續外購接裝兩百七十架洛克希德的F-104戰機，將其中三十二架拆零納補，併修兩百三十八架成軍服勤，空軍官校二十二期的仲哥拔得頭籌首飛。空軍的F-104有五十三架為雙座機，餘為單座，迄一九九八年五月二十二日全數汰除，累積飛行總時數超過三十八萬小時。

F-104在空軍服役超過三十五載，見證了海峽兩岸由對戰轉變成對峙，再由對峙轉型為對話。然而，么洞四發動機的零附件商源消失、維修困難影響飛安，航電與戰鬥系統落伍過時、機身結構老化腐蝕，導致近半數失事、失蹤，折損了一百一十四架。

空軍駕駛過么洞四的四百一十五位飛官之中，失事倖存率雖有五成，但遭死神擄走的殉職飛官，卻多達六十六員。其中，新竹二聯隊就有十三員。么洞四是如假包換的寡婦機，且每位殉職飛官，都有一個受命而不辭的英勇故事。

半世紀以來，新竹的人、事、景物變遷劇烈。從早年空軍官校二十二期的老前輩首飛F-104，到當下空軍官校一〇一期的菜鳥飛官熟飛法國的幻象戰機。如今，F-104的飛官大都解甲歸田，建忠也屆齡退休。

建忠在全球各機場的停機坪換乘旅客巴士時，都會聞到滑行而過民航機噴出暖烘烘的JA-1民用航空燃油廢氣焦油味，恍惚中好像又聞到新竹那種辛辣撲鼻的味道，讓建忠想念起機場跑道頭狼嗥般淒厲嘶吼的F-104後燃器、名氣響亮的揭家牛肉麵館，還有捍衛長空的飛官群像。連串的記憶軌跡，在建忠的腦海中，一再地定格、烙印。

（空軍F-104飛官烈士錄參閱附錄）

驚聳飛行二三事

建忠自幼就罹患有原發性的氣胸症，在新竹市讀大學時，氣胸痼疾引發眩暈與急性肺炎，由空軍新竹基地醫院收治急診，還住了兩次院。有位同房帥呆的病友飛官老哥深信批命（參閱「摔不死的飛官老哥」），說新竹城隍廟旁有位耳順之年的龐姓命理師，鐵口準到會讓人頭皮發麻，不妨去問事消災祈福吧。

有關師父法力無邊的傳說，最廣為街頭巷尾讚頌的其中一個，是太平洋戰爭期間美軍濫炸竹塹城時，一枚重磅炸彈擲向城隍廟，掉在師父居停前的廣場。師父用念力不准炸彈爆炸，好讓信眾逃離現場避禍，等到師父也進防空壕後，炸彈才爆開。

Tango Flight 迷航

建忠對批命問前途這檔事半信半疑，就沒太放在心裡。大三寒假趕回左營吃年夜飯領長輩紅包前，建忠陪慈母去同村謝伯母家打麻將，巧遇眷村老大的四腳謝休假在家。大哥四腳謝得知建忠在新竹讀大學讀得非常辛苦，親切地問道：「冬瓜忠，身體不好功課又差，介紹你去新竹城隍廟旁的龐姓命理師那兒去解厄難吧。」建忠恭敬地回應：「瞎？大哥您居然也相信批命？」

大哥四腳謝不但相信龐姓命理師的功力，而且深信不疑，事情是這樣的。四腳謝就讀空軍幼校時，有位跟班的學弟綽號木條彬，非常崇拜打架、功課樣樣都比他行的四腳謝。空幼第八期瘦高宛如木桿的木條彬，就只有一樣贏過四腳謝，那就是居然給木條彬飛出來當了飛官，四腳謝卻被飛行教官刷掉轉服地勤。空軍官校正期班四十七期的木條彬畢業後，派赴新竹二聯隊飛F－86F軍刀機。與大哥四腳謝同一掛的飛官老哥，強烈建議學弟木條彬就近去新竹城隍廟批個命。龐師父批完木條彬的命直白地說：「不久你很快就會出國。」

早年屬戒嚴時期，除非是官宦權貴或公務外派，否則出國難如登天。木條彬心想自己出身貧寒，小小少尉芝麻官哪輪得到公務外派？遂語帶興奮地向命理師請益：「此趟出國可以長知識增進專業技術嗎？」龐師父臉色一沉道：「你雖出國但會出事！」當場把三位作伴同行的飛行官都嚇傻了。四腳謝幫著瞠目結舌的木條彬加碼問：「師父，他出國又出事，會有多嚴重？」通靈的龐師父釋懷地作結論：「他死不了的，你們放心吧。」

飛官老哥與四腳謝再三告誡木條彬，龐師父鐵口神準，說你出國死不了，不代表你回國時四肢無缺；你若真有機會被長官拔擢，派你赴美受訓接機，切記出國前一定要去龐師父那兒請他化厄消災。木條彬惴惴不安地每天等待長官拔擢他公務外派，兩年後都升中尉了，始終都沒等到外派出國。這樣也好，不出國就不會出事、出國就一定會出事，那就乖乖待在新竹二聯隊，哪都別去。木條彬久久沒等到赴美接機，龐師父的告誡，也就逐漸淡出心頭。

一九六八年一月四日，木條彬緊貼著上尉源哥的長機，Tango Flight的兩架F－86F軍刀機並排自新竹洞五跑道衝場抬頭，在寒冬中飛向海峽澎湖北方，赴台灣防空識別區（TAIWAN ADIZ）的R9禁航區空域，於最大升限的五萬呎高空進行雙機編隊高攻角俯衝戰訓。孰知突然遇上亂流密雲與強風，雙機勉強在相互目視接觸下維持鬆散編隊飛行，半小時後穿雲下降始改出，避開亂流密雲與強風。

長機源哥與僚機木條彬在雲縫中，同時看到一萬呎下的海面有個島嶼，面積估計約二十平方公里，鋪設有土質跑道；那個年代還沒有衛星導航，兩人依地文航行記憶，不約而同判定應是澎湖島群南方的七美嶼。長機源哥考量今天戰訓科目的空域天象惡劣，遂請示戰管高勤官可否提前飛返本場落地候遣。「Tango Flight，你們到底在哪？完畢。」戰管守值官問道。「Tango Flight 正通過澎湖七美嶼上空，完畢。」長機源哥回報。「Tango Flight，返航照准，但過去半小時以來，戰管雷達在海峽上空沒有你們航跡光點，完畢。」

長機源哥帶領僚機木條彬朝東北飛回新竹。木條彬心中納悶，戰管雷達怎麼會看不到我倆的飛行軌跡？飛著飛著，木條彬碎碎唸著按照地文航行，左舷外應可觀測到澎湖馬公周邊島礁……沒有！再過會兒，右舷外應可觀測到台灣西岸的海岸……還是沒有！領隊源哥估算應已飛越台北基隆間的大屯山系，為什麼這一路北飛，下面都是茫茫大海，沒看到大屯山系？

領隊源哥再三呼叫戰管守值官，無線電頻道只有雜音吱吱作響；領隊看了眼油量表還剩一半，台灣西岸已過頭，回頭往西南循原路飛是茫茫大海，往北飛進入東海或往西朝大陸飛都是投共「起義」禁忌，長機源哥只能硬著頭皮帶領僚機調頭往東飛，繞過北台灣避開中央山脈，再往南飛，也許可以找到花蓮台東等外場落地。Tango Flight 雙機編隊就這樣繼續往東飛又往南飛，沿途找尋宜花東的海岸地標。但除了茫茫大海，啥都沒看見。長機源哥依慣性飛航推定，下面的茫茫大海應該是巴士海峽了；源哥撇了眼油量表，再試試呼叫戰管，依然只有雜音吱吱作響，遂當機立斷，立即回頭找唯一確認過的七美機場。源哥帶領木條彬，從巴士海峽進入台灣海峽南部，再掉頭北飛……找回來了，繞了台灣外海一圈，終於又看到兩小時前飛越的七美嶼。

此際木條彬燃油用罄，引擎空中熄火，藉滑翔勉強降落七美嶼的土質飛機跑道；木條彬慌亂中選錯方向，變成順風迫降！木條彬煞不住他的軍刀機，遂衝出跑道盡頭的清除區，一頭栽進排洪溝內，接著剩餘燃油爆炸，木條彬在烈燄中昏厥過去……

木條彬醒來時，全身燒傷粉碎性骨折，會講台語的醫師安慰說到：「我幫您施打藥用嗎啡先止痛再診治，放心，您死不了的。」木條彬撇見床頭的急診病歷表單，醫院竟然是「日本沖繩與那國町保健所」，木條彬過度驚嚇中又痛暈過去。

當木條彬再度甦醒時，領隊源哥拍拍他打點滴的手背安慰道：「我看到你順風迫降失事，就逆風降落成功；所幸與那國消防隊及時滅火把你拖出座艙，保健所主任正好也值班才救回你的小命。」過不久，空軍海鷗中隊的HU-16救護機也安全降落與那國島飛行場。

木條彬被抬上救護機接載返台救治前，他向送行的日籍保健所主任致謝救命大恩，好奇地忍痛問道：「醫師主任，您的台語怎麼講得如此道地？」白袍制服上繡有「保健所主任池間榮三」的與那國島醫師笑著說：「我們與那國在地人，視西邊一百公里外的台灣為家鄉，北方一千公里外的日本內地太遠了。太平洋戰爭前，我在台灣總督府附設台北醫學專門學校研習外科，就是你們台大醫學院的前身啦！

畢業後我的住院訓練是在新竹病院擔當醫官補，現在是你們省立新竹醫院。學成後我返鄉執業行醫，您聽我講的台語輪轉嗎？再見，英勇的台灣飛行員，祝您早日康復！」

建忠在牌桌後聽得出神，向大哥四腳謝請益：「新竹城隍廟旁的龐師父鐵口神準呀！木條彬哥哥不但出國去了趟日本與那國島，而且出國又出事墜機！可是，為什麼澎湖七美嶼土質跑道遭鬼打牆，竟然變成東方四百公里外的沖繩與那國島飛行場？」

大哥四腳謝是氣象專家，補充解釋：「冬瓜忠賢弟，你有所不知，木條彬在海峽澎湖北方的R9禁航區五萬呎高空鑽進了噴射流，改出時鬼打牆啦！」四腳謝忙著搓麻將胡牌，著令建忠去書房抽取他在空軍官校的《氣象學》教科書研讀。終於，建忠對從未謀面的英雄木條彬哥哥遭遇鬼打牆迫降日本的驚悚航程，有了個輪廓圖像呈現。

噴射流（Jet Stream）是大氣對流層與平流層的界面，它由西向東繞地球一圈；較低的對流層顧名思義其內大氣上下對流循環移動不越界，較高的平流層內大氣水平移動，兩者互不侵擾。繞著地球跑的噴射流，其內大氣激烈翻滾，提供對流層與平流層間大氣粒子的交換，南北半球各有一圈自西向東的噴射流，流速可高達二百節。北半球盛夏的噴射流穿越日本高空，寒冬季節噴射流南移涵蓋台灣空域。管狀的噴射流距地高度約在三萬呎以上，外徑從五千呎到兩萬呎不等。

Tango Flight的軍刀機從澎湖北方鑽入寒冬噴射流後，被噴流由西吹向東，半小時後改出時，已在台灣東方外海的沖繩與那國島上空。Tango Flight誤以為是「澎湖七美嶼」，就朝東北飛返「新竹」本場，實際上是在太平洋上的日本外防空識別區（JAPAN OUTER ADIZ）空域。朝日本九州盲飛，在茫茫大海上，當然看不到什麼「澎湖馬公周邊島礁」、「台灣西海岸」、「大屯山系」、「宜花東海岸」與「中央山脈」。

Tango Flight 在西太平洋繞一大圈離台灣愈飛愈遠，不但空軍戰管雷達掃描不到、無線電構聯也聯不上，最終只好回「澎湖七美嶼土質跑道」油盡迫降。協防日本的美軍，倒是對「入侵」日本外防空識別區的 Tango Flight 一路追監，但不伸出援手，僅袖手旁觀，看著 Tango Flight 鬧國際笑話。

你說，新竹城隍廟旁的龐師父，鐵口準不準呀？

品德高尚的龐師父

話說建忠的氣胸症時好時壞，讀書讀到病歪歪。又逢父親決定提前退伍，身為獨子的建忠意識到孝親侍奉父母的責任即將到來，趁期中考後的空檔，專程赴病友飛官老哥與大哥四腳謝共同推薦的城隍廟問事。半盲的師父替建忠排了命盤批命，再三推敲才說：「同學……你呀活不到畢業！」半失明的師父吃力盯著穿著空軍飛行夾克的建忠繼續釋疑。「就算畢得了業，遲早也會乘坐有朝廷國號的飛機摔死！還是趁早轉行保命要緊。」建忠穿著飛官老哥贈送的夾克，難道師父誤以為他是空軍官校學生來批命？

建忠跪求師父收驚消弭厄運。受日式教育的龐師父深思沉吟後用日語開示：「你流年命薄，厄運難解呀，你自己就勤習呼吸訓練吧，也許可推遲死劫時辰。」神準呀，龐師父又怎麼知道建忠有原發性的氣胸症？

師父拒絕收受建忠的問事奉納金，這也讓建忠著實嚇得一身冷汗。

師父對即將領死的問事者，從不收錢。這個行規，據城隍廟的住持說，太平洋戰爭期間師父替日軍神風特攻隊員主持出陣式，以兼任直階神官身份，赴新竹海軍飛行基地披著白袍施法。替特攻隊員祝念輪迴轉生後，就不收這些決心必死飛行員的奉納金。

建忠黯然退下，辭行前龐師父又補了一句：「不過，如果你沒病亡或摔死，爾後昭和天皇將賜頒親任狀，你會在宮內御殿任職大臣，官至一品！」至於龐師父的位居一品官的預言，建忠沒太在意，當下不是昭和天皇的日本取台時期，師父時空錯置啦。

老實說，建忠非常敬佩命理師高尚的品德，對死前問事者既不收錢也揮手請走，告誡別回頭再三請益；頻頻問事，命會愈批愈薄。不少江湖術士玩弄養、套、殺的技倆，先說你死定了，再高價提供你解方，讓你不一定會死；以後不斷加碼天價的回春妙方，包你一定不會死。

嚇破膽的建忠不敢向父母與好友吐露自己是爛命一條，但也不致於頹喪到等死。之後他立即到校園體育組找助教勤習呼吸訓練，作垂死前的一搏，那就把命理師的開示，當作勤練體魄的勵志贈言吧。

——

既然活不過畢業，建忠心境當然就開朗不起來。之後還錯過了黑色奇萊主峰攻頂行程，自己沒死卻害室友枉送一命，命理師的鐵口，真的神準到令建忠不寒而慄。一定是深山的魔神仔抓交替，風雨交加一時抓錯卻逮到建忠的室友！為避免魍魎亂抓交替，建忠從此拒絕再登山攻頂。

受山難打擊，建忠餘命無多，就逐漸淡出人生吧。建忠放棄了用功爭取書卷獎、終止準備托福考、不再申請美加頂尖大學、離開社團，更向好友告別分手，免得給別人添麻煩，擔心自己的爛命會耽誤好友的錦繡前程。但建忠仍然振作精神加強呼吸訓練，期盼爛命能苟延存續。想到淒慘的未來隨時要領死，建忠獨處在暗黑角落，等待死神前來緝捕。

大學最後一學年，建忠在酒精中昏昏沉沉隨時準備受死，那種倒數等待地獄陰曹來索命的日子，真是度日如年。畢業前，建忠回到空軍新竹基地醫院拜候護士長，感謝她的臨床照護。護士長畢業自北護，對建忠特別照顧，她與建忠的海軍眷村潔西大姐，是同窗閨蜜（參閱「滿身傷疤的舵工關叔」）。她見建忠印堂發黑且鬍鬚滿面、瘦骨嶙峋又步履蹣跚，抓著建忠立即去加號掛診。

當值的醫官替建忠做一系列的病理檢查，除了氣胸並無大礙。醫官再與教授級的科主任電話諮商，兩位醫師一致認定建忠生理問題不大，而是心理一團癥結。原來，命理師的鐵口、黑色奇萊山難與告別分手好友，搞成建忠罹患嚴重的「創傷後壓力症」，病灶是深度憂鬱與躁鬱。解藥？醫師嘆口氣說：「同學，你就儘速重塑自信吧！」

建忠遵照醫囑，試圖重塑自信，卻發現這比登山攻頂還難。大四等死期間，終日消沉荒廢了學業，拖垮建忠的總成績；離開大學社團，搞成人際關係疏離。與好友告別分手，頓失精神上的支柱，這都是建忠此生最遺憾的錯誤決定。建忠孤伶伶獨自去重塑自信？要時間慢慢堆疊信心囉。

從校長溫暖有力的手中領到畢業證書那一剎那，建忠用指甲掐掌心掐到痛，證明了畢業典禮的場景是真實的，不是幻覺，自己居然還沒死！建忠從不懷疑命理師的鐵口，畢業時都還沒死應該是勤習呼吸訓練，大幅減少氣胸發作頻率，推遲了死劫的時辰。此後，建忠每日醒來就做深層呼吸訓練，持之以恆從未間斷。

建忠入營服役期間，常須押解趕不及離港「流船」的外籍海員出境，押解海員勤務須搭乘遠東航空國內班機往返北-高航線，執勤不下三十次。建忠起先心中一直打鼓惴惴不安，命理師直斷建忠若畢業時沒死，遲早還是會摔飛機摔死。每一次的押解勤務，建忠都是神情緊繃，害怕地府的勾魂判官把建忠給擄走，還賠上外籍海員無辜的命；密集的派勤，輪番等死再僥倖重生，建忠後來也就麻木了。

役畢等待留學獎學金期間，未想到要規劃就業，只得放下身段在家鄉隨便找個工作糊口，還可就近在家侍奉體弱的慈母。及至出國留學與就業，建忠遵照命理師的開示，趁早轉行保命，就從工科轉習理科、從工程師轉業為教師避開死劫，倒也過著平順庸碌的生活。但建忠歸國服務返母校任教後，卻因公訪頻密，旅途須搭乘民航機往返各地，又成了必要之惡。

建忠甚至應驗了命理師的預言，被借調至總統府任一品官等的八年期間，因執行公務也常由總統專機、空軍的運輸機、陸航及內政部空勤總隊的直昇機便載。這些年航段累積下來，也有兩千次以上的落地，倒也次次起降無驚也無險。

離譜的離島飛航經驗

在台澎金馬東南沙政府有效行使治權所及的空域，非經國防部核准，外國軍機不准起降離島與外島的機場；非經交通部核定，外國飛行器不准起降所有機場。因此，飛赴外島與離島，只有三軍的軍機與國內註冊的民航公司航班可往返。

建忠因公曾造訪南沙太平島多達十六次。嚴格來算，公訪太平島累計十八次，成功上島十六次；十八次有兩次搭機，僅成功起降一次，其它公訪都是搭船往返。搭船可耐心等候海象好轉方登島，成功機率當然比搭機高出許多。

自二〇〇八年太平機場啟用後，國際民航組織ICAO賦予國際代碼為RCSP。國際航空運輸協會IATA賦予機場所在太平島國際呼號為TPG，但搭機公訪南沙只能由空軍六聯隊提供C-130H運輸機便載往返，民航機諱於周邊鄰國聲索太平島主權，飛航路徑必須穿越菲律賓防空識別區（PHILIPPINE ADIZ）空域，故交通部不准民航機往返太平島。

飛南沙的太平島，過程是這樣的。由於太平機場設施簡易無夜間導航能力，軍機無法落地加油、檢修，且處於強鄰環伺屬四戰之地，軍機不能過夜須當天往返。單程九百浬的航路，須先善意告知主權聲索國的鄰邦取得諒解始能上路。為了爭取時效，搭機客於前一夜向屏東六聯隊報到入住機場貴賓室待命，隔天能不能飛，全看老天的臉色。建忠的好幾位同事就因為南海空域天象突變，在屏東空軍基地白住了一宵，隔天打包悻悻然無功而返回辦公室。

但C-130H運輸機就算拂曉起飛了，你也別高興太早。全球暖化後極端氣候劇變頻頻，三小時半的航程，屏東起飛前航路與太平島都是晴空萬里，抵達太平島空域卻遭遇突然生成的密雲驟雨，跑道濕滑能見度差，太平機場關場！建忠就碰過一次，到了太平島繞兩圈再飛回屏東，公務行程飛航往返八小時，一事無成啥都做不了。

建忠第二次總算平安飛抵太平島，同樣地別高興太早。C－130H運輸機內別奢想有商務艙、空服員、香檳酒與飛機餐。它是傘兵專用的軍機，只提供網狀座席、安全肩帶與腰扣；座艙沒廁所，僅有一個毫無遮蔽的尿斗，體面的男女搭機客絕不會在眾目睽睽下如廁。四具愛力生T56－A－15渦槳引擎的噪音超過一百分貝，在灌足冷氣的座艙內根本聽不見鄰座在講什麼；軍機的舷窗高高在上，搭客很難沿途觀賞風景。這樣的搭軍機長途飛行，建忠的體驗是體力與耐性的折騰，加上膀胱憋尿的折磨，想看書或玩手機？保證你在震動、抖動與跳動下根本不想拿書本或手機出來，因為凝視三兩下就會動暈嘔吐。

終於抵達太平島要降落了，更別高興太早。太平機場受限於地形，跑道非常短，技術高超的飛官，以最低怠速由五邊進場，機輪觸地滾行之際，飛官立即反槳急踩煞車，搭客們都被甩進鄰座的肩頭，首次搭機者無不驚聲尖叫，唯有撇見舷窗外的椰林由快而慢地飛越，心跳才從打鼓恢復正常。這叫做「戰術短場降落」。

軍機落地後，表定回程起飛時間是三小時後，依然別高興太早。建忠那次成功的降落後沒多久，空軍六聯隊太平派遣機務分隊的官長氣急敗壞地飛奔至大餐廳，收攏所有搭機客丟下碗筷立即登機緊急起飛！原來，氣壓陡降有個雷雨胞正在太平島潟湖的鄭和群礁快速生成。軍機不可在狂風暴雨下在外場的太平島過夜，搭客飯也沒吃，只得在烏雲罩頂下登機。

洞拐跑道頭衝場抬頭的「戰術短場起飛」還是令搭機客驚聲尖叫。在跑道頭飛官加足馬力緊踩煞車，C－130機身在原地像要被拆散撕裂般地顫抖。當塔台放飛後，飛官瞬間鬆煞車推盡油門衝場，舷窗外的椰林由慢而快地飛越眼前。跑道都快用完了，怎麼還是椰林？湛藍的海水出現在舷窗時，軍機方始抬頭，由一邊轉二邊貼海離場。回程再次領受憋尿、高分貝引擎噪音、機身震動、抖動與跳動的洗禮。

赴離島或外島嫌搭軍機沒有像民航機那麼舒適？你搭搭看呀，就知道個中酸甜苦辣的滋味不好受。建忠的離島蘭嶼公訪行程，搭民航機就超過百次單程飛航航段。有一回是在蘭嶼搭機衝場起飛時，引擎突然故障熄火停擺，有兩趟由台東起飛後，半途被通知蘭嶼氣候突變關場折回，如同飛太平島失敗的經驗。有三次是到蘭嶼機場候機時，卻遇上飛機從本島過不來。搭機不成，只能認命搭船趕行程，無奇不有的怪事都會發生。

其實，搭民航機往返蘭嶼風險不小，最常碰到的是機場購票報到後，在候機室枯等好幾個小時，卻等到這樣的廣播：「各位乘客，因國軍對空火砲射擊演訓，航班被迫臨時取消！」鬼才相信哩，建忠哪這麼好騙？明明沒有射擊演訓公告，哪來的臨時加碼的火砲射擊？應該是民航公司左等右等，始終等不到散客臨櫃購票，只搭載兩三位乘客不敷成本，找個藉口取消賠本的航班。所以，建忠為了趕行程，全額退票後摸摸鼻子，飛奔到台東富岡港搭船出航，這種由空路臨時改海路往返蘭嶼，至少碰過十回。

不過，搭上飛機也別太高興，從蘭嶼民航站飛台北松山機場表定飛行時間七十分鐘，建忠有一回足足搞了十七個鐘頭才抵達。事情是這樣的，建忠清晨準時赴蘭嶼民航站報到，沒多久民航機也飛抵落地滑行至停機坪；待來程旅客及貨運物件下機，聯檢官清艙後依序登機。民航機順利起飛後，建忠就和衣入眠。再醒來時，飛機已落地滾行，建忠欣賞窗外的地面景色，不對呀，這兒還是蘭嶼。悻悻然回到候機室，廣播說整個台灣忽然籠罩在鋒面雷雨胞內，本島所有機場陸續被迫關場。建忠被告知，在蘭嶼民航站等候松山機場一旦開場就立刻起飛。

這一等，就等到下午。有些乘客耐不住性子，寧可退票到開元港搭客船回台東。建忠看在民航公司無限供應免費的椰子、咖啡與三明治果腹誠意十足的份上，故堅持到底，耐心候機。終於，松山機場通知開場，於是，建忠在夕陽西下時再度起飛，待升空至巡航高度後，又和衣入眠。

醒來時，建忠瞧了瞧夜光錶，居然飛了四個鐘頭還在飛，估算航程足夠飛航蘭嶼—台北三趟，或蘭嶼直飛上海也該抵達了，難不成有人劫機叛逃飛往大陸？建忠緊張兮兮地環視周遭，看不出有任何違常跡象。

正駕駛廣播給了答案：「各位乘客晚安，這是機長廣播。目前本機的航高八千呎，航速兩百節，在苗栗後龍外海候遣區兜圈，排隊等候通知降落；松山機場雷雨交加閃電頻密，時而開場時而關場，本機目前排第十三，會依序降落，謝謝各位乘客耐心等候，完畢。」建忠看了看窗外，除了航行燈的閃光在密雲中反射，周遭被墨黑的濃雲籠罩，啥都看不到。

再過一小時，飛機開始穿雲顛簸下降，沿途都是閃電夾雜沉悶的雷聲；終於，勉強在雲縫中隱約瞧見閃電雷擊在台北一〇一樓頂，機長以高超的技術平安降落。到站滑行至停機坪銜接上梯口，建忠步出艙門，在雷電交加的豪雨中，看了下夜光錶，距清晨在蘭嶼民航站報到起算，整整折騰了十七個小時才飛抵松山機場，這也是建忠在蘭嶼最怪奇的飛行。若搭船返台東，再轉乘自強號火車，早就抵達台北啦。

半世紀來，建忠倒是有兩次差點遭遇空難摔死，命理師真的所言不虛。一次是軍用機場起飛的民航班機墜機，另一次是華航班機澎湖空中解體時從下方飛越。

軍用機場起飛的民航班機

在高鐵還沒開始營運的年代，從新竹往返高雄，不是搭台鐵就是駕車行駛公路。無論鐵、公路，竹-高單程耗在路途上都須四小時以上的車程，非常折騰。幸好交通部佛心大發，為嘉惠科技城電子新貴及貴婦團，爭取到空軍新竹機場的航權。自一九九八年元旦起，交通部核定開闢了新竹往返高雄及其他六個航點的航線，竹-高單程飛行時間，僅需四十分鐘。

對建忠而言，這是天大的喜訊，因為他的中學死黨鳳哥，找到高雄開工廠的同業，委託長期專案給建忠，解決化工廠單元操作量測困擾。飛航讓建忠在公差旅程免掉地面車行往返勞累之苦。建忠大喜過望的真正原因，是終於有機會在新竹機場起降，再度瞻仰即將除役的空軍F-104戰機。

新竹空軍基地是軍事要域，不是民航機場，所以搭民航機須做特別安排，以防洩漏軍事機密。搭機過程是這樣的——旅客須至新竹火車站憲兵隊的臨時民航櫃台完成報到，散客亦可臨櫃購票或排後補。待憲兵檢查完行李、收攏所有搭機客後，起飛前半小時就撤除臨時櫃台。旅客登上軍用巴士駛離火車站，由憲兵車前導開道，經東大路轉延平路三段，在新竹機場西北角偏僻廢棄的棚廠臨時民航站候機，靜待班機落地滑行至棚廠前。來程的旅客依序下機，搭軍用巴士駛出營區，班機清艙後才輪到搭客登機。整個過程神秘兮兮，違法拍照更是絕對禁止。

建忠幻想自己是F－104飛官老哥的分身，吊兒郎當地走過停機坪，把瑞典製「掃把三四洞」（SAAB－340）民航機，想像成建忠的坐騎么洞四……建忠滑行至跑道頭，向窗外三十年前結識的老哥行舉手禮後，塔台就下令放飛。建忠右手姆指壓緊食指，當作點亮後燃器，握拳向前當作推油門、鬆左手假裝鬆煞車，在幻聽後燃器狼嗥般淒厲的嘶吼聲中，衝場抬頭。

這是建忠今生首次在新竹機場「駕駛」么洞四起飛呢。

建忠左腳伸直，模擬踩左舵，么洞四座機向左轉，由第二邊離場出海……，坐在對面冷豔的空服員，慌忙把雙腳內縮以免遭建忠伸腿踩到，瞪著建忠在自導自演，她把建忠當成是逃逸的精障病患，這才把建忠拉回現實。

瀏覽窗外華燈初上的新竹街景，建忠再回首環視新竹機場，停放的都是尚未成軍服勤的二代幻象戰機，么洞四戰機已解除戰備退居二線。他還看到兩架除役拆解的F－104剩下大致完好的軀殼，分別停放在跑道兩頭的露天機堡，偽裝作為誘餌機，替守護疆土盡最後的努力，一股酸楚湧現建忠心頭。

整個搭機飛行竹高線的流程，從離開新竹家門到鳳哥友人在高雄大發工業區的化工廠，僅耗時兩小時，比鐵公路快三倍，建忠自此成為竹高民航線的忠實消費者。每搭乘一次，建忠就重演一次么洞四飛官的分身，滿足了自己駕機的快感。

不過，僅週末才客滿的竹高線航班，注定是條不賺錢的航線。偶爾建忠會巧遇曾居住過新竹空軍寡婦村的大學友人沛蒂（參閱「空軍基地旁有座寡婦村」），她現在是竹科半導體企業的董娘，三不五時揪貴婦團搭機去高雄聆聽佛法禪修。爾後建忠週間出差都不須預訂機票，而是早早臨櫃購票，劃位每每都劃得到靠窗座位，好讓建忠仔細端詳停放的除役么洞四誘餌機。

最後一班新竹起飛的掃把機

是年三月，建忠第十三次搭機。在學校體育館做完深層呼吸訓練後匆忙上路，卻遇上光復路交通事故大塞車，錯過報到時間。建忠飛奔趕到新竹火車站時，軍用巴士剛駛離，建忠失落地轉搭台鐵下一班自強號列車出差高雄。車行經過彰化後，建忠腰際的呼叫器響聲此起彼落。

待建忠抵達高雄火車站看到電視牆上的跑馬燈，始知原先欲搭乘的掃把機，自新竹起飛後進入第二邊初始爬升段就失蹤了！建忠立刻打公用電話回家報平安，把拔拿起話筒就劈：「奪命狂叩你上百通逼叩傳呼，死亡班機的旅客名單沒有你，忠仔你到底死到哪去了？」電視跑馬燈也證實掃把機在新竹外墜海，十三位搭客與組員無一生還！

建忠頓時冷汗直冒全身打哆嗦。是建忠一再扮演寡婦機飛官的遊戲，引起十殿閻羅王的注意？還是建忠在命理師過往施法輪迴轉生的新竹機場頻頻起降，激怒了五方鬼帝前來緝捕，卻錯抓了其他搭機客？命理師沒有老眼昏花，當年建忠穿著空軍飛行夾克去問事，半盲的命理師沒被誤導，鐵口批命建忠即便不是飛官，搭飛機遲早還是會摔死！

建忠這回躲過摔機死劫，還得歸功於命理師的開示，讓建忠每天勤習完半小時的呼吸訓練才搭機，卻巧逢塞車死裡逃生。國華航空的新竹空難事件，著實嚇到了建忠，此後無膽再從新竹機場搭乘民航機起降，以躲避阿飄亂抓交替。假扮寡婦機飛官的把戲，形同奪命禁忌。所幸，新竹臨時民航站虧損連連，於該年盛夏關門大吉。

華航澎湖空中解體時從下方飛越

那一年辦完把拔喪事後的建忠，就忙著搭乘行政院公務直昇機執行延宕的專案，由屏東車城飛越墾丁，出海蒐證在我國領海非法排放廢棄物的過往商船。為避免被商船知悉，機長以超低空貼地飛行，貼著熱帶雨林樹頂，緩慢地飛越排灣族社頂部落，再沿牛溪出海口飛向太平洋。這是建忠首次由空中貼近墾丁雨林。離地約五層樓高的銀葉板根樹梢，銀白色鱗痂的葉背，遭直昇機的滑撬掃過，進而發出沙沙的聲響。

當直昇機在巴士海峽七星巖外貼海飛行、尾隨跟蹤一艘傾倒廢油的陸籍商船錄影蒐證之際，空域管制的值班攔管士官在聯戰中心急促呼叫：「Coast Guard（CG）么五，聽到請回話。在戰管雷達幕上你的光點已消失了好幾分鐘！完畢。」攔管士官的呼叫，透過多向耳機敲擊著建忠的耳膜。

副駕駛收到訊文後，依規定回報任務機的飛行高度、速度、航向與經緯度。沒多久攔管又重覆相同的訊文！顯然七星巖海面的任務機，在戰管雷達的偵蒐盲區與特高頻無線通訊的死角，任務機聽得到攔管發話，但回話給站台守聽的士官始終無效。

「撥接國搜中心！CG么五最後的光點在五分鐘前，於小蘭嶼西方三十浬消失，疑似墜海！請所有在空機前往查證，完畢。」戰協官轉接的通話，在吵雜的引擎聲中，像鬼嚎般震撼建忠心頭。驚愕下他心頭閃過命理師的鐵口箴言：「同學，你搭乘有朝廷國號的飛機，遲早會摔死！」

建忠立即建議任務指揮官放棄錄影蒐證，令機長馬上拉抬集體桿，自匍匐貼海飛行改出，把任務機拉升到千呎高度，讓戰管雷情看得到任務機的光點、戰管截情也聽得到任務機的發話。果不其然，空管中心守值的戰協官釋懷地回應：「國搜中心請取消CG么五的查證，狀況解除，完畢。」

其實，超低空匍匐飛行非常不舒適，貝爾412直昇機座艙頂的普惠PT6T-3D型渦槳引擎持續不斷在震動與抖動，傳到建忠的身軀，連上下顎牙床都跟著打顫。就連保溫杯內的研磨咖啡汁，也會被震到溢出杯嘴。後座建忠的研究生則暈機暈到作嘔。

當任務機返航通過澎湖吉貝嶼準備飛回松山本場時，建忠在耳機又聽見國搜中心守值高勤官狂喊：「CI-611航班光點五分鐘前在吉貝嶼北方消失，疑似空中解體墜海！請所有在空機立即前往查證，完畢。」機長搖搖頭，任務機過往兩天在空蒐證，已超過二十小時，且餘油只能再飛二十分鐘，返場落地後又緊接著要作A級保養與週期檢查，所以只好作罷。

建忠由松山機場回到新竹宿舍後，才知道空中解體摔掉的華航班機，組員與乘客共兩百二十五人無一生還！今天墜機的不是CG么五公務直昇機，而是抓交替抓走澎湖吉貝嶼高空飛越的CI-611航班。兩架在空機在平面雷達幕中，空中解體墜海時兩機的光點恰好重疊，這讓建忠一直哆嗦到天黑。

——

遵照命理師訓誡，每日勤習呼吸訓練的建忠，畢業前躲過黑色奇萊山的山難；命理師開示的轉行就業保命，建忠也從工科轉理科、由工程師轉業當教師。命理師直斷建忠遲早會摔飛機而死的警示，倒是兩度與空難擦身而過。首次遭遇的空難，是國華航空的民航機；四年後搭公務直昇機時，又經歷中華航空的民航機空中解體。

命理師曾對建忠說過：「搭乘有朝廷國號的飛機，同學你遲早會摔死！」果不其然，「國華」航空與「中華」航空的兩架「民」航機，真的有朝廷國號的「中華民國」四個字！命理師鐵口指陳建忠若沒病亡或摔死，後福無窮，果不其然他在「朝廷宮內御殿」當了八年的總統府一品官。

——

建忠呆坐在新竹城隍廟前的三角廣場上，思緒來到有手機群組畫面的當下。早年在新竹就讀大學，如今已屆齡退休五年。半世紀前，建忠在城隍廟旁問事的龐姓命理師早已作古，現在由他嫡傳的玄孫執業。建忠退休後的晚年，開始密集周遊列國，飽覽世界文化遺產，曾創下每月都出國旅遊的密集紀錄，直到新冠肺炎疫情蔓延全球，才收藏行李箱深居簡出。建忠這些年來搭飛機都沒摔過，也許師父歸天後，更改建忠批命的內容，刪除搭飛機會摔死的喬段。命理師的批命，也就逐漸淡出建忠老後的心頭了。

三部曲

島嶼慢行

建忠的研究工作，常須前往墾丁國家公園量測環境污染數值，以確保南台灣的熱帶林相植被，不受工業化霾害的衝擊。忠嫂留美曾攻讀休閒管理學，故常陪建忠現地查訪採集指標樣本；國家公園管理處都會派位年齡長建忠一輪的公關室專員，陪夫妻倆進入熱帶雨林走完全程，以防迷途鬼打牆。建忠擇定指標植物為銀葉板根樹，專員也非常盡責地陪他倆在一百八十平方公里的墾丁國家公園，對每株銀葉板根樹採樣。

專員是位世居屏東滿州長樂村的大姐，篤信基督教的她是恆春阿美族系的原住民。她討厭別人稱她的漢名，阿美族的姓名也只和族人分享，她用八瑤教會基督堂受洗的英文名琳達與建忠互動。琳達給建忠的感覺，是位直率而帶點憂鬱的男人婆。

分隔兩地的兩本日記

有一回，建忠與忠嫂陪同日本武藏大學的教授團參訪墾丁國家公園，恰巧輪由公關室的琳達接待。席間琳達對忠嫂用流利的日語與訪賓互動非常驚訝。待訪賓離去後，琳達急切地向忠嫂請求：「教授夫人，妳日語溜，我現在就回鄉拿份傳家寶，明晨到貴賓接待所請妳鑑識。」

隔天，琳達取出防潮包裝內一本陳舊的書冊，請忠嫂鑑定。忠嫂小心翼翼地翻閱這本至少有一甲子的泛黃記事本，是用日文撰寫的散記，大部份是日常生活的流水帳，約五萬字。

忠嫂指著傳家寶說：「這是日本取台晚期日記文體的散文，是妳長輩的寶物嗎？」琳達接腔：「是我父親的遺物，他過逝時我才剛入國民學校，小學老師被禁止用日語教學，改講授漢語；所以我的漢語沒學好、日語沒學到，父親的日文筆記到底在寫些什麼呢？」琳達防禦心非常重，她觀察建忠與忠嫂一段時間後，覺得賢伉儷為人正派，才把傳家寶取出給教授夫人鑑識。

忠嫂說：「剛才翻了翻，大約是令尊在日本陸軍服役時的見聞。令尊不若阿美族壯丁被遣往南洋作戰當砲灰客死異域，他都在台灣本島服勤，終戰後都還在記述。這樣吧，如果妳不介意，筆記讓我攜回新竹掃瞄建立數位檔，順便幫你譯成漢文連同原件再還妳，以免原件遭白蟻蛀食給毀了。」琳達點頭同意。忠嫂信守承諾，兩週後將傳家寶、數位電子檔及譯本，親自送回給琳達。

多年後建忠與忠嫂再次碰到琳達，是在她的告別式。莫拉克風災那晚，琳達趁颱風停班停課赴高雄甲仙小林村訪友，不幸碰上滅村慘禍。琳達的遺眷在基督教堂告別式答禮時，未再提及琳達父親的筆記。這本傳家寶，在建忠的腦海中，就逐漸淡出了。

建忠在「東日本大地震」福島核災後，與忠嫂連袂赴荷蘭參加國際核安學術研討會時，大會主席是

荷蘭教育局長歐文教授。年歲較建忠也長一輪的局長全名是愛麗絲・歐文，是位知名的科學家。當愛麗絲得知建忠與忠嫂來自台灣，特別主動前來與夫妻倆寒喧。晚宴上，建忠與忠嫂受邀坐在首席，與愛麗絲同桌。席間，愛麗絲不知是否有意當面測考忠嫂對荷蘭取台了解的程度，忠嫂如數家珍簡略說明荷蘭取台治理三十八年的經緯，還加碼補充了荷蘭占領殖民印尼的亞洲開拓史，這讓愛麗絲非常訝異，攻讀休閒管理學的忠嫂對歷史居然也有研究。忠嫂謙虛地回應，作觀光休閒的管理研究，當然得先弄清楚觀光景點的人文、歷史。

隔天大會午餐後，愛麗絲再度請教來自台灣的忠嫂：「教授夫人妳聽過台灣有這三處地方嗎？一處叫 Heito，另一處叫 Rinraku，還有一處稱為 Katansui-Kei；我向貴國駐荷蘭的台北代表處洽詢，他們都鐵口直斷在台灣從沒聽過這三處地方。」

忠嫂旋即釋疑：「這三處地名，是二戰期間美軍根據日本取台時期所定編之日語地名，直譯成英文拼音，方便盟軍奪島攻擊時，詰問、偵訊島上的軍民。Heito 是指南台灣的城鎮屏東，Rinraku 應該是屏東郊外的麟洛村，Katansui-Kei 則是下淡水溪，今天稱為高屏溪，是高雄與屏東行政區劃的界河。這三處地方也是南台灣的觀光景點，對您有特殊意義嗎？」

愛麗絲感激地回答：「太謝謝妳解決我家族六十年來的疑問！教授夫人，是的，我父親的日記多次出現這三處地名，二戰期間他住過這些地區好幾年。戰後他命喪南台灣，衣冠塚最終定置於香港。明天我將父親生前遺留的日記，帶來給妳瀏覽分享。」

隔天，愛麗絲也取出真空包裝內一本陳舊的書冊，請忠嫂小心翻閱這本至少有一甲子泛黃的記事本，是用荷蘭文撰寫的散記，幸好獲頒藝術碩士的忠嫂修習過荷蘭文，散記內容大部份是日常生活的流水帳，約一萬字。忠嫂獲得愛麗絲允許，用手機逐頁拍下，返回旅館徹夜譯出，建忠展讀譯本，心頭一震！

愛麗絲父親的日記，多次出現琳達父親的名字。這讓建忠想起琳達父親的日記，同樣記載多次愛麗絲父親的姓名，這世界真小！愛麗絲授權建忠夫妻倆使用散記譯文，作為戰史研究的第一手參考資料。建忠與忠嫂退休後，始將這兩份筆記前後連貫，譜出以下生離死別的亂世悲劇。

台籍捕虜譯員

田古．索瑞達世居高雄州恆春郡蕃地牡丹社，他是萬里得阿眉部落的阿美族人，親友遍佈於台東廳關山郡的池上、鹿野、恆春郡的滿州庄及蕃地牡丹社。雖然在清國撫台期間的同治十三年（一八七四年），日軍以剿蕃之名登陸南台灣入侵牡丹社，但僅與當地的排灣族對戰，田古的恆春阿美部落族先輩與日軍沒有怨隙。故恆春阿美族人對日軍取台理蕃，雙方互動還算友善。

太平洋戰爭初期，戰時體制下的台灣日軍缺員，遂透過精神動員招募民眾投身軍旅，年近三十的田古在牡丹社日籍警察的力薦下，半推半就變成日軍的「軍屬」。軍屬不具軍人身分，算是日軍的雇員。他從牡丹社的蕃童教育所受教起，一路讀到屏東高等學校畢業，日文了得。田古放假返鄉，就在部落的基督教堂隨英籍神父學英文，算是資深的文藝青年，還被國民小學校的校長賜頒皇民化的日本名「宇田秀雄」。故在軍中，田古君被敘階為下士伍長等級的軍屬，是最低階的四等判任官。

不過，田古年歲稍大，不像部落的小老弟們被派遣至南洋作戰。他於昭和十七年（一九四二年）的盛夏，入伍教育完訓後，選送至「台灣軍司令長官部帝國陸軍屏東憲兵分隊」報到，擔任憲兵補的軍屬傭員。

遠在赤道線以南的荷屬東印度，荷蘭殖民軍砲兵中士安東尼・歐文（SGT(ART) Antonius B. Ouwens）奉命放下武器停止抵抗，向入侵的日軍投降。那天安東尼走出巴達維亞（今稱雅加達）要塞砲台繳械，粗暴的日軍用槍托把安東尼打到滿臉都是血。他清楚記得那天是一九四二年三月九日。蹲了半年的黑牢，安東尼隨同其他荷軍官兵，雙手反綁、繩套圈在脖子上，十人栓成一個小隊登船，他們被安置在貨艙裡。航行一週後，安東尼在一個亞熱帶的軍港登岸，徒步走了兩天，才抵達架有鐵絲網的營區。

荷軍司令官波爾多中將喃喃自語，說日軍告訴他這裡是台灣第一座戰俘營，位在高雄州屏東郡長興庄的麟洛。安東尼問台灣在哪？波爾多中將嘆口氣解釋，荷蘭祖先在十七世紀曾一度殖民台灣，還在南台灣建立熱蘭遮城（今台南安平古堡）治理長達三十八載，當地住民稱我們荷蘭人是「紅毛鬼」。

安東尼一踏入戰俘營，就被粗暴的台籍監視員打爆頭，又是滿臉血。他回頭瞄了一眼小隊裡的十位袍澤只剩一半——航途中渴死兩人、南台灣烈日下行軍再熱死兩人、剛才被打死一人。

另一頭的屏東憲兵分隊隊長匆忙召見田古，下令會講英語的他立即赴麟洛，向屏東捕虜監視所所長玉木與二中尉報到。田古抵達佔地僅四甲的營區當場傻眼。六百多位英、加、澳、紐、荷、美戰俘被當成動物，在下淡水溪乾河床整地栽植甘蔗種籽，兇惡的台籍監視員在旁鞭打動作慢的戰俘，一點都不手軟，戰俘真的連豬狗都不如。

所長玉木中尉交待田古君：「整個捕虜監視所當中的十位日籍憲警與三十位台籍兵卒層級的軍屬監視員，只有你會講英語，那你就當我的傳譯吧。除了我親口交辦涉密公務，其它的粗活你不用涉入。」田古第一份涉密公差，就是押解包括荷軍司令官等四名盟軍中將層級的戰俘，遣送至陸軍屏東飛行基地。四位將軍在田古看管下，默然無語。當田古把戰俘點交給機場值日官後，不經意偷聽到戰俘要飛赴花蓮港新設的戰俘營集中管收。田古用英語向荷軍司令官波爾多中將道別：「將軍一路順風，起降逆風！」這讓將軍們都嚇一跳，日軍當中居然有人會講正統牛津腔英文。

回到戰俘營，田古奉所長之令率領百餘名戰俘，至屏東市千歲町台灣製糖株式會社的阿猴製糖所駐點當奴工，把壓榨甘蔗的糖蜜發酵成無水酒精，作為航空代用燃料。一名荷籍戰俘把甘蔗送入進料口時，不慎左手指被捲入壓榨機，只聽到一聲慘叫，無名指遭碾碎血流如注。台籍監視員飛奔前去把荷籍戰俘拖出毒打，還咒罵紅毛鬼連粗活都不會做。

荷蘭籍戰俘

這種凌辱戰俘的管理方式，冷眼旁觀的田古委實看不下去，遂向帶隊的憲兵曹長建議，先救人再議處台籍監視員的霸凌。曹長令田古攙扶受傷的戰俘到製糖所診療室包紮傷口，田古用英語安撫驚懼的戰俘：「你不用怕，霸凌你的監視員會被懲處。再者，製糖所診療室醫藥周全，會治癒你的傷口，不像我們捕擄監視所除了紅藥水之外一無所有，只能等死。」

兩人在診間無話不談。荷蘭戰俘是三十歲的安東尼．歐文，兩人都有寫日記的習慣，安東尼世居荷蘭鹿特丹，家有妻女；田古的阿美族愛妻也育有一女。田古伍長與安東尼中士兩人不但同齡，妻子都是二十五歲，女兒更都是未達學齡的四歲。

田古還告訴安東尼，你的祖先在治理南台灣時期，有位荷蘭貴族仕女，因船難漂流到恆春阿美族部落旁的瑯嶠，遭排灣族姦殺；當地居民為安魂，於昭和九年（一九三四年）打造「八寶（荷蘭）公主」神像於墾丁南灣的萬應公祠祭拜，期盼能安魂免遭厲鬼抓交替。田古陪同安東尼回到甘蔗進料場歸隊時，帶隊的憲兵曹長命令對安東尼動粗的兩個台籍監視員互甩耳光，一直摑打到雙方滿臉鮮血才停止，真是以暴制暴。

在製糖所駐點當奴工一整年後，太平洋戰爭逐漸不利於日本，有延燒至台灣的趨勢。田古再次率領百餘名戰俘，由製糖所轉赴下淡水溪打石挖泥砂，填入手押車斗，經輕便車軌運往左營軍港，作為鋼筋水泥碼頭填料。有回安東尼遭蚊蟲叮咬後高燒不退，田古的愛妻略諳漢藥，趁探訪營區之便攜來草藥，再次把安東尼治癒，救回一命。

紅十字國際委員會依國際公約規定，每隔半年由中立國如瑞士、葡萄牙派員到屏東捕虜監視所觀察，攜帶藥品與慰問品探訪戰俘。昭和十八年底（一九四三年），瑞士籍紅十字國際委員首次現地查訪，接納全體戰俘的請求，諮請監視所所長玉木中尉尊重戰俘的宗教信仰，在營區興建簡易教堂。所長責付受洗過的田古，督導戰俘自力蓋教堂，他還請讀過基督書院的安東尼中士兼任神職人員。

當然，日軍的造假文化在戰俘營也很盛行。紅十字委員查訪期間，戰俘非人性的勞役一律暫停，訪視前一週戰俘就須清理營內環境並整肅儀容。委員查訪時，戰俘被迫說謊話如伙食好、待遇佳且要面露笑容。稍有不從，事後都遭所長施以羞辱性罰勤。

瑞士籍訪賓留交的藥品與慰問品，從來沒派發給戰俘享用過，就連田古也沒用過紅十字會致贈的奶粉與抗瘧疾的奎寧藥。所長玉木中尉待訪賓離台後，收集所有藥品與慰問品，上繳給台灣軍司令長官部，配發前線日軍使用。

昭和十九年（一九四四年）九月，美軍對台澎發動攻擊的態勢越發明顯。台灣總督府宣告進入戰爭狀態，全島增兵固守，招募的台籍軍屬已超過十二萬之眾。屏東捕虜監視所也奉命取消升降日之丸國旗的儀式，避免戰俘營成為美軍的攻擊目標。自十月中旬開始的兩階段台灣航空戰，赴阿猴製糖所駐點當奴工的戰俘，多人遭美機轟炸掃射擊斃，但位於偏鄉麟洛的戰俘營卻安然無恙。

田古與安東尼在下淡水溪打石期間，經常目睹日美雙方的軍機交戰後墜毀於河床，附近日軍一擁而上企圖圍捕跳傘的飛勤組員。不過，田古看到抬出河床的飛行員，大都為日軍而非美軍，讓他直覺到戰況非常不利於日本。

日美交戰的台灣航空戰於昭和二十年（一九四五年）一月底結束後，台澎暫時沒有美機臨空，戰俘營恢復正常作息。玉木所長隱忍了近四個月沒有國旗飄揚營區的日子，遂專斷下令照表操課，全體戰俘集合於日出後升旗、日落前降旗。

二月七日晨，所長正主持升旗典禮後的精神訓話時，突然自太陽方向飛來數架美機，匍匐貼地掠過旗桿後，在營區往復投彈掃射。正在升旗台傳譯的田古，遭汽油彈爆炸震波震昏彈飛倒在空曠的操場上。

目標太過明顯。眼見美機盯緊田古俯衝而下準備掃射，安東尼顧不得自身安危，飛奔回操場將田古一肩扛起，跳入操場旁的排水溝渠避彈，兩人方於彈雨中倖免於難。這次空襲，戰俘營的憲兵曹長與二十餘名戰俘遭炸斃，五名台籍監視員與近百位戰俘輕重傷。所幸三分之二的戰俘在空襲前，已步行離開營區赴河床打石，躲過了空襲。

關閉屏東捕虜監視所

空襲後，美機天天都飛來戰俘營投彈轟炸，傷亡日漸增多，奴役戰俘的苦工，也因空襲而亂了套。台灣軍司令長官部此刻已進入決戰狀態，晉名為帝國陸軍第十方面軍司令長官部，斷然下令屏東捕虜監視所於三月十五日關閉，殘餘的五百餘盟軍戰俘，步行兩晝夜前往高雄火車站。押隊的田古沿途見美機連續轟炸下，斷垣殘壁白骨遍野，空氣中迷漫著屍臭味。

大部分年青力壯的戰俘被轉送至其它戰俘營繼續當奴工，田古押著近百名年邁的戰俘包括安東尼，搭火車支線前往左營軍港。抵達碼頭後，戰俘列隊登上海軍的運輸艦。登艦前，田古突然在安東尼面前跪下，感謝空襲時安東尼的救命大恩。趁人不注意時，田古偷偷把一本自用的英文袖珍版聖經塞給安東尼，希望能帶給他平安。戰俘會被送去哪，沒人知道。田古佇立在左營碼頭，目送運俘艦趁夜暗掩護，高速駛離台灣。

田古回到人去樓空的屏東戰俘營，細數服勤三年期間，在這座全島最老最大的戰俘營，至少有上千名戰俘經過他的傳譯大事化小。積德善舉讓田古在美軍轟炸下還能倖存。地處熱帶的戰俘營蚊蚋蝨子多，又沒有醫藥可治療，加之飲食衛生條件差，很多戰俘病逝、餓死或遭美軍炸死在營內，僅用軍毯包裹遺體草草掩埋在附近的亂葬崗。據戰後統計，屏東戰俘營掩埋了一百三十二具盟軍戰俘骸骨，亂葬崗位於今日麟洛垃圾車集用場。

收拾起個人行李，田古頭也不回地離開廢棄的營區。屏東憲兵分隊隊長匆忙命令田古：「你行李不用打開，先放你五天的探眷假，攜帶行李返鄉，再去台東郡的台東憲兵分隊報到。那裡的蕃人大多是你們阿美族的鄉親。盟軍放過台灣，正準備登陸沖繩，神風特攻隊全數兵力轉移到台灣東部。可以預期盟軍制壓轟炸一定會有很多飛勤組員跳傘，須要你在那裡當傳譯，審訊捕獲的盟軍飛行員。」

田古在日軍服勤都三年多了，從沒回過位於牡丹社的萬里得阿眉部落探眷；看到妻女安然無恙心頭就踏實多了。想到安東尼，真不曉得他能否安全返回鹿特丹的故鄉闔家團圓。五天的探眷假轉瞬間過去，田古走出部落，再三回首向妻女揮手道別，這是他此生望見母女倆最後的場景。

田古抵達台東憲兵分隊報到後，盟機天天轟炸陸、海軍共勤的台東飛行基地。兩軍神風特攻隊，趁著轟炸間隙，從台東航空要塞群的台東、池上、紅頭嶼及上大和等飛行跑道出擊，衝撞琉球群島外海的盟軍艦艇。至於盟軍飛行員轟炸台灣後山跳傘的目擊報告，幾乎每週都有數回，但大多為誤報，倒是蕃地各部落的獵戶，常回報目睹穿著飛行衣的白種人在山野覓食。

田古記得那天是戰爭末期的昭和二十年（一九四五年）六月二十六日，憲兵分隊接獲台灣電力株式會社銅門發電所報案，略謂三架盟軍戰機沿木瓜溪低飛轟炸發電所時，編隊的機群要撞上峭壁前，飛行員紛紛棄機跳傘。田古電請木瓜溪警察駐在所動員奇萊阿美部落群的鄉親前往兜捕，他則坐鎮慕谷吊橋指揮調度。但搜索月餘，卻徒勞無功。

此際，盟軍早已奪佔琉球群島，下期作戰一定是日本本土決戰。台灣已非主戰場，美機僅盤旋不轟炸，試圖與跳傘倖存的飛行員取得聯繫。田古突然被台東憲兵分隊緊急召回，並嚴令搜山的奇萊阿美部落群的鄉親，若逮捕到盟軍飛行員，不准對他們動粗。八月十五日上午十一時，隊長集合台東分隊所有隊員列隊，面朝皇居方向，聆聽天皇玉音放送！

田古當場愣住，發動太平洋戰爭的日軍，經天皇「聖斷」，就此草草降伏？監管過盟軍戰俘三年的田古，開始憂心自己是否會變成戰犯。憲兵分隊長解散隊伍後，默然不語回寢室切腹自殺，田古茫然地緊跟著日籍曹長入內收屍掩埋。

日軍降伏隔日，曹長匆忙率田古赴台東飛行基地貴賓室，迎接由台北飛來的專機。迎面前來的是第十方面軍司令長官部的少將副參謀長，陪同兩位趾高氣揚的美軍進入貴賓室。副參謀長卑躬屈膝地介紹兩位勝利者——一位是美國戰爭部軍墓登記處的下士，一位是美國陸軍敵後搜救特遣隊的上等兵，第十方面軍司令長官部已遭美軍解散，改為「暫編善後聯絡部」。

兩位美軍兵士坐鎮台東，下令日軍配合，在台東搜救約百餘名失聯的盟軍飛行員，由田古當譯員。日軍若斗膽消極怠惰不配合，美軍則以戰犯論處。聽說屏東捕虜監視所所長玉木中尉已被美軍逮捕，依照倖存戰俘的控訴，凌虐戰俘違反國際公約視同戰犯，玉木中尉刑期至少要關十五年。

田古請日籍憲警動員台東阿美族與布農族鄉親配合搜山，倒也在終戰後整整一個月內，於颱風肆虐下陸續找回約十具盟軍飛行員骨骸。兩位美軍兵士點收遺骸與遺物後，始飛返台北。美軍臨行時還告知田古，不久重慶方面的國民政府會來接收台灣。國民政府到底是誰？田古君從未聽說過，但對外來政權接收台灣充滿了期待，新政權應該不會再給台灣帶來苦難與兵燹才是。

三叉山空難事件

美軍前腳剛走，台東憲兵分隊電話鈴又響了。是台東廳日籍廳長那須重德親自來電，略謂布農族獵人五天前在距離台東廳關山郡蕃地霧鹿社約三日腳程的「哈陰沙痘山」（今中央山脈三叉山），目睹一架四引擎飛機在颱風中墜毀。鑑於事態嚴重，那須廳長請示美軍如何處理。田古急電台北的善後聯絡部，美軍下令譯員田古隨隊火速搜山救人。

田古被告知在颱風中失聯的美機總共有六架，組員與乘客超過一百人。田古心想，終戰都一個月了，怎麼盟軍這麼多飛機還在山區盤旋？五天後，田古隨同憲兵分隊的日籍後山定一軍曹，抵達飛機失事現場，位於月鏡池（今嘉明湖）北方七公里一片起伏的箭竹草原。海拔三千兩百公尺的撞擊點，屍體與飛機殘骸四散卒不忍睹。五位美軍機組組員與二十位搭機歸鄉的盟軍戰俘遺體，經十天的曝曬雨淋、野獸再三啄食後，只剩一堆堆白骨，無人生還。

——

場景拉回終戰前半年的左營。

安東尼認出這裡是三年前來台灣登岸時的同一個軍港。這回登艦並沒有像過往搭乘戰俘船的遭遇，被趕入通風不良的底艙羈押，而是坐在一等輸送艦主甲板上的油桶，身體被水兵用鐵鍊綁在油桶上。安東尼聞到油桶內有酒精的芬香，這不就是在屏東阿猴製糖所由他協助製成無水酒精的航空代用燃料嗎？原來，安東尼是航空代用燃料的人肉盾牌，一路護送油桶回日本內地，讓航途中伏擊的美軍投鼠忌器。

安東尼再回首望一眼左營軍港的鋼筋水泥碼頭，裡面的碎石填料，不也都是他在下淡水溪挖掘的石塊嗎？佇立在碼頭上的捕虜譯員田古君身影，逐漸消失在安東尼的視野。這是倆人此生最後一次相見。

安東尼緊握著田古致贈的聖經，在甲板待了兩晝夜，吃喝拉撒都在油桶上搞定，污穢不堪。運輸艦以高速馳返九州佐世保軍港，不讓美軍潛艦追監伏擊。安東尼抵達九州後，躲避空襲搭了四天的夜車，才入住東京都品川大森區的「橫濱第五捕虜監視所」（位於今日的品川市大田區平和島）。他在品川港擔任碼頭奴工，下卸日本在中國戰場掠奪的原物料，再裝載械彈軍需品前運南洋供日軍耗用。

那天是一九四五年八月十五日午時，戰俘營突然歡聲雷動，大家奔相走告日本敗亡降伏了。安東尼緊握著聖經淚流滿面，終於等到可返家歸鄉與妻女團圓！當天下午，美軍飛機投下醫藥救濟品與指令，隔天美國陸軍敵後搜救特遣隊接管戰俘營，安排盟軍戰俘儘快歸鄉。

三週後，安東尼完成隔離檢疫與全身健檢，搭機由東京中停那霸與馬尼拉，再飛往巴達維亞集合，繼由荷蘭派機接載回國。安東尼隨身攜帶兩件寶物，一本是田古致贈的袖珍版聖經，一本是從軍五年的日記。安東尼搭上美國陸軍第七航空軍四七四轟炸大隊八八六中隊的B－24M轟炸機，與其他十九位盟軍戰俘入座由彈艙改成的臨時客艙。

安東尼先飛那霸落地加油。再度起飛後，專機順著第十七號烏蘇拉輕颱的第四象限，飛往馬尼拉。飛機爬升至巡航段愈飛愈晃，他往舷窗外觀望，除了濃雲與陣雨，看不到任何地標，這樣盲飛了數小時後，大家都知道飛官迷航了！「轟隆」一聲，這是安東尼此生聽到最後的巨響，撞碎的腕錶指針停格在晚上九點四十四分。

——

場景再回到哈陰沙疵山的月鏡池北坡。田古隨同入山搜索隊的八人組，在失事地點搭建簡易草寮，作為臨時指揮所。憲兵軍曹把現場所見，用無線電回報台東憲兵分隊，立即展開移交給美軍前來接替的各種準備工作，如收集骨骸、取下白骨的兵籍牌與遺物、標識飛機碎片位置，也尋獲飛機殘缺的蒙皮，44-42052 的機號依稀可辨。

田古忙著撰寫英文報告之際，軍曹手持兩冊從白骨堆尋獲的外文書本，要田古鑑識。他一看到袖珍版聖經就心頭一驚，再翻閱另一本竟是安東尼的日記！田古飛奔回現場，後山軍曹指陳兩冊書本是從這堆白骨上發現的，白骨左手無名指有碾碎的折痕，那是安東尼在阿猴製糖所壓榨機進料口被碾碎的遺骨呀！田古當場淚崩。

三天後，搜索隊又接獲台東憲兵分隊指示，美軍變更計畫暫時不上山了，下令搜索隊就地掩埋骸骨。但墜機現場周遭都是草原，無法劈柴製棺，台東廳那須廳長遂編組八十九人的第二陣支援隊，攜棺材板接力上山會合。田古強忍著悲慟在現場等待支援隊，看到落日天際連續好幾天呈現火燒雲，那是颱風直撲而來的凶兆。

第一陣的搜索隊足足等了十天，才在風雨交加中看見第二陣支援隊隊員揹著棺材板姍姍來遲。後山軍曹當機立斷，下令後到的支援隊隊員放下棺材板迅速下山避難。早先入山的第一陣八人搜索隊盡忠職守，留在現場釘棺木收屍掩埋。

入夜後颱風登陸，濃霧中冰雹與暴雨傾洩而下，後山軍曹顧不得收屍掩埋，也率隊下山退避保命。隔天天色微明之際，奄奄一息的後山軍曹發現田古等七名搜索隊員，在第二十一號琴恩中颱肆虐下，於一九四五年十月一日在海拔三千公尺的三叉山上失溫凍斃！

後記

第一陣八人搜索隊唯一倖存的後山憲兵軍曹，將二十五位盟軍的兵籍名牌、聖經與日記等遺物呈送台東廳保管。第三陣營救隊入山發現，第二陣支援隊有十九位在颱風入襲三叉山時罹難。他們砍下田古等往生隊友的手掌後，遺體就地掩埋，遺物打包保管。二十六隻手掌集中在飛機失事現場，連同二十五具盟軍骸骨逐一火化，骨灰分別裝入五十一個方塊木盒攜下山。

台東廳於十月十二日在關山舉行公祭。田古的愛妻攜幼女琳達，自萬里得阿眉部落，前來領取方塊木盒骨灰與隨身日記歸鄉。十一月二十四日，美國派遣軍墓登記處的鑑識組登三叉山現場會勘。安東尼的方塊木盒骨灰、聖經與日記，透過外交郵袋專送給家在鹿特丹的遺眷即愛麗絲的寡母。一九四七年十月十六日，三叉山空難的四名荷蘭籍戰俘衣冠塚，定置於香港西灣國殤紀念公墓第四區，安東尼在第六列。

終戰後，屏東捕虜監視所由國軍接管，變身為麟洛新田的陸軍隘寮營區。陸軍縮編裁撤隘寮營區後，營區撥交屏東縣政府接管，偶爾作為災民收容所。縣政府農業處認為營區無「文化資產保留價值」，擬改為流浪動物收容中心運用。至於田古君的故鄉——萬里得阿眉部落，戰後行政區重劃為屏東縣滿州鄉的長樂村。

建忠與忠嫂把屏東與鹿特丹兩本日記的陣中詳實記載再三展讀，體認到戰爭不會有輸贏，只有悲劇。

黃槿樹蔭下遊蕩的英魂

亞熱帶的黃槿樹，是澎湖少有的常綠喬木，樹頂可達兩層樓高，在平坦的澎湖群島算得上「獨樹」一格。黃槿樹的樹枝分歧多且橫向開展，樹蔭可涵蓋約三十坪面積；樹幹上多萌芽枝，樹皮呈灰色是它特有的樣貌。黃槿樹的樹種屬錦葵科，它抗風也耐鹽，但澎湖土地養份貧瘠，不會群聚繁殖成樹林。原生的黃槿樹在澎湖離島稀稀落落豎立在平野及岸際，為典型濱海地帶林相，也是海岸、漁村優美的防風、遮蔭樹種。

原生黃槿樹多半集中在澎湖縣望安鄉、白沙鄉、西嶼鄉及七美鄉。在當地看到原生黃槿樹，讓建忠憶起往生多年鳳哥模糊的身影。鳳哥生產營養劑讓黃槿樹長得又好又長壽，畢生奉獻給黃槿樹。鳳哥，也是建忠轉念翻轉人生的諍友。

說起鳳哥，是建忠長達六年的同窗好友，他家住左營海軍眷村，尊翁與建忠把拔在八二三戰役期間，是在國防大學受訓時的室友。鳳哥的母親英文溜，在美軍顧問團工作。當年社會經濟困頓，同學當中最先擁有西洋流行音樂黑膠唱片與收音電唱機的，就是鳳哥。他也是美軍電台播放熱門搖滾曲目的音樂達人。

那個年代的初中，尚未改制為今天的國中，校外教學的腳程，最遠僅為步程半日可達之處，頂多就是早出晚歸。所以，井底之蛙的建忠與鳳哥，從未攜手踏出高雄市區範圍。直到初三那年寒假，學校派童軍參加會師大露營，地點擇定澎湖偏遠離島的望安國民學校，這才讓哥兒倆興奮莫名、徹夜未眠。

是誰在大聲咒罵？

哥兒倆被編入初中童軍團的團部小隊，鳳哥對望安島林相植被的興趣，遠超過露營的瑣碎細節。童軍團搭乘海軍第二軍區支援的交通艇駛抵望安島潭門港後，哥兒倆就徒步行軍至網垵社（今西垵村）望安國民學校；沿途奇特的黃槿樹，深深吸引住鳳哥。

鳳哥在細雨紛飛中架好團部營門與營帳後，就迫不及待地衝往長瀨仔海灘直後的獨立黃槿樹窺探究境，建忠擔心鳳哥誤入蛇窩，也緊隨奔赴海灘。鳳哥站在黃槿樹幹下，詢問建忠這棵樹種的樹皮與葉背為什麼都呈灰色？建忠無知無識，當然搞不清楚。

雨霧中，鳳哥用手觸摸黃槿樹有柔毛、帶突尖的心形樹葉，感受到葉面厚實具長柄，周緣有小鋸齒，葉面寬約巴掌大，但枝幹有明顯蟲蛀的痕跡。鳳哥用雨衣覆蓋住筆記本，以雄獅牌鉛筆迅速紀錄觀察要點；至於搞不懂的植物病蟲影響，鳳哥也繪出蛀食簡圖，返校後要向生物老師請益。鳳哥追根究底的精神，著實讓建忠敬佩不已。

鳳哥以輕巧的動作迅速攀爬上濕滑的黃槿樹幹，很快就坐在離地約一層樓高的枝幹上，仔細端詳橢圓油綠的葉面。建忠在樹下無事可做，頭頂著美製野戰背包遮雨，耐心地一面等候，一面吹口哨哼唱美國民謠「Yankee Doodle」。建忠百般無聊，想坐在黃槿樹根上休息之際，忽然身後傳來爆粗口的男聲：「笨呀你倆！不准攀爬黃槿樹也別坐在樹根上，這邊不安全！」建忠慌忙起立，道歉地說聲對不起。詭異呀，來人用美語罵，建忠本能地也用美語回答。建忠旋即轉身面對來人，但周遭空無一人！淅瀝嘩啦的雨聲中，建忠隱約聽到來人還在用美語低聲咒罵，但人聲夾雜著金屬碰撞聲，早已隱沒在暗黑空曠的長瀨仔海灘，漸行漸遠！

「冬瓜忠，你幹嘛傻呼呼地凝視海灘？」冷不防被鳳哥輕拍肩膀，建忠這才回神說，有人用美語接連嗆罵我倆。但鳳哥啥都沒聽到，他們快步奔離現場，以免遭來人追打。半夜雨勢稍歇，建忠右胸劇烈刺痛、呼吸急促、喘聲不斷，吵醒了營帳內熟睡的鳳哥，他當即披著雨衣赴國民學校找到守值的校護，她抓了些止痛藥給建忠服用。

兩天後拔營，建忠雖已康復，但藥物副作用使得建忠在回程反胃嘔吐；返回左營後，鳳哥立即拉著建忠就診。校醫收治後，對建忠做一系列的生理檢查，確診是原發性的氣胸，雖然不會致命，但沒解藥，校醫叮嚀年少的建忠多運動健身即可。

這趟望安露營之旅，兩位死黨沒太多美好的回憶，哥兒倆倒是對黃槿樹留下深刻的印象。隔年，低一屆的學弟妹依例赴望安露營，卻不幸有多人遭雨傘節毒蛇鑽入營帳咬傷，教育局從此停辦望安會師大露營。

鳳哥與建忠畢業後都考取高雄的一流高中，且又編在同班再度同窗三年。大專聯招放榜前，鳳哥與建忠再回澎湖舊地重遊。兩人在娜定颱風往復橫掃台澎後，搭乘海軍的交通艇連袂造訪望安鄉，抵達時已近黃昏。鳳哥找到曾造訪過的長瀨仔海灘黃槿樹，它依然屹立在海灘後不倒。

鳳哥喃喃自語：「怪哩，黃槿樹的樹根淺，抓地力道不強，為何在颱風多次肆虐下沒傾倒，連枝椏都未曾折斷？」鳳哥試著找答案。這棵樹雖有兩層樓高，但隱沒在高聳的沙丘後頭，沒有冒出吃風，黃槿樹稀疏的枝幹，導致樹雖大但也不致招風，所以才不會遭受嚴重的風損傾倒。

為了弄清楚黃槿樹的枝葉到底長得多稀疏，鳳哥一躍上樹，像飛鼠般迅速攀頂，沒多久身影就隱藏在枝葉內。疾風中鳳哥喊道：「冬瓜忠，黃槿樹並沒有超過附近民宅的屋頂，但也有四個人高！枝頂葉腋正在開花，還有小蓄苞；我觀察到黃色花萼展開五片筒狀花瓣，且層層相疊，形似鐘狀開展，像個羽毛球，花心暗紫色，應該是單體雄蕊。不過，有枯死枝幹在背風處，枝幹四處都有蟲蛀痕跡。」

建忠聽不太懂植物學的專有名詞，自顧自取下美製的軍用S腰帶，圍著樹幹丈量，少說也有二十年的樹齡吧。對呀，歷經這些年多次颱風侵襲加上蟲蛀，居然不會傾倒，真是難能可貴。忽然，建忠背後又響起男聲用美語劈：

「笨呀你倆！不准攀爬黃槿樹，也不准觸摸樹幹，這邊很不安全！」建忠猛然回首，竟沒半個人影！建忠原地轉了幾圈四向觀察，怕有視線死角，還是看不到陌生人。但是，建忠隱約聽到暗黑的長瀨仔海灘遠處，來人仍然一再用美語咒罵，還有金屬碰撞聲。

建忠大聲追問樹上的鳳哥，你在樹頂視野開闊，有沒有看到其他遊客特別是美軍官兵，或聽到男生在講美語？鳳哥百無禁忌地回應道：「冬瓜忠，除了你我，望安島這裡人口外流嚴重，周遭連個鬼聲都聽不到，你八字輕呀？」一股涼意從建忠脊椎往上冒，三年之內他再度聽到男性用美語咒罵。

兩位鐵哥兒快步奔返潭門港，搭乘最後一班海軍交通艇到對面的將軍澳，摸黑找到基督長老教會將軍分會新建的教堂；鳳媽在美軍顧問團與短期駐訪教堂的美籍老修女談妥，讓兩位好動的調皮鬼借宿一晚。

建忠在燭光搖曳中用美語請問修女：「望安鄉有渡假的阿兜仔美國大兵嗎？」老修女笑答：「美國海軍駐泊澎湖的官兵，忙著在馬公鎮極樂買春，上教堂告解的無多，有雅興來望安鄉這種荒蕪離島旅遊的美國大兵，我從來沒見過。」建忠在馬公鎮見識過美軍水兵擠爆酒吧一條街並占領夜市大排檔喝酒鬧事，他們先尋歡再作樂或先作樂先再尋歡，視水兵們的道德觀而定。

鳳哥追問：「那望安鄉內有協防的美軍單位嗎？」老修女指著花宅社（今中垵村）方向接腔，「在花宅碼頭邊，倒是有個台北美國海軍第二醫學研究所的澎湖分所，由一位女少校醫官帶領省衛生署台籍醫護人員駐守，研究熱帶島嶼海蛇、雨傘節的蛇毒。」顯然老修女沒有哥兒倆要的男性美國大兵蹤跡，那兩度用美語責罵建忠的男性美軍，又會是誰？

老修女要兩人聊聊望安之旅的感受，建忠始終都不肯透露美國大兵兩度開罵的糗事。當老修女得知他倆低一屆的學弟妹露營遭毒蛇咬傷後，答非所問地插話說：「望安鄉的耆老說，太平洋戰爭期間，島上的居民、據守的日軍連同毒蛇、過山刀與臭青母等巨蟒，都非常畏懼美軍。戰爭末期美軍大舉轟炸澎湖群島，投擲的炸彈就超過千噸，有一成的炸彈就丟在望安鄉；無差別的轟炸與掃射，連民宅、蛇窩都不放過。」

建忠慌忙問老修女：「攀爬黃槿樹會是望安鄉的禁忌嗎？觸摸枝葉算不算觸犯禁忌？丈量樹幹會不

會氣胸發作？」老修女聽得出建忠心頭的焦躁，就安撫兩位死黨，她會向上帝請求寬恕哥兒倆的罪孽。第二天告別時，修女贈送一條十字架項鍊給爬過黃槿樹的鳳哥鎮邪。

大專聯招終於放榜了，建忠考上新竹的大學工科，鳳哥考取新莊的教會大學理科。鳳哥說讀化學系蠻不錯呀，在肥料營養劑中添加些防治植物病蟲的藥物，也許可讓黃槿樹活得更好更長壽。

建忠從望安島回到新竹，開始體驗大學校園生活。在頻頻參加社團活動後，氣胸痼疾又引發眩暈與急性肺炎，急診住院就住了兩次。既然身體虛弱，建忠心境當然就開朗不起來。鳳哥得知後，把修女送他的十字架項鍊用快遞郵寄給建忠，附張紙條寫道：「冬瓜忠，該跟你一輩子的氣胸你想躲也躲不開，你把修女的十字架項鍊掛在脖子上，看看能否保住健康平安，鳳哥。」

建忠遵循鳳哥的建言，從此天天戴著十字架項鍊；大學順利畢業後，服役時就積極準備出國留學。服役期間，鳳哥寄來郵簡，力邀建忠到他駐守的望安軍營敘舊。原來，鳳哥擔任預官少尉排長，分發到水垵社（今水垵村）排部，戍守整個望安島沿岸的海防；同在服役的建忠，趁公差澎湖之便，赴鳳哥的營區探視。

鳳哥戍守的望安海防排，有六個哨所，分區隱藏在全島各要域的簡易哨樓內監控海灘，主要任務是遏止走私、偷渡等不法勾當。鳳哥腰配美製手槍，帶領建忠步巡查哨。鳳哥指著沿途的黃槿樹說：「我的防區內黃槿樹至少上百株，很多都遭蟲害枯死，我逐一攀爬檢視，紀錄每株黃槿樹生長的狀態。」

說著說著，經過長瀨仔海灘哥兒倆曾攀爬過的那株黃槿樹，鳳哥從槍套拔出四五手槍交給建忠保管，就翻身上樹，對樹葉枝幹仔細端詳檢視。建忠持槍四處張望警戒，防備美國大兵突然現身開罵；有槍在手，美軍應該不敢現身。

鳳哥躍下樹後，與建忠並肩坐在黃槿樹幹上，鳳哥左手掌心握有卵形木質蒴果，撥開果核裡頭的種子呈腎形；果核的種子經強勁的季風吹拂遠飄落地，黃槿樹得以四向播種繁衍後代。鳳哥右手掌打開給建忠瞧，幾隻在枝幹上抓到的白蟻還在垂死掙扎，鳳哥逐一捏死牠們，研判這株黃槿樹即便開花結果，若不給它打針殺蟲，最多只能再活個三、五年。

當建忠歸還手槍給鳳哥插回槍套那瞬間，建忠又聽到黃槿樹上有男聲用美語咒罵兩人：「笨呀你倆！都不准坐在黃槿樹幹上，這邊非常不安全！」邊罵邊夾雜著金屬碰撞聲，這是建忠八年內三度聽到的嗆罵聲。

「鳳哥你聽到了嗎？」建忠顫抖著指向黃槿樹頂，日正當中遮蔭處顯得格外漆黑令人生畏。鳳哥昂首瞧個仔細，搖搖頭數落建忠的幻聽再次發作，遂帶領一臉驚疑的建忠快步離開。那晚，建忠在排長室的行軍床上噩夢連連，子夜時分甦醒後，全身冒虛汗如漿，連十字架項鍊都沾濕；緊接著氣胸痼疾再次發作，建忠立即將隨身攜行的處方藥吞下，病情才稍為緩解，顯然十字架項鍊不具法力驅魔。

建忠依稀記得噩夢的情節——暗夜下鳳哥率領官兵堅守排部營區，美軍突擊隊自海灘登島包圍鳳哥的兵舍，叫囂釋放人質。美軍手持的武器非常離譜，竟是太平洋戰爭期間的骨董M1卡賓槍，跟當下正在打越戰的M16突擊步槍差很大。鳳哥殺紅了眼，用日語下令反擊！建忠望著鼾睡的鳳哥，推測他在望安鄉服役才一年，就向當地阿公阿嬤學會講一口流利的日語。

黃槿樹蔭下的美軍遊魂

役畢後，鳳哥決定自行創業，把就讀大學的植物除蟲營養劑研究心得轉化為產品，設立一人小工廠身兼經理與廠長，做會計也跑行銷。建忠出國深造前，將僅有的積蓄投資鳳哥設置的小公司，協助死黨創業。建忠選擇去加拿大留學，博士學位拿到後，再赴美國就業。

在一次偶然的機遇，建忠與忠嫂受邀訪問美國海軍官校，校部行政大樓牆面，刻印歷屆陣亡校友名人錄。導覽的美軍新聞官引導來自台灣的夫妻到相關的碑文處憑弔。依姓氏排列第一塊碑文刻有：

CDR Edward N. Blakerly（布萊克雷海軍中校）

USNA Class 1934（美國海軍官校一九三四年班）

KIA Date - 10 24 1944（作戰陣亡日期：一九四四年十月二十四日）

KIA Place – Formosa Strait, Southwest off Formosa（作戰陣亡處：福爾摩沙西南外的福爾摩沙海峽）

熟悉二次大戰台灣戰史的建忠知道，沉屍深海的布萊克雷中校艦長，率舷號３１４的美軍潛艦新鯊魚號，在台灣海峽伏擊開南航運會社商船阿里山丸。

第二塊涉台的碑文，也是位官拜中校的校友：

CDR George O. Klinsmann（格林斯曼海軍中校）

USNA Class 1932（美國海軍官校一九三二年班）

MIA Date -- 01 15 1945（作戰失蹤日期：一九四五年一月十五日）

MIA Place – Off Hattaku Sho, Pescadores Is., Formosa（作戰失蹤地點：福爾摩沙，澎湖群島八罩嶼外）

八罩嶼不就是日本取台時期的望安島嗎？這讓建忠非常驚訝。建忠詢問接待的美軍新聞官怎麼回事，新聞官不久就回報：太平洋戰爭末期，那天美軍航艦特遣艦隊自澎湖南方兩百浬處對馬公發動攻擊，美軍愛塞克斯號航艦（USS *Essex*, CV-9）的駐艦第四飛行大隊，由格林斯曼中校大隊長親自率隊，轟炸馬公的日軍飛行場與測天島的日軍駐泊艦艇。大隊長的座機遭日軍護衛艦防空火砲擊中，飛返航艦途中失去動力迫降海面。

新聞官接著解釋，大隊長落海處就在八罩嶼南方外海，負責救生部署的驅逐艦聞訊急馳而至，拋下救生筏與繩扣，大隊長爬入救生筏，驅逐艦上的水兵就用力拉繩扣。眼見救生筏上的大隊長已旁靠驅逐艦舷側，一個巨浪撲來繩扣折斷，大隊長連人帶筏從此人間蒸發。

美軍驅逐艦冒著八罩嶼日軍砲火威脅，在黃金七十二小時內來回巡弋三天未果，甚至檢派敵後搜救特遣隊潛登八罩嶼搜救也找不到大隊長蹤跡。美方遂以「作戰失蹤疑似溺斃」結案。美軍在太平洋戰爭末期濫炸台澎兩百多天中，格林斯曼中校是犧牲人員當中最高階、最資深的海軍軍官。

不過，負責接待的新聞官，只講述史有記載的前半段，後半段大隊長如何邁向死亡，就交代得不清不楚。那晚，忠嫂在馬里蘭大學招待所過夜，噩夢中遇見屍首不全的格林斯曼大隊長，對忠嫂訴說落海撈救未果的後半段。

格林斯曼大隊長在巨浪中載浮載沉，向驅逐艦拼命揮舞雙手，只見她漸行漸遠。他在昏暗的夜色中漂浮，瞧見一座低平的島嶼，距離大概有五浬。對海軍出身的格林斯曼言，順流游泳登島這不算是什麼挑戰。

當濕淋淋的格林斯曼在月夜下蹣跚地走上海灘之際，身上綑綁救生衣與降落傘包的金屬環扣相互磨擦碰撞聲，吸引路過的日軍巡哨迎面而來。這幾位駐防在八罩嶼鴛鴦窟的日本海軍第二十四震洋隊隊員，一時竟不知所措，讓身手敏捷的格林斯曼一溜煙似的當眾脫逃，飛奔入海灘沙丘後不見蹤影。

格林斯曼翻身爬上一株黃槿樹，隱身在枝葉裡。不久，他右胸劇烈刺痛、呼吸急促、喘聲不斷，眩暈與發燒等氣胸症狀開始發作。隔天清晨，日軍封島搜索每間民宅、每片旱田、每艘漁舟；日本兵久久不見脫逃的美軍蹤跡，開始不耐煩地朝每一株黃槿樹胡亂開槍洩憤。一枚跳彈居然擊中格林斯曼的左腿，大隊長脫下飛行領巾裹住傷口止血。

入夜後，格林斯曼瞧見美軍敵後搜救特遣隊趁夜暗掩護登島，大隊長吃力地爬下樹，一拐一拐地奔向友軍，想用美語喊救命，卻因氣胸急喘五音不全。美軍特遣隊員在夜暗低視界下，誤以為大呼小叫、衣衫不整的來人，是八罩嶼漁民向日軍哨所示警美軍來襲，遂朝格林斯曼開槍驅離。特遣隊員眼見行跡敗露，迅速從長瀨仔海灘隱沒入大海遁走。

格林斯曼不幸又遭友軍擊中右腿。他勉強用雙手撐在沙丘上，吃力地匍匐前行，回到黃槿樹奮力攀爬上樹藏身裹傷。天明後，震洋特攻隊員循血漬追到黃槿樹旁，喝令格林斯曼下樹，否則亂槍打死！此際大隊長因失血過多昏迷不醒，特攻隊員果真瞄準他準備射殺。

就在千鈞一髮之際，美軍艦載機群超低空飛來，發現幾十名日軍團團圍住黃槿樹，立即以機搶來回掃射，還對黃槿樹投下油氣彈！艦載機群往復炸射後，格林斯曼與日軍特攻隊員焦黑的屍塊橫飛四散，有的還掛在燃燒中的黃槿樹幹上。戰後，原地倖存的果仁再度發芽，新一代的黃槿樹在彈坑中日漸成長茁壯，見證了血腥又無情的戰火摧殘。

——

聽完忠嫂陳述夢境後，多年來令建忠費解的美語咒罵聲終於有了答案。建忠曾三赴望安島，每回聽到格林斯曼大隊長在黃槿樹的樹前、樹後、樹上責罵聲，想必是把吹口哨哼唱美國民謠「Yankee Doodle」、攜帶美製野戰背包、美製S腰帶與美製手槍的鳳哥與建忠，都當成美軍袍澤，三度嗆罵示警。這些年來，格林斯曼中校的遊魂，始終飄蕩在黃槿樹周遭無法歸鄉。

不知鳳哥攀爬黃槿樹超過百次，會因此觸怒大隊長而遭嚴懲嗎？

建忠與忠嫂學成歸國服務後，得知鳳哥在鳳嫂的加持下，研發的植物除蟲營養劑產品，免費提供澎湖縣府試用，優先搶救服役時駐守望安島上所有的黃槿樹。隨後產品聲名大噪，熱銷全球多年，讓鳳哥與鳳嫂成為億萬富豪，所設立的財團也上市發行股票。

建忠是財團的創業原始大股東，也分紅不少，股利足夠在新竹科學園區外買戶小套房棲身。鳳哥還替建忠找了高雄化工廠的同業，請業主委託長期專案給建忠，解決化工廠單元操作遙測困擾。有了鳳哥的轉介，建忠曾多次搭機往返竹-高間赴工廠加班，業外收入讓他搖身一變，成為電子遙測新貴。

唯鳳哥的植物營養劑毒性強，因此搞垮他的健康，很想換個環境。第三次台海危機過後，鳳哥加入投資移民出走潮，前往紐西蘭置產。由鳳嫂陪同買個遠離塵囂的森林農莊，退休後準備在好山好水的北島林田山養生。鳳哥也力邀建忠與忠嫂連袂移民，建忠以服務年資尚未滿合約期限，但應允十年後達優退門檻時，當即移居紐西蘭，與鳳哥、鳳嫂為鄰。

未料，建忠公訪歐洲考察遙測環境污染儀器期間，噩耗傳來——鳳哥在督導員工清洗植物營養劑化學槽時，不慎捲入攪拌器內淹死，英年早逝得年僅四九！這起工安事故，讓建忠非常震駭。鳳哥的死，熬不過年歲逢九的劫數，是遭美軍格林斯曼中校的遊魂牽走了？還是劇毒的植物營養劑觸怒了黃槿樹？建忠未及返國參加鳳哥的告別式，在七七時才由鳳嫂陪同，隨身攜帶鳳哥贈送的十字架項鍊，到新墳前祭拜亡友。

——

建忠退休後，在鳳哥二十週年的祭日，四度來到望安島長瀨仔海灘，戰戰兢兢地找回鳳哥攀爬過的黃槿樹。建忠攜帶美製野戰背包與美製S腰帶，重覆不斷地吹口哨，哼唱美國民謠「Yankee Doodle」；從日落到日出，建忠都蹲在樹前以口哨哼唱，耐心等候格林斯曼大隊長的遊魂現身責罵。

等了整晚，除了風聲與蟬鳴，建忠始終聽不到任何人聲與金屬碰撞聲。建忠的氣胸痼疾，這回在黃槿樹前奇蹟似地沒有再發作。也許，鳳哥隨著格林斯曼中校早就踏進了天堂。鳳哥畢生都奉獻給黃槿樹，讓它長得又好又長壽，即便調製生產的植物營養劑有毒性，也算功過相抵。黃槿樹選擇了原諒鳳哥，讓鳳哥享受過尊榮成就與奢華富貴，才請鳳哥離開人世。

黃槿樹厭惡人世間的殺戮，也厭煩人類的攀爬，更憎恨人本主義毫不尊重自然生態。建忠向黃槿樹彎腰致意，替自己這些年來騷擾黃槿樹道歉，保證會還給所有植物寧靜的生長環境。天明時刻，建忠沉穩平和地步向長瀨仔海灘，迎接旭日東昇。

家裡來了隻日本軍犬

建忠是左營眷村在地人，從小對左營史地的考證就有濃厚的興趣。他天生具有讀心術，偶爾可以融入大自然與山海、植物溝通對話。小一時，建忠常去眷村對面用茅草搭建的柑仔店找國小同班的妮香玩耍。

「冬瓜忠，你什麼時候搬來左營的？」妮香知道長相渾圓的建忠渾號為冬瓜忠，她坐在雜貨店前板凳問建忠這個外省囝仔。「我還在襁褓中就隨把拔飛過來左營落戶，那妳什麼時候搬來左營的？」建忠個頭小，坐在板凳上雙腿還不能腳踏實地。

「我不知道耶，阿祖說他的祖先是唐山過台灣的移民。」妮香邊說邊塞了一支冰棒到建忠嘴裡。「妳說過知道柑仔店對面、我住的眷村是什麼時候興建的？」建忠用舌尖舔著花生冰棒發出怪響，噁心的吃相讓妮香有些受不了。

「我阿爸說日本海軍徵用我家在桃子園的祖厝與稻田，奪產拿去築軍港與營區，我阿公被迫遷到新莊仔耕作，阿嬤在內惟開柑仔店。阿爸還被抓去當木工，蓋你現在住的眷舍。」建忠說聲拍謝，妮香安慰起他，「又不是你們外省囝仔的錯。」「不過，美國飛機襲來轟炸，很多眷舍被炸，你在家裡有看過被炸死的日本鬼嗎？」八字輕的建忠說從未見過，但他著實怕黑也怕鬼。

同學妮香再問：「你家的狼犬和山上溜下來的野生獼猴都好兇喔，牠們的祖先都從哪來的？」建忠說要問牠們才知道，兩位小童都沉默不語。建忠隨著時光機倒帶，回到人類源起那一刻的故鄉左營，動用讀心術融入左營地底。

過往三百萬年來滄海桑田的左營

我的名稱有很多。距今三百萬年前的更新世，地殼板塊移動重組，蓬萊造山運動將我從海床推抬出海面露臉，石灰岩夾雜珊瑚形成我的麓山地形。其後歷經沖刷、侵蝕、崩塌、沖積，演變成我今日的三類特殊地形。一是珊瑚與石灰岩磐交錯的淺山，人類取名叫龜山、壽山、半屏山、大小崗山與漯底山；二是沖積平原河川的滯洪湖泊，人類取名叫阿公店湖、蓮潭、內惟埤、金獅湖與澄清湖；三是河水與海水匯流的潟湖區，人類取名叫萬丹港與打鼓港。

距今六千年前的新石器時代，首批移民定居在我頭頂者，他們是南島族人，自南洋渡海登陸我的髮際。南島族出土的文物遺址，就定編為大坌坑文化。在我頭頂耕作、狩獵的原住民祖先，係首批移居的希拉雅族與馬卡道族，他們都是南島族的分支。

四百年前的明朝萬曆年間，第二批定居在我頭頂者，為萬戶漢族移民，自閩粵渡海前來定居，攜入甘蔗種籽開啟台灣糖業四百年的歷史。我瞄了眼茅草搭建的柑仔店，坐在板凳上妮香的先祖，就是第二批來自福建泉州的唐山子民。原先世居桃子園的馬卡道族原住民，遭妮香的先祖追打，避禍撤至高山另覓土地耕作、狩獵，馬卡道族的萬頃家園，被唐山子民霸佔改種甘蔗。當年我的頭頂腦漿是潟湖萬丹港，還可通行小舢舨漁舟呢。然因後勁溪挾帶大量泥沙沉入潟湖，致使萬丹廢港，改為近岸養殖海產的魚塭。

隨後鄭成功在一五八七年渡海取台，實施郡縣制度，設置了承天府，下轄萬年與天興兩縣治理台灣，其中萬年縣設治於興隆庄。鄭氏領台的駐軍，分為前、後、左、右、中等五支「路軍」，「左」路軍設「營」於萬年縣縣城興隆庄內，故萬年縣城被定名為「左營」，這是我三百六十年前的第一個稱號。

一六八三年台灣遭併入大清帝國版圖，重劃新設的鳳山縣治，就在前朝萬年縣興隆庄的左營。一七二三年「鴨母王」朱一貴舉事攻破左營，清軍渡海平亂後，在鳳山縣治興築台灣第一座城堡。城堡倚左營龜山面蓮潭，設四座城門，是為左營城寨。一甲子後，林爽文再舉事反清，率眾又攻入左營城寨，清朝遂將縣治撤往十公里外現今的鳳山市另築「新城」，左營城寨就易名為「舊城」，舊城是我兩百四十年前的第二個稱號。

日本鏟除封建武士分權、一統皇權後，對外侵略擴張版圖、掠奪資源加速現代化。一八九四年的日清甲午海戰，大清帝國北洋水師遭全殲敗北，隔年台澎割讓予日本。總督府在台澎的一級行政區劃最終定編為五州三廳，其中的高雄州，範圍約概等今日的高雄市加屏東縣，轄管九個二級行政區的市、郡，內含八十一個三級行政區的町、街、庄與蕃地。

一九〇一年，鑑於澎湖灣為天然的艦隊泊位，天皇責付帝國海軍新設馬公要港部於測天島。惜馬公要港既不能避風且又無腹地，孤懸海峽當中，所有軍需資材都靠海運進口。加之澎湖又無充足消防、補給、撈救能量，設軍港的要件先天不足。

一九〇八年四月，駐泊馬公要港一等巡洋艦四千噸級的松島號，內艙彈藥庫爆炸，瞬間就沉沒在馬公港池，艦上官兵非死即傷。松島艦為日清甲午海戰之日本海軍聯合艦隊旗艦，當年駐艦的聯合艦隊司令長官伊東中將，擊滅北洋水師，進而導致台澎割讓予日本。戰功彪炳的松島艦，竟沉沒在戰利品的港池內，真是情何以堪。日本記取教訓，遂有在台灣本島另闢隱密專用軍港之倡議。

一九二三年，裕仁皇太子奉旨由御艦專送，巡視台灣殖民績效。皇太子在總督府聽取帝國海軍奏摺後，指示軍港須摒除外諜密佈的基隆、淡水、高雄等商港，另尋找隱密、靠山、有腹地、幅員廣、交通便捷之地，闢建排商的專屬軍港，以利太平洋戰爭的遂行。

隨後，總督府奉旨在全島會勘，我不幸雀屏中選。日軍擇定高雄州岡山郡左營庄的萬丹潟湖魚塭闢建軍港。總督府在我兩耳際的援中港及桃子園，徵地五百甲為要塞地帶，強迫第二批住民包括妮香的阿公遷居至我肩膀的新莊仔，基地範圍包括周邊壽山、半屏山、龜山與部份舊城城區。

——

一九三六年，一艘貨輪從日本駛進打鼓港，卸下一簍簍四隻腳的動物被日軍領走。牠們是德國種的狼犬，安頓在壽山要塞，驅離軍港基地內盤據數萬年的野生動物。這些領有糧餉的日本軍犬，被有計畫地在我頭頂交配繁衍。這些來台後的軍犬後代以量取勝，追咬擅闖入基地的山羌與獼猴。

這一年天皇撥款五億日圓予海軍著手開闢、濬通左營萬丹潟湖為「高雄要塞港」，這是我八十五年前所獲得的第三個稱號。高雄要塞港設有左營軍港與左營大要地應急飛行跑道，戰略價值至為凸顯，同時更是日本軍事南進的樞紐。

帝國海軍以艦船及飛機為主力，須有像我這樣優良的港口與飛行場站作為基地，始能侵略南洋。第三批移民定居在我頭頂者，為帝國海軍兩萬餘官兵與八千餘隨軍眷屬，戰前進駐左營軍港。當時，居停左營的軍人比老百姓還要多。

七七事變的侵華海軍長谷川清大將，於一九四〇年就任台灣總督後，重劃行政區，把左營庄廢庄，納入高雄州的高雄市轄管。長谷川加快左營軍港初期工程施作，隔年即啟用。我頭頂可以靠泊船艦噸位合計五十萬滿載噸，聯合艦隊當即進駐，適時參與太平洋戰爭。一九四三年，海軍在我的頭頂左營，新編成「高雄警備府」，這是我七十八年前所獲得的第四個稱號。

日軍在我頭頂的經營，引來美國的不滿，持續爁炸我的頭、肩、頸兩百多天後，日本於一九四五年八月十五日降伏，戰爭結束。美軍把帝國海軍部隊集中在給養方便的左營軍港，飭令武器、裝備移交給承襲清國主權的中華民國海軍接收。同年十月，受降作業完成，接收點交後，中華民國海軍在日遺高雄警備府新設「台澎要港司令部」，這是我七十六年前所獲得的第五個稱號。

——

戰後舊海軍被清洗乾淨，鏟除派閥割據後重編設置新海軍；依據地理形勢及國防考量，新海軍於一九四七年將全國海域劃分四個海區，以利分區巡守海疆。負責閩台周邊海區安全者，為台澎要港司令部易名的「海軍第三基地司令部」，這是我七十四年前所獲得的第六個稱號。基地司令部的總務課，轄管六個日遺海軍眷村，約有兩千戶堪用眷舍，包括建忠自幼成長的眷村。

戡亂時期，政府在國共內戰中潰退，百萬軍民撤退來台，海軍則集中艦艇部隊據守台澎。左營的海軍第三基地司令部擴編幕僚單位，轄管半數艦艇部隊，並晉名為「海軍第三軍區司令部」。待大陸江山全部陷共後，海軍軍區又調整，「海軍第三軍區司令部」改稱「海軍第一軍區司令部」，簡稱左營海軍軍區。這是短短三年內我四度改名，海軍第一軍區司令部成為我七十二年前的第八個稱號。

大江大海離亂年代，海軍把移居我頭頂第三批的三萬日本軍民，由左營軍港遣送歸鄉，緊接著迎來第四批移民定居我頭頂。他們是一萬五千撤台的海軍眷屬與五千官兵，先來的軍眷依職階遷入緊鄰港區的日遺眷村如明德（五十八戶）、自強（兩百四十四戶）、勵志（兩百六十二戶）、崇實（四百戶）、建業（四百七十五戶）與合群（四百九十四戶）等眷村。後到者沒眷舍的，政府也在左營海軍軍區外陸續新建十六座簡易眷村，增添約六千戶眷舍。

爾後海軍單身官兵紛紛在台澎結婚成家，眷屬的眷口數在鼎盛時期就有六萬人。海軍亦在全國逐年增建眷村，所列管的六十四座眷村，我的頭、肩、頸上的左高鳳地區，就有四十三座，形成特有的海軍眷村文化。此際，有個襁褓中的小屁孩暱稱冬瓜忠，悄然來到我頭頂定居，三不五時找我玩什麼心靈溝通，很煩耶！我就把陳述歷史故事的功課，交回給冬瓜忠。

屋挖哇來到家裡

建忠全家來台時，就配住在左營海軍眷村。七十年前軍眷的生活清苦，母親甚至買不起新球鞋給讀小學的建忠穿，但建忠家卻擁有終極保鑣——狼犬「屋挖哇」。牠是頭內柔外剛的德國牧羊公犬，陪伴建忠渡過繽紛的童年歲月。

當年建忠的把拔在海上偵巡作戰，終年難得回家露個臉，著實不放心母親帶著兩個好動幼兒住在眷村內生活。艦長把拔趁靠泊左營整補的空檔，從壽山要塞友人處領回一頭流浪狼犬，交給母親接收。母親對毛聳聳的毛小孩過敏，責付狼犬給三歲的建忠來調教。狼犬在壽山山頂原日本海軍特種監視隊電探台巡守，狗齡才一歲就逢日軍降伏，變成孤狗四處游蕩。

不用一個禮拜，建忠與高大、雄壯的狼犬混得非常熟。母親令讀小學的姐姐賜給牠個名字，姐姐為了與左鄰陳老伯的土狗來喜與右舍褚伯母的洋狗大衛區隔，不落俗套將牠正名為「屋挖哇」，理由是牠顧家從不四處游蕩遠離屋門（屋），閒暇時牠喜歡用前爪挖院子的草地（挖），三不五時還挖出一些日軍遺留的昭和銅幣（哇）！

屋挖哇本性忠誠且勇敢。眷舍緊鄰壽山山麓，據說日軍降伏前，將研究蛇毒用的毒蛇悉數放生，故長蟲不時會爬入眷舍。颱風豪雨過後的一個下午，母親帶著建忠蹲在前院清理開心農場，屋挖哇在母子倆身後守值。牠靜悄悄走到母親跟前，很自豪地搖著尾巴，天哪！牠嘴巴咬著一條垂死的赤尾青竹絲七寸處緊緊不放。母親沉著地奔回廚房拿利剪，將牠嘴邊的蛇頭剪斷「屋挖哇才鬆脫碩大的蛇身。那晚，眷村巷弄每家都分嚐到母親燉煮的鮮肉蛇湯。

屋挖哇天生具攻擊性但卻有選擇性。兒時眷村玩伴多，但小屁孩也不少。進出建忠家的玩伴包括對面柑仔店的同學妮香，都喜歡摸牠、抱牠，牠均不以為意，唯獨碰到小混混經過家門輕佻地向姐姐吹口哨；或霸凌成性的惡童路過，牠都會兇猛地露出利齒追監，將他們驅離巷子口。

屋挖哇個性也有仁慈的一面。母親在後院飼養雞鴨，平日下蛋供應無虞，表現不佳的逢年過節還可擺上供桌。牠剛報到時，母親和雞鴨都擔心牠會以大欺小，沒想到牠還真識大體，頭兩天驚懼怕生的雞鴨都躲得遠遠地，之後雞鴨狗同住在竹籬笆內，最後老母雞還窩在狗背下躲雨。至於個頭小兩碼的鄰居來喜與大衛，對每次路過的屋挖哇都咆哮狂吠，牠都「大事小以仁」懶得回應。對街妮香家與豬一齊生活的黑色土狗來訪，屋挖哇總是聞聞咬咬和牠嬉戲，一付哥倆好地親熱交往。屋挖哇很識時務，知曉妮香與建忠是同班同學，黑色土狗是妮香的寵物，千萬不能得罪。

屋挖哇負責盡職且直率。母親牽建忠去巷尾海軍婦聯分會附設幼稚園上課時，牠會在眷舍與幼稚園間的巷弄往復巡邏，不騷擾路過的同學也從不吃學童餵牠的零食。建忠下課時，牠就守候在幼稚園門口接護建忠返家，建忠從小就體驗到什麼叫做「走路有風」。

性格高傲且冷漠的屋挖哇，從不撒嬌取寵，也很少搖尾巴示好。牠對熟悉的鄰居不理不睬，就連建忠這個小主人牠都有禮但不熱絡。說也奇怪，只要把拔返家，人都還沒出現在眷村，牠就從架高的眷舍通風底層窩居處跨過雞鴨，衝出門口直奔大馬路，猛搖尾巴就位，準備迎接主人！牠非常清楚誰才是老闆。

屋挖哇來建忠家報到時，早已逾狗齡的青春年華，身世不可考。建忠把拔曾任駐日海軍武官，他研判屋挖哇係駐守壽山山頂日軍雷達站軍犬在台出生的第二代。日軍降伏官兵遭遣返後，牠流離失所，在壽山頂苟活，被好心的要塞砲兵收留。也難怪具有日本海軍血統的牠，在左營軍區日遺眷舍內住得如此稱心如意。

小學沒課的下午，建忠常與兒時玩伴共赴壽山探險。屋挖哇熟門熟路打前鋒，姐姐帶領大夥沿著彈藥總庫外綿延數公里長的日遺戰壕前行。牠不時停下用前爪挖掘，總會帶給建忠些驚喜——不是挖出生鏽的彈殼，就是日軍的千人針福袋。牠像極了部隊的尖兵斥候，遭遇山羌時，會主動撲上驅退以護衛大夥兒。

最令屋挖哇抓狂的是壽山野生獼猴。每當眷舍前院的土芒果成熟時，紅屁股獼猴在子夜時分就成群結隊、飛簷走壁直上樹幹掠食。屋挖哇的罩門是跳不高也爬不上樹，根本無從攔阻，甚至遭對方霸凌。獼猴翹著二郎腿坐在芒果樹上，用吃剩的芒果核丟擲羞辱牠！獼猴好像對牠訕笑：「我們獼猴祖先才是三萬年前小冰河期，步行跨越冰封海峽來定居的原住戶，你是移居後到的，靠邊閃吧你！」

建忠最後一次見到屋挖哇是讀小二的溽暑。那天半夜牠對定期入侵的獼猴狂吠不已，盛怒的吠聲在建忠半夢半醒中由近而遠。隔天清晨母親餵食家禽發覺異狀，雞鴨群失去往日活潑爭食的模樣，競相往竹籬笆外張望，屋挖哇從此沒再回建忠家。

母親安慰悶悶不樂的建忠說：「忠仔，牠在壽山追捕到撒野的獼猴後，過不久就會凱歸。」一週後，把拔向全家宣告屋挖哇未歸，屬「作戰失蹤、推定陣亡」，下令建忠儘速從悲傷中走出。牠遭獼猴圍攻致死？抑或失足墜崖跌死？還是被老饕誘殺變成佳餚？姐姐冷靜地提出她合乎邏輯的幾個版本。

——

歷經三次台海危機後，當年撤台定居左營的國軍官兵早已退伍，歷經就醫、就養而逐個凋零，眷村也老舊腐朽陸續拆除。屋挖哇居停過三年的眷村巷弄，牠和鄰居的英雄副長褚伯伯與伯母、陳老伯與伯母都曾相處過（參閱「運寶船崑崙艦的平叛歸來」）。若沒人敘述他們走過亂世的記事，還原歷史真相，人與狗陸續離開人世後，就無人再追憶眷村曾擁有過的印記。

政府為照顧榮民、榮眷並提升居住品質，近年來積極推動全國眷村的改建工程，眷村這個名詞亦將正式消失。唯日遺軍犬屋挖哇居停過的左營眷村未達改建門檻，而淪為國軍列管八百八十六座眷村中，海軍唯一放棄改建的孤村。

在這不確定的茫然中，建忠的繾綣眷村情依舊濃郁，眷戀左營的情懷，永遠烙印在他心坎深處。尤其是歷經七十個寒暑，每當建忠看到狼犬經過眷村巷口，總是恍神一下，誤以為牠是追捕獼猴凱歸的屋挖哇；牠，曾是建忠的寵物，牠更是建忠家的保鑣。

姐姐一輩子的叮嚀

每年清明假期，建忠都陪著年長五歲的姐姐，回左營眷村的日式故居打掃。進入居住多年的老家，建忠在玄關脫鞋時頓了一下，回憶說：「一甲子多以前，玄關後長廊這兒擺了張折疊床，姐姐妳和我都睡在上面，直到妳小學畢業。」

姐姐絞盡腦汁，只記得兒時與弟弟飼養過的狼犬「屋挖哇」（參閱「家裡來了隻日本軍犬」），就是想不起姐弟倆曾同床：「冬瓜忠，有過這麼一段嗎？」建忠笑著提示說：「小時候我習慣把棉被捲住身體像隻蠶寶寶，這樣保暖才有安全感。棉被遭捲走的妳，從不搶回半邊該有的被褥，卻選擇穿上棉襖睡，這還不算，妳更替我加蓋雨衣保暖。」

地處南台灣的左營冬寒夏熱，溽暑期間母親用冷毛巾擦拭折疊床蓆，躺下全身沁涼舒適；夜間燥熱時，掛蚊帳打開紙窗通風，不須吹電扇也蠻涼爽。早年電力供應承接了日遺戰後殘破設施，電力既不足也不穩定，無論晝夜臨時停電是常態。夜間防空演習施放空襲警報時配合防空，全島供電須立即切斷。建忠被悽厲的警報聲吵醒後，非常害怕飛機由打開紙窗的空隙飛入，姐姐總會摸摸建忠額頭說：「冬瓜忠別怕，有姐姐在，我會擊落飛機。」

左營冬日照樣寒風狂飆，陰冷潮溼多雨，到了夜晚穿得厚重，就算屋內放置炭盆取暖，全身照樣凍得哆嗦。母親在炭盆上架著茶壺燒水，免得過於乾燥、身體上火。但母親會在長廊把紙窗留一條縫，以免屋內一氧化碳過濃。姐姐趁建忠熟睡後，最愛把橘子皮丟進盆中，聞那股燃燒檸檬烯的清香。

憶當年貧困但幸福的軍眷生活

多年後，雙親為姐弟倆海外留學歸國服務而增建故居時，特地對建忠描述兒時姐弟情，也彰顯弟弟不太稱頭，自幼就顯現非常自私蠻橫的個性。發呆的建忠站在空蕩蕩的玄關，極力拼湊一甲子前姐弟倆朝夕相處的情境，強烈地感受到姐姐對傳家的獨子格外體貼。直到姐姐小學畢業進入青春期，姐弟倆才分床睡，把拔的書房改裝成姐姐的香閨，建忠繼續留守玄關長廊的折疊床。

其實，建忠全家遷居來台時，並未一次到位入住這個充滿溫馨記憶的日式故居。全家搭機抵達左營的第一週，暫住左營海軍「四海一家」招待所，隨後把拔申請獲准配住正鳩工興建的乙種眷舍。這個戰後募資新蓋的急造眷村，位於左營碑子頭原日本海軍第二十一震洋隊的營區。等候新眷舍交屋期間，全家借住麥叔叔家（參閱「讓台海穩定近六十年的最後三場海戰」）的客廳近兩個月。

海軍桂總司令身邊的科長黃叔叔，恰逢放洋出國當武官，科長的職缺由把拔接替，黃叔叔騰空的日遺眷舍，就立刻交給把拔配住。因此，全家始在台灣安頓下來，遷入壽山山麓的左營眷村，一住就到今天。

說起這座一九三五年就鳩工起造的鋼筋水泥眷舍，原先是給左營築港的日本海軍有眷技勤士官作為職務宿舍用的。其實，日本的士官位階並不低，相當於國軍的尉級軍官；國軍的士官階層，在日軍被稱為「下士官」。早年國民政府許多將領就讀過的日本帝國陸軍士官學校，是尉級軍官養成的教育機關。太平洋戰爭期間，甫自大學畢業在左營服役的日本前首相中曾根康弘，軍階也是帝國海軍的士官。

姐姐來台灣剛進小學那年，建忠還在襁褓中，不論晴雨每天破曉時分，母親總是雞鳴就起床，餵食照料後院飼養的家禽，給家人添加肉、蛋營養或拎去傳統市場託售增加額外收入。姐姐讀初中後，拂曉前由母親叫醒她去生火燒原子煤球，給母親用來準備早飯及午餐便當。母親的巧手料理家務，即使午餐便當盒內僅有半根紅燒雞腿、一粒滷鴨蛋、兩片醃漬黃蘿蔔、川燙地瓜葉配白飯的便當，也是轟動全班搶著要交換食材的人間美味。

說起圓柱形十六孔的原子煤球，姐姐就如數家珍地說：「冬瓜忠，海軍軍區眷補站的工班拉著板車，堆滿一層層的原子煤球挨家挨戶配送。原子煤球起火的時候急不得，報紙與薪柴要適量置於煤球底下，否則忙個半天只見黑烟不見火苗，欲速則不達。碰到雨霧潮濕，切忌用夾子用力夾煤球，那樣煤球會解體，煤渣就會散落一地。我都是雙手捧著濕軟的煤球，小心翼翼地伺候着；一個原子煤球快要燒完前，還要再疊加上一個預乾、預熱。」

姐姐搞定煤球後，顏面都被煙燻到像日劇裡的黑臉阿信，她先幫母親擺桌再去洗臉。由於故居僅有一套衛浴，姐姐整理完畢，才把讀小學的弟弟弄醒。直到初中畢業前，廚房才換用桶裝液化瓦斯作為燃料，原子煤球方退出廚房。

把拔率艦出海偵巡或在左營軍區值夜班時，母親在家還得身兼嚴父，在慈母紀律嚴明的督促下，姐弟倆依家規在東方露出曙光前須就飯桌用早餐，好讓姐姐在上學前，至少有一到兩個小時早讀準備功課。

長年下來，這種家規讓姐弟倆的生理時鐘，調理成只要天色微明，就會自動起床。

寒冬的左營北風怒吼，媽媽總是貼心地準備白菜豆腐火鍋晚餐圍爐；把拔回家時都帶瓶高粱酒助興取暖，子女也百無禁忌學雙親喝點兒小酒。建忠貪杯，往往趁把拔不注意時偷偷又將小杯斟滿，姐姐總是關切地叮嚀：「冬瓜忠，你已喝了一小杯，小小年紀不可以酗酒，等你長到和我現在一樣大時，才准喝第二杯。」姐姐一面說，一面把弟弟杯內十西西的金門陳高一飲而盡再續杯。

守聽美軍電台播放節目是眷村兒女的最愛

姐姐有母親美麗的基因，臉蛋姣好吸睛，從小在婚宴擔當女花童的工作應接不暇。連第一夫人視導左營地區慈善捐贈的行程，姐姐也是獻花的學生代表。當然，左營周遭仰慕者眾，在巷口徘徊伺機投遞情書的帥哥，十根手指頭都數不完。

姐姐也有把拔優秀的基因，邏輯推理能力超強，功課好到獎狀貼滿故居所有牆面不說，多出來的還整理成幾大冊。姐姐在小學就讀六年間，拿過高雄市長頒授的學藝獎狀；讀初中時獲省長書卷獎狀，直升高中部後還榮獲海軍總司令的五育獎狀。

身為弟弟的建忠，卻承襲雙親壞的基因。他暗地偷呼公賣局的香菸、偷取把拔的軍菸又偷喝媽媽廚房的料理米酒，呼菸喝酒都遺傳自把拔，建忠個頭低矮，則遺傳自嬌小的母親。加諸父母管教過份嚴厲，反叛成性的建忠慣於忤逆尊長。讀小學的月考成績，總是坐五望六在及格邊緣，故從小就品學兼「憂」；

姐姐在旁實在看不下去，遂主動對弟弟管教收心。

姐姐從不大小聲責罵，總是和言悅色地說道理；建忠起先會非理性地頂嘴，有一次他嗆姐姐吼得太難聽，氣得姐姐傷心流淚，這可讓建忠慌了手腳，趕緊抱住姐姐賠不是，發誓以後絕不再惹惱姐姐。說也奇怪，也許姐姐的命格夠硬，對建忠能收震懾之效，弟弟慢慢轉念，認為學業應該比玩樂重要。不過，姐姐捨棄把拔嚴厲管教方式，採用柔性引導，放下身段陪弟弟邊玩耍邊帶風向，要建忠注重學業。

建忠最大的娛樂，就是用角料動手施作木製船舶，姐姐就陪建忠將船舶模型置入澡盆，看看是否能浮起；模型會傾斜或沉沒，姐姐就引導建忠去思考，船舶模型的重心是否偏移因而翻覆，或用料太重導致沉沒。船舶模型翻工重製後，姐姐帶領建忠到眷舍前的排洪溝，置模型於終年不斷的溪水中放流，觀查模型是否會因重心偏移在順流而下時打轉、不能走直線。建忠從姐姐的言教中，學會認識問題，進而重行改正、翻工施作，解決問題。

但姐姐的寓教於樂也有準繩。建忠每施作一小時的模型，就得跟在姐姐身邊讀書一小時。姐姐從不檢查弟弟的課本與作業簿，建忠對「粉筆與板擦兒」等注音符號總是漫不經心。國語課本內「老師早，小朋友早」的字句對建忠來說，很難提起他的學習意願。姐姐會緊盯建忠，用另類方式去啟發弟弟對課業的興趣，避免讀死書。

對國語課，姐姐會按每週進度，先要建忠認課本上的字及造句；過關後，姐姐加碼教導弟弟去認他喜歡的字句，如「船」、「機」等字與「飛機在船舶上空」、「軍艦坐礁擱淺」等句。姐姐將心愛的月光牌香水鉛筆借給弟弟，要他認字造句後默寫百遍牢記。

對算術課，姐姐也會按每週進度，要求弟弟計算出澡盆內的水體積，增加船舶模型載貨量到何種程度時，學會解算模型在何種狀況就會沉沒等。姐姐「做中有學、學中有做」的身教，讓弟弟逐漸對小學課業也產生濃厚的學習意願。

早年的國小並不講授英文課，南台灣也不作興課後花大錢加碼補習英文；雙親遂責成讀初中的姐姐替弟弟自小二開始，課後在家裡義務講授英文。那時節美軍電台的調幅網在台南空軍基地剛開播，二十公里外壽山山麓的左營眷村居高臨下，收聽台南的全美語節目非常清晰，姐弟倆放學後都圍在把拔八支真空管製成的收音機旁，邊聽廣播邊做作業。姐姐見弟弟聽「八個燈」收音機的美語廣播聽到失神，了解到弟弟根本聽不懂。但弟弟不排斥美語節目，就另想法子從基礎開始教弟弟學美語。

既然建忠是個船舶控，那就好辦；姐姐從美國新聞處高雄圖書館借了本海事專用的英文版《國際信號旗章》給弟弟翻閱。果不其然，建忠眼睛一亮，船舶桅桿上不都是懸掛這些旗章嗎？弟弟吵著要姐姐解釋，那些五顏六色形狀不一的信號旗，都代表什麼意思？姐姐打蛇隨棍上地說：「來，冬瓜忠，信號旗的旗組，有的代表阿拉伯數碼，有的代表英文字母。阿拉伯數碼你都會了，我來教你英文字母信號旗。」

建忠才八歲讀小二耶，就認得缺角藍白信號旗是「A」字旗，要唸 Alfa，四色方塊信號旗是「Z」字旗，要唸 Zulu；姐姐還教他明碼 A 字信號旗意謂請友船減俥遠離本船，明碼 Z 字信號旗意謂本船須要拖船協助。

等到建忠英文功力增強後，姐姐要弟弟讀單字開口唸，如「飛機」的英文單字 aircraft，複數的飛機英文不可加 s，再用英文舉一反三造句「兩架飛機停放在機庫」等。爾後當建忠進初中首次上英文課時，著實讓師專剛畢業的英文老師嚇到，弟弟不獨可用美語和老師對話，還當老師的小助教寫黑板，老師唸一個單字，建忠毫不猶疑寫出正確的單字，同學都以為建忠剛從美國移居回台。

建忠在姐姐引導式的調教下，讀小四時奪下班級第一名。獲得班導師的認同與鼓勵後，建忠也陸續擔任學生幹部如風紀股長、糾察隊長與班長。小學畢業時，甚至轉骨成功，獲保送直升初中部；建忠心懷感激，寫了張謝卡置入姐姐香閨門縫，表達感恩。入學初中新生訓練前，姐姐在高雄崛江商場用所有私房錢買了隻昂貴的日本舶來品——寫樂鋼筆贈送，當作弟弟保送初中的獎勵。建忠當時還沒意會到姐另有用心。弟弟保送初中，姐姐也要遠行，離鄉背井到外地去讀大學，今後姐弟倆勢必聚少離多。

建忠讀初一的雙十節，昂貴的黑白電視機剛推出，國內第一個電視台的台視公司也配合首播，立刻引起國人的騷動。巷子口的左營第一軍區司令宅邸內，就添置一台十四吋黑白電視機。司令夫人為敦親睦鄰，每晚四個小時的電視開播時段，都歡迎街坊鄰居進入日遺豪宅客廳觀賞。

建忠攜帶小板凳在開播前半小時，就到司令家門口排隊，先搶最前排的位置。建忠清晰記得開播四個小時的節目，依序是檢驗對焦圖、國歌、播放清單、政令宣教、新聞報導、氣象預報、兒童卡通、群星會、綜藝表演及收播新聞。建忠每晚都死盯著畫面目不轉睛，記憶深刻的有慎芝主持的群星會歌唱節目，歌手紫薇的「綠島小夜曲」及「當我們小的時候」唱作俱佳。姐姐在外地求學得知上情，寫了封限時信語重心長地叮嚀：「冬瓜忠，致贈你的寫樂鋼筆，就當成是姐姐的溫馨提醒，記住時時刻刻要讀書寫筆記喲，少看電視沉迷於逸樂。」

受邀參訪駐台美軍

姐姐初中畢業拿校排第一，故直升高中部，中學六年天天在左營故居收聽美軍電台美語節目迄熄燈就寢，英文程度登峰造極。當年大專聯考五搶一，錄取率低，她的成績足可分發入學台大外文系還有找，但姐姐填選的第一志願，卻是台中大度山上的私立教會大學外文系，且姐姐大專聯考的總分，高到還可獲教會頒發的巨額獎學金，相當於少將處長把拔的半年俸祿。

姐姐入學後，將獎學金匯回給把拔當孝親費，把拔也笑呵呵地順便親赴榮泉汽水廠買了整箱瓶中裝了一粒彈珠的汽水，犒賞建忠保送入學初中。建忠要喝它以前，還要以手掌用力一拍，震開彈珠；這一手的掌震功夫，建忠練了好一陣子才熟能生巧順利喝到汽水。

令建忠羨慕到流口水的不是彈珠汽水，是讀外文系的姐姐在大一寒假受美國新聞處邀請，參訪錨泊高雄港外海的美軍直昇機母艦，而且騷包到由國防部連絡局安排，在左營軍區大操場搭乘美軍直升機，飛到外海落艦造訪！姐姐很想挾帶弟弟這個船舶控登上直昇機母艦，可惜美軍的敦親睦鄰民事勤務，只高規格接待美國大使館甄選的大學學生領袖，初中生的跟屁蟲不准去。

不過，建忠登上美軍直昇機的美夢終算成真。初二暑假時，美國海軍在左營軍區大操場陳展軍機，初中資優生受邀列隊前往陳展區參訪。建忠穿上漿燙好的初中制服，滿心歡喜地排隊擠進美軍的直昇機陳展區。老實說，建忠對美軍直昇機印象十分模糊，依稀記得三件事——一是當天從外海飛來落地展示的，有越戰期間使用的各型直昇機，起降的噪音大到建忠須雙手捂住耳朵；二是建忠首次用美語和美軍直昇機的機組員作簡單寒喧，居然能非常輪轉地互動，這得感謝姐姐居家時的調教；最後，建忠在美軍陳展區免費吃一球又一球的冰淇淋，返家後肚子拉到不行。

進美軍陳展區，建忠既吃也拿。直昇機帶隊官贈送會講美語的建忠兩樣禮物，一直保存到今天——用新款拍立得相機與直昇機帶隊官在駕駛艙內戴頭盔合照的一張彩照，還有一架一呎長的UH-1E突擊直昇機模型，這也是建忠擁有的第一架現代化的軍機模型。

不過，建忠總覺得與姐姐一齊蹲在故居，用雙手打造的竹蜻蜓輕巧快捷，而且配合陳展自己空軍的三人座H-13型救護直昇機小是小，但是小得親切。建忠還是喜歡咱們空軍輕快小巧又親切的直昇機，外來的十二人座美軍直昇機太大、太高傲了。

飛官帥哥熱烈追求姐姐

姐姐外型亮麗，可惜到高中畢業時，女校的樂儀隊都尚未成軍，否則姐姐是樂儀隊指揮的不二人選。說到姐姐的追求者眾，一點都假不了，建忠就親身體驗過。讀大學的姐姐，每逢寒暑假都會回左營跟家人團聚，拜倒石榴群下的帥哥們也蜂擁而至，邀約不斷。

姐姐把帥哥們分成四個等級：「普通朋友」、「男的朋友」、「準男朋友」與最高等級的「正牌男朋友」。姐姐把等級最低的「普通朋友」都交給弟弟單獨「處理」掉，她不出面，但著令建忠身段要軟，萬萬不可開罪對方。事後還要向姐姐作歸詢報告，聆聽姐姐的指正。

譬如說，海陸觀測中隊飛OE－1輕航機帥哥飛官的「普通朋友」前來邀約姐姐，建忠就提槍上陣，去巷口攔截與查證。帥哥說：「冬瓜忠，不知是否有此榮幸，邀請你姐姐去看電影逛街，我還買了兩張首輪放映的《第凡內早餐》院線片預售票。」建忠收下帥哥手捧的一束玫瑰花回應：「姐姐這個寒假要在家多陪把拔，她特別交代我傳話給您，謝謝您的邀約，這回不行，以後再說吧。」

建忠的軟釘子沒得罪姐姐的「普通朋友」，婉謝邀約還讓對方覺得沒被拒絕，且應該還有希望。聽到建忠把少將把拔抬出來壓陣，少尉小官的帥哥立即收兵，臨行時把兩張電影票塞給建忠收受。

建忠滿心歡喜，將姐姐的「普通朋友」輕鬆打發掉，手持玫瑰花束與電影票向姐姐邀功，沒想到卻遭打臉，姐姐嚴肅地叮嚀說：「冬瓜忠！你以後不可以收受電影票，拿人手軟哪。你接收玫瑰花束我沒意見，下回記得向對方言明是你主動幫帥哥代為養花，不是把花束轉交送給我！」建忠經一事長一智，又添加應對進退的知識。

其實，海軍陸戰隊少尉帥哥飛官做足功課有備而來，打聽到姐姐是《第凡內早餐》女主角奧黛麗赫本的鐵粉。讀大學後姐姐的髮型，還梳個短俏「赫本頭」，十分吸睛；只可惜，少尉飛官不是姐姐的菜，兩張預售電影票待下回帥哥不死心再度出現時，建忠依姐姐之命，雙手捧著還給帥哥去退票。

建忠時值血氣方剛青春期，男女約會花大錢買黃牛票，相約去觀賞電影，到底會有啥搞頭？建忠很想一窺堂奧。讀初中時，恰逢港片《梁山伯與祝英台》紅遍華人圈。母親是反串小生凌波的粉絲，又愛哼唱黃梅調；每逢週日建忠必陪母親從眷村巷子口，搭公車到高雄鹽埕大舞台電影院再三觀賞。

電影放映前，先起立觀看國歌影帶，坐定後繼續觀看政令宣導的新聞片與電影預告片，然後才觀賞梁祝正片。建忠看了兩三遍後就索然無味，向入戲哭得死去活來的母親請准暫時離席，藉故尿遁出去大廳偷呼根菸喘口氣，卻無意中發現暗黑的電影院內，情侶雙雙對對，有的十指相扣，有的倆相依偎，坐後排角落甚至狀極親蜜！原來，約會看電影有這麼多眉角。

姐姐偶爾會應允第三等級「男的朋友」熱情邀約，散步至家裡旁邊的內惟龍泉禪寺聊天，但一定帶弟弟隨行跟緊，讓對方甭想得寸進尺。至於第二等級「準男朋友」的約會，姐姐當然爽快答應，那就沒弟弟的份啦。傳言中姐姐最高等級的「正牌男朋友」即便存在，弟弟則從未見過，而且不准多問。

建忠不論與姐姐的「普通朋友」或「男的朋友」如何盡心周旋，都被帥哥們稱為：「這位是左營海軍眷村氣質美女的弟弟。」對帥哥而言，建忠叫啥名字不重要。建忠最喜歡單獨處理姐姐「普通朋友」的棘手問題，從中還領悟到很多待人接物、處事圓融的技巧。忙碌的姐姐請弟弟協處眾多追求者的任務，讓建忠一生受用不盡。

就讀大學的姐姐，平日跟弟弟僅有書信聯繫，建忠要寫封工整字跡的請益信函給姐姐，那支寫樂鋼筆就派用上場；他緊握住姐姐贈送的鋼筆似乎魔力無窮，讓建忠有個榜樣可以學習仿傚。果不其然，建忠初中畢業時，考上高雄市頂尖的省立高中。姐姐除了來信恭賀，還幫弟弟「超前部署」，趁在高中的寒暑假空檔，由姐姐透過眾多追求者的安排，讓弟弟逐一參訪知名大學，作為未來大專聯考填選志願的參考。

想都知道，姐姐的「準男朋友」們，對建忠一連串大學校園參訪的接待，幾近阿諛的程度。除了全程免費吃香喝辣，帥哥們還向建忠透露各大學不為人知的暗黑面，以及在這個校園生存的潛規則。男大學生在廣闊的校園很流行騎鐵馬，他們都把座墊抬得高高的，翹著屁股讓上半身自然前傾，拉風得很；仰慕的女生都愛側坐在前槓，讓男生的頭、胸、雙手緊貼護著嬌軀。泛泛之交的女同學，選擇側坐在後座，避免肌膚接觸。這讓建忠體驗到，在大學校園一定要擁有鐵馬，社交生活才會多采多姿，「社交距離」才會愈拉愈近。

當然，姐姐的「準男朋友」們都稱建忠為：「這位是大度山上第一美女的弟弟。」對帥哥而言，建忠叫啥名字一點都不重要。姐姐熱誠安排的大學校園之旅，讓建忠練就看問題的廣度。高中主任教官作家庭輔訪時，對建忠雙親說：「令郎與一般高中生相較，要早熟圓融得太多了。」

建忠高二那年，姐姐赴美留學；那年頭能留美是萬中挑一、光耀門楣的驚天盛事，全家大小與親朋好友浩大的歡送團，塞滿了台北松山國際機場的出境大廳。出國前夕，雙親買了個大同電鍋給姐姐，免得她留學期間還要洗米加水用小火慢燉煮飯，費時費工還未必煮得恰到好處。有電鍋及帶刻度量杯的附件，照著說明書烹煮，電鍋冒蒸汽就自動由烹煮切換成保溫，保證生米煮成熟飯。

建忠記得抱著姐姐未開箱的新電鍋，在滂沱大雨中叫部三輪車回旅館，那半透明的塑膠遮簾，裡頭濕悶的空氣，以及遮簾外雨中昏黃扭曲的街燈，讓他感傷地心想姐姐這一走，不知此生何時再重逢。姐姐拎着兩個旅行箱共二十公斤的行李，背一筒塞滿健檢的X光片，手提一個大同電鍋，櫃檯報到前對建忠殷殷叮嚀再三：「我這一走，你要記住用功讀書、孝順父母。」

送行後，建忠陪父母仍留在國際機場，拐個彎到入境大廳迎接從南越西貢來訪的僑領范舅。建忠的母親陪范舅赴南台灣的食品工廠作商務考察，洽談台越雙邊貿易。

建忠回到左營眷舍，正式入住姐姐騰空的香閨，回想起姐弟倆居停過狹小低矮的日式房舍，從弟弟學前有記憶刻痕的朝夕相處、小學時期的共伴讀書，到中學時期的聚少離多，不知何年才能再度闔家團聚。建忠日夜瀏覽姐姐裝訂成冊的獎狀，下定決心奮發圖強，以姐姐為標竿，有為者亦若是。

建忠沒讓家人失望，大專聯考理工類的總分，足可分發入學台大，但建忠填選的第一志願，卻是新竹的大學，且聯考成績比當年姐姐的原始總分還要高！姐姐獲知後，從美國寄贈給建忠她第一本出版的散文著作《赤足在草地上》，內附親筆簽書的贈言是：「青出於藍」。建忠當然不敢奢想僭越姐姐的成就，在姐姐的光環罩頂下，弟弟習慣性地低調學鴨子划水就好。

拼酒比軍人更威猛的姐姐

姐姐雖然在遙遠的美國就讀，但仍透過書信往返，姐弟倆未因隔著太平洋而有疏離感。姐姐每個月的來函，都叮嚀建忠要儉樸勤學、自律盡孝，方有機會出人頭地。待姐姐榮獲比較文學博士學位，又在美國覓得大學專任教職後，建忠也順利畢業服完兵役，跟上姐姐的腳步，著手申請出國留學。

當獲得全額獎學金抵達加拿大一流大學深造時，三百公里外的姐姐聞訊立刻駕駛金龜車，跨境飆來會親。她也攜來八年前的大同電鍋移交給建忠接收使用，還再三叮嚀：「冬瓜忠，這是大同公司最失敗的產品，因為怎麼用都用不壞，頂多抽換黑色塑膠開關，你當傳家寶繼續用個五十年應該都沒問題。」

姐弟倆八年未見，相聚自是歡欣無比。姐姐請建忠安排引見他的美籍博班指導教授強哥吉米

（Professor James J. Hogan），兩位教授同業相談甚歡。姐姐將話題導入正軌說道：「請吉米師父您多費心指導我弟弟，讓冬瓜忠能領悟治學的方法。」

強哥吉米使命感油然而生，面對同業姐姐的殷殷期許，他每天都會緊盯建忠的學習進度，顯然強哥吉米對姐姐的關切有聽進心坎裡。果不其然，姐姐三不五時用電郵甚至撥打長途電話給強哥吉米，了解建忠的學習進度。從此，強哥吉米冊封姐姐一個渾名——蛟龍女士（Dragon Lady）。

姐姐教學相長，在比較文學領域逐漸嶄露頭角，於全球華人圈更以發表散文、小說、新詩、詩評而享譽文壇。此際姐姐的「正牌男朋友」終於浮出檯面，他是全球知名的港籍電影大導演。輕熟女與大導演熱戀最終論及婚嫁，情侶雙人組的足跡遍踏美洲全境，偶爾建忠也會被邀請相聚，弟弟也樂得夾在情侶間插花，做些順水人情，趁勢多了解未來的姐夫。

當然，情侶雙人組在美國的訂婚宴，建忠不會缺席，藝文界的大咖與電影明星，通通應邀參加盛宴，讓做弟弟的建忠眼界大開。宴席上建忠是這樣被介紹給婚宴佳賓：「這位是才藝雙全準新娘的弟弟。」對文人雅士、影視巨星而言，建忠叫啥名字根本不重要。弟弟不以為意，擁有這麼出色的姐姐，弟弟真的與有榮焉。

姐姐婚後閃辭美國大學專任教職，隨姐夫長住香港並在當地大學應聘講學。姐姐休假時就陪姐夫走跳全球四處取景、拍片，還撰寫電影劇本，忙得不亦樂乎。在太平洋彼岸，建忠獲得化學博士學位赴美就業後，趁公務之便，急奔香港探視婚後的姐姐。

姐夫所屬的電影公司替建忠接風洗塵，席開一桌，陪賓都是刺龍刺虎的當家武打男星及嬌媚美豔的當紅女星。想當然爾，建忠還是這樣被介紹給陪賓：「這位是導演尊貴的夫人在美國當科學家的弟弟。」對電影明星而言，建忠叫啥名字完全不重要。

建忠眼見陪賓紛紛舉杯向姐夫與姐姐鬧酒，遂兩肋插刀，主動提壺上陣，替醉醺醺的姐夫擋酒，先乾為敬打通關。未料姐姐體貼地叮嚀：「冬瓜忠你這個主客剛下飛機，旅途勞累還是少喝點，打通關這檔事由我來！」姐姐拿起小酒杯斟滿茅台，逐一叫陣敬酒，讓陪賓當場傻眼。

姐姐考量弟弟越洋飛行旅途疲累要早點休息，耗費數個小時你來我往喝酒搞消耗戰沒啥意思，遂決定快打速決。姐姐向所有陪賓叫戰：「姐姐我今天帶弟弟受邀前來與各位餐敘，是姐弟倆的榮幸，那姐姐我就代表他，把這杯茅台先乾掉表達敬意；各位若有誠意，請接受我的單挑，一對一逐個斟滿酒杯也乾掉！只要貴賓當中有一位不勝酒力認輸，無力接龍對飲乾杯，那不勉強，但鬧酒就到此為止！」

姐姐說完舉起酒杯咕嚕一飲而盡，再指定酒量最好的首席武打男星回敬。武生輸人不輸陣，將茅台斟滿酒杯仰首狂飲，十個來回後，武生就衝廁所嘔吐。姐姐再斟滿茅台叫戰：「下一位誰來喝？」其餘陪賓無人敢接戰，紛紛藉故侍候滿身穢物的首席男星，搖手服輸躲開。

姐弟倆好整以暇地吃完筵席海陸大餐，姐姐打個酒嗝，使個眼色大聲一喝：「冬瓜忠，收隊！」建忠自小煮酒論英雄慣了，自封為「千杯武士」，真沒料到姐姐敬酒都還沒打完全桌一輪通關，就把首席陪賓灌醉癱在圓桌上，還穩健地駕車送弟弟回旅館（注：提醒酒後不開車），幸好路途上沒遇到香港「差佬」臨檢酒測。這叫建忠怎麼「青出於藍」？姐姐「不醉天后」的雅號名副其實，酒量與酒膽才真正得自把拔的遺傳，較冬瓜忠超過千杯才醉更厲害。

眷村姐姐溫馨的叮嚀

父母年事已高，兩老孤伶伶地守在左營老家。建忠雖已歸國服務，應聘在新竹母校任教，但探視雙親往返竹高兩地舟車勞累、備極辛苦。姐姐二話不說，毅然辭去香港教職，回台定居左營老家，陪侍父母以盡孝道，還就近在高雄西仔灣的大學任教。

這期間姐姐也深入研究古代玉石首飾，最終變身為華人圈名氣響噹噹的「玉器達人」。很多土豪慕名攜傳家寶物前來拜候，有請姐姐鑑識真偽。凡鑑定為真品的玉器，經姐姐的加持，收藏者無不內心喜樂；反之，做人厚道的姐姐對贋品的物主，會委婉解釋她功力有限、無法明辨真偽，得另請高明。

姐弟倆雙雙出國留學、就業、成家、立業再學成返國執教，老家仍在左營的日式故居，景物依舊。唯一不變的，是低矮的日式故居內，白螞蟻將木造棟樑吃了一遍又一遍。這棟雙拼有前庭後院的日式故居，姐弟倆有數不盡的溫馨回憶，無奈父母年邁先後往生，雙雙安厝在汐止五指山國軍示範公墓。

安頓好父母入厝後，姐姐離開高雄飛返港、澳任職，晚年潛心鑽研佛學；她在海內外的華人藝文圈與宗教界，名氣響亮。即便姐姐退休後，她的簽書會、專題演講與宏揚佛道的邀約塞滿了行程。不論建忠從小到老，姐姐這些年來始終如一地對弟弟的就學、就業、就醫與就養，經常給予溫馨的叮嚀。建忠屆齡退休後，逢新冠肺炎疫情高漲，姐姐晚近還親切地對弟弟叮嚀：「冬瓜忠，疫情漫延哪兒都去不了，那就深居簡出伏案筆耕吧，趁記憶猶在，忠實紀錄下自己的趣味人生。」

建忠讀大學期間，有個室友鐵哥兒綽號「葉丐」，善於雄辯與譯作，葉丐的科普譯著，先後出版近五十冊，都是華人圈青少年最暢銷的益智課外讀物。葉丐這些年來以文會友，與建忠姐姐有數面之緣，葉丐對建忠說：

「女人的外在顏值與內在氣質，是兩大吸引力。外在的顏值是天生的，整形補妝是外加的，但年華老去整形補妝的顏值會隨歲月褪色，唯天生的顏值成份愈高，老後褪色就愈慢。內在的氣質是後天德智體群美等知能孕育出來的，五種知能孕育累積的愈多，氣質就愈典雅。令姐是我見過同時具有非凡的顏值與氣質之現代女性，對周遭群眾有致命的吸引力。」弟弟忠實地紀錄下鐵哥兒對姐姐的描述。

兩位恩師都是逃兵

建忠有兩位美籍老師，他們都叫吉米先生，但都不在美國境內教導建忠。前面一位大兵，是建忠在新竹讀大學的美語會話啟蒙家教。後面一位學者，是建忠在加拿大攻讀博士的指導教授。

身分神秘的吉米先生

建忠好不容易考上新竹一流大學後，開學時的新生訓練，就被外籍教授的隨堂即席問答搞成瞠目結舌。建忠的美語讀、聽都跟得上進度，哈啦打屁的會話也沒障礙，但與外籍教授對話探討有高度的生涯規劃與宗教淨化人心議題，就變得很不輪轉。

美語會話是早年莘莘學子的共有死穴。大一共同必修的英文課程又偏重寫作修辭，缺乏一對一會話教學。這個困境經爵明系主任轉介（參閱「風獅爺與小齒輪——八二三砲戰中的小故事」），建忠去拜訪博愛街轉角歷史超過一甲子的天主教修道院，有請慈祥的美籍院長當面開示。

院長應允替建忠找到美語會話的家教，隔天要他到修道院附設華語學院上課。建忠遂揪集同寢室室友葉丐、肉包與歐碧一齊補習美語會話。四位室友準時抵達院長辦公室，院長當即介紹負責行政庶務的志工吉米先生給同學們。

瞎咪？眼前這位滿臉青春痘、稚氣未脫的吉米先生，就是修道院責付的家教？院長說：「吉米先生週間每天晚餐後在我辦公室講授會話兩堂課，束脩每堂課若干元，每個月月初先繳費再上課，各位同意的話今晚就開課。」爵明系主任牽的線，建忠哪敢不同意！每人月繳補習費相當於三週的伙食費哪！室友們忙著借貸、集資貴鬆鬆的補習費，面交吉米先生，戰戰兢兢開始學美語會話。

帶眼鏡的吉米不是正統的教師，會話課也不是正規教學，更沒有教本講義。他自我介紹，拉丁裔的他，是在紐約皇后區貧民窟天主教孤兒院成長的街頭浪子，年紀較室友們僅大一歲，年少時結了婚又離了婚，目前單身，其他個資不准多問。他自創的「吉米美語對話大全」，授課採一問四、逐一回答、即席糾正、反覆練習。每半小時更換對話主題，如問路、購物、搭訕、甚至用髒話吵架，非常生動有趣。吉米還傳授很多教科書沒有的俚語，如 Lima Lima Mike Foxtrot，專指你這個「蠢到不行的智障」。

記得隔週上課，吉米先生居然在聖殿內亮出五副撲克牌，發給每人一副，開始講授橋牌美語、黑傑克叫牌美語、出老千對罵美語、賭金糾紛排解美語，真是教導有方。他獨樹一格的教法擺脫傳統，建忠非但從不翹課，且每天最期盼的，就是晚餐後與吉米先生的會話課。

吉米要求同學們生活美語化、美語生活化。當然，回到宿舍只准講美語。漸漸地，建忠的死穴打通了，開始有信心與校園的外籍教授周旋，纏著教授邊用餐邊請益美國為何捲入越戰等有深度的話題。

建忠試著旁敲側擊，在不增加補習費的前提下，吉米是否願一路教到四人大學畢業為止？他答非所問地說：「只要你們連說夢話都用美語時，等同於『街頭美語』期末考過關，我吉米就功成身退。」

自首後重返戰場換得紫心勳章留在新竹

吉米的行為舉止和流連忘返新竹酒吧街的美國大兵沒啥不同，美軍來新竹駐守或渡假，都在搞極樂買春的勾當。建忠曾想使個壞，讓血氣方剛的吉米先生變得亦師亦友、稱兄道弟。最有效的方式，當然是介紹風城正妹給吉米當異性密友。對室友歐碧唯命是從的蘇菲亞，是新竹酒吧街上班的風塵女子，自動請纓去釣吉米先生，歐碧可順便唆使她在吉米的枕邊起底。

可是，作為虔誠的教徒，吉米打死都不肯步出修道院一步，吧女蘇菲亞無從下手；吉米週休兩日哪都不去冶遊，忙著在華語學院清洗浴廁、修理電器兼打掃庭院，修女、修士都暱稱他為「吉米小子」（Jimmy the Kid）。

開課第八週的深秋，建忠帶著上個月欠繳的束脩，去華語學院找吉米卻撲了個空。修道院院長有些難以啟齒地說道：「吉米暫時離開華語學院，何時回來不知道，我會幫你轉交積欠他的補習費。一旦他回來，我會立即請你的系主任轉知復課。」

從此，建忠再也沒遇過吉米先生。他講授的街頭美語，雖然只有短短八十堂課，卻讓建忠功力倍增。建忠大學的八個寒暑假期間，還主客易位，當起了美軍顧問團眷屬的華語家教。出國留學後，也就立即輕鬆拿到全額助教獎學金。

大學畢業前夕，建忠再度造訪修道院向院長辭行，她緊握建忠雙手用顫抖的語氣說：「吉米先生很特別，不像華語學院的外籍生都有來華簽證，他啥簽證都沒有。他本尊是個派赴越南作戰的美國大兵，輪休渡假來台，卻跳機逾假不歸，成了逃兵黑戶。」

報載美國反戰浪潮澎湃，十位大兵就有一個是逃兵。院長感嘆吉米顯然患了嚴重的創傷後壓力症，他搭乘的突擊直昇機被擊中爆炸時，幸運地被彈飛落水毫髮無傷，但同機的袍澤全部陣亡。院長收容這位憂鬱的教徒當志工，但也不時苦勸他，恢復元氣後及早歸營免遭緝捕。原來，三年前建忠補繳束脩之際，華語學院的副院長正陪同吉米小子到台北美軍憲兵隊主動到案候押。

建忠心頭直打鼓，之後呢？「一九六九年初他自南越來函，感謝華語學院一路照顧，經過補訓延長役期，又回到原單位繼續作戰。我把你們欠他的補習費，換算成美金開立支票，按軍郵地址寄到越南給他。」院長語帶哀愁。

接著院長老淚縱橫地補充：「去年初美軍軍墓處派一位士官長來修道院拜訪，告知吉米大兵已英勇殉國！真沒想到吉米孤兒的陣中遺囑，改填院長我本人是他的受益人；士官長拿出由國旗包覆的小盒子交付我，裡面是吉米小子的遺物，包括那張我開立的補習費支票。」

士官長特別說明，「由於吉米逃亡期間在修道院的志工經歷，故逃兵罪名不予起訴。經補訓回役後不久英勇禦敵作戰陣亡，請院長領受小盒內美國總統頒贈給他的紫心勳章及上兵追晉下士的證書。」吉米小子本尊，是美國陸軍一七三空降旅砲三營四連的砲兵下士詹姆士史密斯（CPL James R. Smith），於離開新竹半年後在南越富安省綏和山區作戰陣亡。院長堅持要退還室友們積欠吉米的補習費。建忠打個圓場，請院長轉贈給修道院，以表達大家感恩的心意，隨後就默然離去。

那晚建忠在宿舍噩夢中，與吉米小子並肩禦敵。吉米在直昇機旁，以機槍掃射蜂擁而來的敵人，掩護修女與院長登機撤離。建忠催促吉米儘快登機，對方卻令建忠順手丟給他更多的機槍彈。建忠遍尋不著，問他彈藥箱在哪，吉米大兵才講完：「Lima Lima Mike Foxtrot！快點啦，在院長辦公桌底下。」旋即中槍倒臥血泊中陣亡。這是建忠此生第一次以美語和鋼鐵英雄對白的夢魘。

博士論文指導教授的嚴訓精練

建忠役畢後，申請到加拿大頂尖研究所的入學許可，搭乘廉價的民航貨機兼客機飛抵蒙特婁市。向系辦報到時，秘書叫建忠稍候，有位教授要立即召見。這位愛爾蘭裔美籍教授也叫吉米，與建忠晤談後測考近兩小時，隨即主動收建忠當他的入門弟子，認證過建忠的程度，夠格跳過碩班直攻博士學位，還說建忠的美語非常稱頭，令建忠擔當大學部堂課的助教，帶領全校五個系的大一化學實驗課。正職助教的薪俸，是建忠留學生涯第一份豐厚的固定所得，這得感謝當年逃兵的吉米先生忠靈的庇佑。

吉米師父是美國芝加哥大學諾貝爾化學獎大師的嫡系傳人，拿到博士學位後立即榮獲加拿大頂尖大學網羅，禮聘為專任教職並快速升等，名師出高徒一點都不意外。吉米師父在加拿大算是外籍教授，但行事霸氣、劍及履及，加拿大師生給他取個渾號「強哥吉米」（Jungle Jimmy，取自美國漫畫的除暴英雄）。建忠當然在檯面上還是尊稱他為吉米師父。

在美國當教授的姐姐，親訪建忠再與吉米師父懇談後（參閱「姐姐一輩子的叮嚀」），強哥吉米下達軍令狀予建忠：「從今天開始，我叫你做什麼你就照著做，練就研究學問的基本功；每天早上七點，將千字以上的研讀論文報告與量測進度小結都裝入信封，塞到我門縫下。中午十二點準點找我面談，共進午餐，我會檢討你的晨報與下達明天的進度報告規範，為期一學年。」吉米師父丟給建忠的震撼彈，讓建忠見識到強哥吉米嚴訓精練霸氣的風格。

建忠沒日沒夜地整天窩在研究室與實驗室用功，直到感恩節那天，范舅從三百公里外的魁北克駕車來接建忠回寓所，與范舅家人品嚐一頓團圓大餐，大幅緩解了課業的壓力。爾後每逢週末，建忠都搭長途巴士去范舅家探親，讓建忠感受到家族的溫暖。

一學期過後，吉米師父邀建忠到教授俱樂部小酌，當面宣告建忠的嚴訓提早一學期練就完成，可以開始跟著他做學術研究。「我沒看走眼，台灣新竹的大學畢業生果真是好樣的。」吉米師父的期許，讓建忠只有更用功。

吉米師父講古：「我收你入門，是因為我爺爺是天主教傳教士，約在清末民初日本取台期間，爺爺長駐新竹傳福音。太平洋戰爭美日交戰前，我爺爺才在美國駐台北領事館的催請下，逃離台灣返美。他對新竹的學生勤學簡僕，讚賞有加。」不會吧，難道吉米爺爺居停過新竹博愛街，親手鳩工興建窩藏逃兵吉米小子的修道院？

指導教授的爺爺曾在新竹傳福音

吉米師父的專長是環境監測，特別是輻射量測堪稱全球一哥，故而有田野調查的需求，但集中在寒、暑假才去行遍天下，執行現地監測與現場採樣研究。吉米師父的治學秘笈是：「學術研究做得愈久，才警覺到自己懂的愈少；做學問要謙卑，萬萬不可好高騖遠。一定要『小題大作』，找魔鬼藏在細節裡的小題目，深入再深入小題目做大研究，就很可能有驚人的發現。」從此，建忠緊隨吉米師父上山下海，找尋小題目裡的魔鬼。

吉米師父引領建忠踏遍加拿大廣涵的疆域，甚至進出北極圈多次，在極光滿天揮舞下朝向天頂，量測宇宙射線的能譜。師徒倆也到過南美洲與加勒比海諸國做田野調查，足跡甚至踏遍秘魯馬丘比丘廢墟，量測地底鈾礦的輻射強度，更在安地斯山頂的氣象站，量測太陽中子的輻射強度。

行遍天下的吉米師父，田野調查的足跡踏遍五大州各地、三大洋諸島，就是不回美國出差。美國的採樣都要建忠單獨往返，機加酒的花費統由師父研究經費買單，難不成吉米師父近鄉情怯？

建忠資格考通過成為博士學位候選人時，吉米師父與建忠十指相扣說道：「行萬里路等同讀萬卷書的苦行者，見識必廣、胸襟必大、志節必高；希望有朝一日我曾踏查採樣過的國家，你沒跟到的，也有機會親自去體驗吧。」

建忠與吉米師父共同發表的第一篇論文，刊登在重量級國際學術期刊後，算是拿到學位口試的門票。吉米師父對建忠責付：「獨立治學的決策循環體系，是從資料蒐集、題材彙整、分門別類、辨識主題、研析價值、判別難易、預判風險、投入適量成本、編定行動準據、滾動應對後，產生新需求到蒐集更多資料，循環不息。給你一學年去執行獨立治學的循環體系，須要財力、物力的後勤支援，儘管跟我的研究經費請款，你獨自發表一篇論文後，我就讓你口試畢業。」

建忠沒讓吉米師父失望，一年內加倍獨自發表兩篇論文，都刊載於同一學術科技期刊。通過口試拿到博士學位那晚，吉米師父在教授俱樂部喝到微醺，對建忠最後一次醍醐灌頂：「我教過你的治學循環體系，一體適用於待人處世。」一句話語重心長，算是言簡意賅的臨別贈言，建忠猛點頭稱是，終生奉行不渝。吉米師父剛才撥打一通國際長途電話，連建忠畢業後首份在美國的專職研究工作都安排穩妥。

建忠幫吉米師父倒第七杯烈酒時向他請益：「師父，您去過近百個國家做田野調查，哪兒最美？」吉米師父打個酒嗝說：「南太平洋的英屬聖誕島（Christmas Island），叫她第一名。」

強哥吉米接著透露身世：「二戰戰後，英美兩國曾在島上核試爆多達四十次，糟蹋掉整個珊瑚礁磐。但復育後亮麗如昔，我在島上長住過兩年，現地量測核爆的輻射落塵。我對此島也有特殊情感，太平洋戰爭爆發後日軍奪島前夕，我母親恰在島上傳教，大腹便便懷著我撤離返美，遠離兵燹。」哇靠，強哥吉米居然是南太下單，美國提貨的國寶級大師！聖誕島在哪，建忠還要查閱地圖。

強哥吉米話鋒一轉：「但我聽爺爺說過，全球最美的是福爾摩沙。我此生一定要去這個比聖誕島還要漂亮的台灣。」抄收，懂！建忠學成歸國後，會立刻安排恩師訪台。

———

建忠開車送恩師返家時，強哥吉米醉言醉語地說道：「其實，我是個逃兵……美國打韓戰時我太小，美國打越戰時我太老，但畢業之際年近三十，還是接到徵兵兵單；最後在出國執教及戰死在熱帶雨林間掙扎，我選擇逃避，加入十萬反戰青年洪流，跨境逃避兵役，脫走加拿大定居，不敢再回美國，怕被抓去當一輩子的兵。」又是另一個吉米逃兵！建忠裝聾作啞當作沒聽到，難怪強哥吉米這些年從不親自帶建忠訪美；再堅毅的強哥吉米，心頭也有陰影。

建忠赴美就業一年後，在紐約的國際學術會議很意外地遇到自己的教導教授，他很開心地在會場對建忠說：「我的律師終於搞定了，我不再是被通緝的逃兵。我當研究生時，在聖誕島蹲點兩年，量測美軍的核爆輻射落塵，軍法官視同我在海外服替代役兩年。我不算逃兵，軍法局已撤銷我的通緝令。」建忠恭喜恩師恢復名譽，終於又可自由來去母國。看來，建忠這輩子非跑一趟聖誕島去見識見識不可。

建忠回新竹母校任教後首要之務，就是敦請貴人強哥吉米以學術交流名義來訪，建忠與忠嫂還特地陪恩師逐一拜訪新竹縣市所有天主堂與修道院，當然包括博愛街吉米大兵窩藏的華語學院。強哥吉米循爺爺足跡憑弔完各教會，屈指算一下，若選擇上戰場殺敵，強哥吉米與吉米小子應在同一年份，屍體先後在南越的戰場被裝入忠靈袋榮歸故里。

——

強哥吉米晚年罹癌，病歿於出生地的加州奧克蘭市。隔年，建忠受邀赴南太島國吉里巴斯（Kiribati）公訪，在首都貝壽島總統府作全球暖化專題演講。建忠公訪前做足功課——首都貝壽島所在的塔拉瓦環礁，是太平洋戰爭期間美日雙方既血腥又經典的兩棲攻防爭戰所在。珊瑚細砂底下橫屍遍野，交戰雙方在一百六十甲的貝壽島，斃命者逾五千官兵。群島國吉里巴斯的離島之一，稱為「吉里是馬斯」（Kiritimati），就是當年核武試爆的聖誕島！

建忠演講完出席總統的國宴，第一夫人請建忠與忠嫂品嘗土產棕櫚酒（Karewe）一整壺後，忠嫂攙扶著步履蹣跚的建忠回旅館總統套房醉入夢鄉……強哥吉米與建忠在聖誕島椰影婆娑下，反覆商量著如何監測載浮載沉水母的體內放射性落塵鍶元素，還要不時閃躲日軍的逆襲與流彈。那是建忠此生第二次使用美語，在酣睡中和強哥吉米對白。

令人敬畏的黑色奇萊

新冠肺炎疫情緩解後，建忠攜帶水手刀、腰掛佩石，由忠嫂陪同搭車來到南投仁愛的松雪樓廣場，遠眺登山口外被雲海簇擁的黑色奇萊連峰陵線。腰際的佩石、水手刀與背包扣環交相觸碰的鏗鏘聲，讓白髮的建忠思緒倒帶，回到半世紀前的溽暑，那把水手刀與腰掛佩石，曾歷經過首次黑色奇萊山的山難。

高山泰雅族部落天真活潑的學童

大一時黑髮的建忠，同寢室又同班的拜把弟兄迪哥，人稱肉包，來自台北大安區的富裕家庭。依校園文化的傳承，每位入學的男性新生須提供學長姐一個容易記牢的渾號，像建忠就被學姐指定稱為老咪，有內涵的迪哥，則被學姐命名為肉包。迪哥的初戀女友，是門當戶對的豪門鄰居安娜，小倆口共同的嗜好是攝影。迪哥入學後就加入攝影社，還跟著建忠找吉米小子惡補美語會話（參閱「兩位恩師都是逃兵」），大學生活非常充實。

建忠熱衷於山地服務的社團活動。每逢週末，就跟著山服社學長往鄰近的尖石偏鄉鎮西堡部落踏訪，聚攏泰雅族的學童在新光國民小學帶動唱、說故事。建忠邀請迪哥帶他的安娜去一趟鎮西堡，體驗一下原住民的作息，沒料到迪哥卻把他母親赴日購回之攝影器材全攜上山。建忠替迪哥分勞，背著沉重的索尼錄影機機皇與三腳架，替迪哥與安娜掌鏡，攝取來自天龍國的情侶在部落手牽手曬恩愛的特寫影片。

迪哥的安娜非常細膩，發現山地學童常使用鉛筆在課堂、居家塗鴉作畫，可惜清貧到沒錢買橡皮擦，畫不好也擦不掉，只好在日曆紙空白處從頭再畫，直到畫滿才停筆，這讓安娜嘆息難過。學童個個都有天籟般的歌喉，喜歡清唱高歌數曲，以娛新竹來的大學生，但窮到僅能用竹節互敲伴奏。

建忠替迪哥用攝影鏡頭錄下學童們的困頓後，隔週安娜的別墅大管家，奉命駕車送來一整箱橡皮擦與三隻吉他，點交給山服社，指定由建忠分配給鎮西堡部落的學童使用。部落頭目感激之餘，取下腰佩雞蛋般大小的鎮邪紋石，用蕃刀刻下「老咪」兩字，贈予建忠作為回報，再三叮嚀紋石一定得腰佩，方能發揮鎮邪法力。

逢週末及連假，迪哥與安娜總是形影不離。有一回他倆駕著跑車南下左營海軍眷村探視好友。迪哥久聞建忠母親拿手的蜜汁叉燒與廣東粥眷村菜，自顧自的一屁股就坐在飯桌主位，卻被建忠慌忙拉起。軍有軍規、艦有艦規，建忠家也有家規。家裡的人、事、物，在父母嚴明家訓的要求下，人有定職、事有定則、物有定位。建忠委婉地向迪哥解說：「肉包呀，我家飯桌的主位，是艦長把拔的專屬座位，除了母親位高權重可以坐艦長大位外，輩份低的絕對禁止坐主位。」迪哥倒不以為意，說這個長幼有序的紀律真好，以後與安娜成親，也要比照建立這個家規與家訓。

——

建忠自發性的氣胸症時好時壞，還被命理師擺命盤說活不到畢業，除非日日勤習深層呼吸訓練自救。建忠對批命雖然半信半疑，但心頭總有個疙瘩；為了續命，就到校園體育館勤習呼吸訓練，作垂死前的一搏。大三整個暑假，當華語家教的建忠，向美軍顧問家庭請長假，也告知雙親要加入登山社去練體魄，向一系列縱走中央山脈的攻頂行程挑戰，死前一定要觀賞到台灣百岳壯麗的山形。

然而，建忠首次攀登玉山主峰卻鎩羽而歸。抵達兩千五百公尺中海拔的南投東埔塔塔加鞍部時，他開始眩暈嘔吐、呼吸困難，隊友說這是高原反應的症狀。建忠怕拖累隊友，獨自留在工寮內休養。伐木工人說建忠的呼吸訓練沒抓到要領，熱心教導須用腹肌作深層吐吶，方能適應高原地區的生活。建忠每天緊隨工班進出高原森林伐木，高山症的病灶果然消失。隨後，在東埔現地銜接登山社玉山第二梯隊，順利攻頂。

回到宿舍，建忠再加強深層呼吸訓練力度。同班的登山社社長昌哥（渾號大帥），又積極籌劃奇萊主峰攻頂五天四夜的行程，副社長兼隊長的同班亨哥（渾號老柏），分配給建忠的工作是招募隊友、申請甲種入山證、研判氣象並提供建議。建忠在校園各宿舍張貼了十幾張海報，結果卻令人非常洩氣，只湊足七位隊友。

除了招募到同班的羽球社社長武哥（渾號大龔）外，建忠只招到一位低兩屆同系的小吳與一位台大同學。透過女生宿舍人脈廣的眷村學姐仙妮，死勸活勸才動員到一位同屆物理系的卿妹報名。在出發前一週，西太平洋輕颱露西成形，建忠推算颱風路徑將撲向台灣登陸，遂建議隊長亨哥取消或延後奇萊攻頂行程，亨哥決定延後一週出發，故建忠得重新申請入山行程異動公函。

系主任爵明教授，在主任辦公室巧遇建忠重行申辦公函入山，當場逮他個正著，說系辦缺人手處理系務特急案，令建忠協助不准去登山。系主任是海軍機校畢業的博士軍官，軍職外調至大學執教鞭（參閱「風獅爺與小齒輪——八二三砲戰中的小故事」）。暑假期間，系主任唯一叫得動的學生，只剩也是海軍子弟的建忠了。所以，爵明對建忠愛護有加，兩人的關係算是亦師亦友。

原來，主任拿到國際原子能總署贈送的二十五卷教學影片，內容涵蓋核能科普知識，從核能發電到核醫診治，從宇宙極光到健檢X光都有。系主任交代建忠須完成英文字幕的中譯，且每句中英譯文的字數須押韻對陣。一週內譯文紙本得繕寫完成，交給影音傳播公司將中文字幕植入教學影片。

系主任知道建忠在美軍顧問居停的左營軍區內海友新村宅邸，寒暑假都擔當洋屁孩的華語家教，才放心交付建忠重任。系主任殷殷叮嚀：「譯片工作一定要如期、如質完成，我倆是不是兄弟，就看你這一把的表現！」建忠豪情四海地回應：「報告系主任，我使命必達，您不必掛心。」

建忠一個人吃不下這份工讀重任，同屆同學不是去工廠實習，就是忙著社團活動，尤其是英文底子紮實的同學都閉門苦讀，應考托福準備出國留學，根本叫不動前來幫忙。建忠總算找到英文修辭能力更好的同系低一屆學弟小翔，採兩人四手、一英一中、勤六休一、日夜趕工，五天內定可提前完工。

系主任發放工讀金也不手軟，小翔與建忠對分，每人實拿八千七百元的翻譯費，約為當時大學畢業工程師四個月的薪資。有奶便是娘，黑色奇萊主峰攻頂，就忘掉它吧！

室友迪哥剛忙完校園攝影社社長的交接特展，得知建忠臨時退出登山隊，興致勃勃地要求遞補建忠的缺額，順道拍攝絕美的奇萊影片。建忠規勸吃慣牛排、喝紅酒、數美鈔的迪哥要三思，弱雞模樣的他背負二十公斤的登山裝備，還扛著碩大的攝影機去奇萊攻頂，這樣好嗎？迪哥辯說，畢業服完兵役後緊接著就與安娜連袂移民，一定要趁出國前攀登奇萊主峰。建忠當下無言。

誤判情報堅持行程

建忠報離奇萊攻頂行程後，隊長亨哥交代，由迪哥遞補建忠的缺額及幕僚工作。建忠遂把入山名冊增刪修改，加入迪哥。建忠注意到西太平洋此刻另有一個新低壓正在發展，距花蓮有三千公里之遙；算一算行程，就算低壓發展成颱風入侵，推定登山隊應已完成奇萊攻頂、順利返回南投仁愛的松雪樓休整，安啦。

建忠再三叮嚀迪哥，務必按照表定行程登山，絕不可延宕，途中須定時收聽氣象預報。若真有颱風來襲，現地隨時滾動式預估腳程，在暴風圈邊緣掃到花東海岸前，奔返松雪樓避風，登山隊就可安全下山。迪哥從建忠手中接管附防水封套的伸縮天線短波收音機與備份電池，當場試聽就收到遠海的低壓已發展成熱帶氣旋的消息。

登山隊出發那天晴空萬里。建忠清楚記得是週三，迪哥向社長昌哥面報遠海的熱帶氣旋已形成輕颱娜定，直撲台灣。昌哥正猶豫不決是否再延期出發之際，身材魁武的隊長亨哥與隊友武哥雙雙指著萬里無雲的藍天，堅持不要一延再延，按照表定行程準時出發。

五天四夜的表定行程是當天週三啟程、週四夜宿松雪樓、週五宿營奇萊連峰陵線、週六拂曉攻頂、黃昏天黑前回到松雪樓過夜、週日下山返校。迪哥背負沉重的登山背包，脖子吊掛著收音機、雙肩扛著笨重攝影機與腳架，還向建忠索借水手刀插在腰際防身。

建忠出借水手刀十分勉強，因為這把水手刀煞氣太重，不太適合迪哥用來登山。這把水手刀，是父親服勤海軍兩棲部隊屬下的爆破隊員贈送給建忠的成年禮；爆破隊員說，他去福建敵前出任務摸哨，格斃敵軍後循例剁下屍體的右耳攜返，作為戰功核敘勳獎的憑證。水手刀把上刻有五條刀痕，意味著兇刀曾剁過五隻右耳。為了制煞，建忠順便把鎮西堡部落頭目贈予的佩石，掛在迪哥的腰帶上鎮邪。

建忠還苦勸迪哥：「肉包呀，若攻頂時感受到負荷過重，可酌量拋棄所有行囊！」不料迪哥卻回敬一句：「老咪，沒那麼嚴重啦。命該絕時，扔掉所有裝備還是活不成！」迪哥沒對建忠說再見，就自顧自離建忠遠行。建忠心頭一驚，沒說「再見」，難道與迪哥從此「再」也不會相「見」？

目送迪哥離開宿舍後，建忠翻譯須用到的影片膠捲與播放器材，都固接在系館的視聽教室內，他遂將登山背包塞滿泡麵與罐裝飲料，隨後也離開寢室奔赴系館，準備封關日夜趕工翻譯影片。宿舍管理員老李在樓頂向肩負背包的建忠喊道：「老咪，祝你攻頂順利！」老李您搞錯啦，我老咪不是去爬奇萊，是去賺豐厚的工讀金。

週三當晚，小翔與建忠開工大吉，子夜前已完成三卷影片譯作，肯定有望提前完工。登山隊友按計畫，今天夜宿台中市區的祿能旅社。週四清晨，應自台中搭早班車，經中橫公路大禹嶺的入山檢查哨，天黑前客運車會抵達松雪樓。週四建忠邊吃泡麵晚餐邊聽氣象廣播，娜定增強為中颱，快速向台灣推進。

週五傍晚，娜定轉為強颱，登山隊友此刻應從松雪樓挺進至海拔三千四百公尺的奇萊連峰陵線，在背風處宿營。週六清晨，登山隊友按表該拔營攻頂了，中午攻頂後，按計畫從奇萊主峰頂下山，天黑前返抵松雪樓夜宿休整。當天傍晚，娜定強颱暴風圈邊緣已掃到花蓮。此際，建忠與小翔經七十二小時的勤六休二，完成所有影片譯作初稿。

到了週日下午四點鐘，娜定強颱的颱風眼在花蓮登陸。登山隊友在狂風暴雨中，按計畫應早已下山，正通過南投縣。但返校途中會被風雨困在埔里嗎？夜晚窗外風雨交加，建忠播放影片進行完稿校對時，有隻蟑螂一再飛到建忠額頭揮之不去。最後，蟑螂停在放映機鏡面；銀幕上蟑螂放大的投影，像龐大的困獸做垂死掙扎。不久，蟑螂被熾熱的鏡面燙死墜地。

遭遇強颱鬼打牆奇萊攻頂釀慘劇

週一停班停課放颱風假，上班鈴聲準時淒厲地響起，建忠被急促的拍門聲吵醒，登山隊友凱歸返校了嗎？不必到班的系秘書玲櫻，十萬火急催促建忠起床吼道：「老咪你別再貪睡了，系主任緊急召見你！」幹嘛？停班又停課的颱風假，怎麼系秘書與系主任都同時現身系館？

南投仁愛的松雪樓管理員，因強風扯斷電話線，週一拂曉在風雨中狂奔三小時下山，衝到翠峰派出所報案。本校登山隊員在颱風侵襲下，兩倖存五失蹤，失聯的全是建忠同系同學。系主任令建忠緊隨系辦守值的義籍講師德醇神父即刻上山救援。隔天週二傍晚，建忠在細雨紛飛中抵達松雪樓，救援變成認屍。

肉包、大帥、老柏、大龔、小吳……五具大體一字排開，法醫正在驗屍。肉包臉色蒼白但走得非常安祥，雙手緊抱撞裂的攝影機，浸水損毀的錄影帶內，登山驚悚的畫面無從復原。建忠在肉包腰際取回煞氣十足的水手刀，難不成剁過敵軍五隻右耳的水手刀，與五具大體是冥冥之中的抓交替巧合？建忠在肉包遺體上遍尋不著鎮邪佩石，不禁痛哭失聲。

倖存的卿妹哭訴：「週五一早從松雪樓出發，卻在箭竹林海內遭鬼打牆迷路，隊友又患高山症，在夕陽輝映滿天火燒雲的詭異天象下，棲身在箭竹林海內宿營，延宕足足一整天行程。週六才摸索抵達奇萊連峰陵線背風處宿營，準備隔天拂曉攻頂。過了週六子夜，強風怒吼下開始飄陣陣細雨；週日拂曉後，拔營邁向奇萊主峰，卻遭逢入襲強颱。隊長老柏始放棄攻頂，隊伍在撤回半途中，發生山難慘劇。」

帶隊警官把無線電通訊機交給建忠，催促他立即回話給雙親報平安。建忠的把拔週一晨觀看電視新聞跑馬燈，獲救生還的學生名單沒有建忠，就電詢宿舍管理員。老李說五天前目睹建忠背著登山背包去了奇萊山攻頂；父親再電詢系主任查證，他也說建忠正在奇萊山，把拔焦慮萬分，立即透過警政高層協尋。建忠接通母親後，她聽到僅有建忠的水手刀與佩石去了趟奇萊，母親聞訊喜極而泣。

建忠請教現場的法醫，為何五張死亡證明單開列的死因都是「窒息致死」？法醫解釋娜定強颱進襲，高海拔山區氣壓陡降，空氣愈加稀薄，致使失溫昏迷的同學呼吸暫時中斷，一旦缺氧超過幾分鐘後就導致腦死。建忠聽完後直打哆嗦，換成建忠攀登奇萊山，氣胸與高山症同時併發，首先窒息致死的一定是他！

義籍講師德醇神父替大體禱告後，建忠租了輛卡車將大體先送下山去埔里榮家檢整入棺；與同學、家屬會合後，再租三輛皮卡分送歸鄉。肉包與老柏共乘的皮卡，下山途中遇警察臨檢，員警佛心來著親駕警車一路長鳴警笛前導開道，護送老柏先返中壢眷村，再由迪爸親陪伴愛子回台北市東豐街老家。悲慟欲絕的迪媽，在家門前接護冰冷的愛子，竟暈倒在迪妹與安娜懷中，建忠在側也跟著淚崩跪下。

命理師的鐵口說建忠活不過畢業，真的令建忠不寒而慄。難道是深山的魔神仔先讓隊友鬼打牆迷途，風雨中抓交替抓不到建忠，卻錯抓遞補的迪哥？難不成迪哥化身為蟑螂，飛向建忠交代死亡確切時辰？受此打擊，從此建忠拒絕再登山攻頂，避免魍魎亂抓交替。

建忠忍著悲慟，協助學校於開學前，在校園體育館舉行登山罹難同學的追悼大會。全校師生及喪家代表超過千人與會，外加各國媒體記者，把會場擠得水洩不通。校長的輓聯是：「絕巘起狂飆 豈意登臨慘遭禍 英年賫壯志 忍思作育失賢材」。送行的同系同學集思廣益，也撰寫了輓聯燒給五位系友弟兄們，一路好走。

奇萊山麓風雨奪魂

壯志未酬身先死

驚天地泣鬼神
白髮反服送
精神永存
好弟兄
死別
哭

迪妹移民出國前，把一個紙袋托人轉交給建忠，內附一張便籤。

老咪哥哥，迪爸整理迪哥遺體發葬六張犁台北極樂公墓前，在迪哥夾克內襯鏈袋找到這塊佩石，上面刻有您的渾號，就物歸原主吧。

珍重 迪妹

若迪哥的佩石掛在腰際，確實發揮鎮邪制煞功能，隊友們理應不致鬼打牆迷途，延宕了表定行程攻頂。

——

若奇萊山難沒發生，現在隊友們都應該屆齡退休、邁入遲暮之年，加入樂齡世代的行列養生樂活。然而，今天卻是隊友們的祭日。建忠在山難後順利畢業、就業、退休，此刻活生生地站在松雪樓廣場當年的停屍場所。建忠能苟活至今，應該是遵照命理師的開示，每日勤習深層呼吸訓練。

這些年來，黑色奇萊後續的山難累計超過十次，陸續奪走二十七位山友寶貴的生命。與建忠同系的山友，一次被奪走五條生命，是台灣登山史上僅次於台東三叉山山難的慘劇。

如今，登山步道沿途標記密集，應不致迷路，高山救援制度完善，理應不再有山難。唯近年來政府陸續解除山地管制，湧入大批業餘登山客，山難往生者每年都超過二十位。建忠回頭多望一眼黑色奇萊連峰，向山神虔誠地說聲：「敬畏」。

建忠帶著水手刀與腰掛佩石，走出傷痛，在忠嫂攙扶下默然無語搭車下山。這天，是二〇二〇年七月二十五日，恰逢黑色奇萊首次山難四十九週年的祭日。

紅頭嶼的歷史鑿痕

新冠肺炎疫情全球漫延，各國紛紛管制邊境，但國內抗疫有成，國民旅遊也跟著大爆發。報復性的玩樂多集中在離島，最夯的觀光人氣景點之一，就是孤懸在巴士海峽東口的火山島蘭嶼，更是「偽出國」必遊之地。

蘭嶼是台東縣東南方外海四十八浬的離島，蘭嶼群峰的安山岩，在日照反射下呈土紅色，自古以來在海圖上被註記為「紅頭嶼」。蘭嶼南方三浬，也有個火山島稱為小蘭嶼，算是蘭嶼的離島。

黑潮由東向西奔流過大、小蘭嶼間的水道，附近海域都是深不見底的海溝，湍急的洋流洶湧澎湃。所以，由台灣搭船去蘭嶼，遇上黑潮須加俥頂流航行。建忠的大、小蘭嶼公務行程，就分別搭乘過客船、拖船、商船、燈塔巡補艦、登陸艦、運輸艦與海巡艇。登島的方式也很多種，有泅泳上岸，有搶灘登島，但多數是進港靠碼頭登岸。

建忠曾在大、小蘭嶼採集指標樣本進行環境監測，確保後花園的蘭嶼，不受台灣工業廢棄物隨風飄降與海洋垃圾堆積灘岸的污染。往返台灣本島與蘭嶼間，最便捷的途徑當然不是吃風喝浪的搭船，而是搭機。建忠的採樣行程，搭機就超過百次單程飛航航段（參閱「驚聳飛行二三事」）。

建忠最早對蘭嶼的印記，是初三時觀賞港片《蘭嶼之歌》。當時是慶祝左營軍港中正堂劇院開幕的首映。劇情是描述離島醫師與原住民部落孤女的愛情故事，讓建忠對滿佈恙蟲的蘭嶼充滿了好奇與想像。其實，建忠就看了三遍《蘭嶼之歌》，倒不是被離島美景吸引，而是建忠這個飛機控喜歡上支援拍蘭嶼外景的復興航空客機。這架瑞士製PC－6型十人座客機，可短場起降蘭嶼土石跑道，復興航空的PC－6就承包了蘭嶼客運經營業務。

兩年後救國團首次舉辦「蘭嶼訪問隊」暑期青年活動，建忠報名拔得頭籌。他在蘭嶼日遺兵舍改建的榮民新村住宿初體驗，就被島上光怪陸離的故事深深吸引。半世紀後，建忠最近一次造訪蘭嶼，是屆齡退休前搭乘海巡艇，隨同海巡機動查緝組泅泳登上小蘭嶼，順道採集環境指標樣本。

建忠前後公訪蘭嶼多趟，在當地結交不少朋友。其中一位是太平洋戰爭結束後出生的原住民雅猷。在首訪蘭嶼時，就認得這位開朗健談的榮民新村工友。猷嫂也在榮民新村當幫廚，夫妻倆都是小學同班同學。雅猷在蘭嶼怪奇的遭遇十分特別。他在父系社會成長，是重義氣的性情中人，缺點是喜歡喝點小酒，但酒品不佳，醉醺醺時講古，常會顛三倒四。

部落與外來人交往的痛

建忠每次都會問雅猷，他祖先打從哪來蘭嶼落戶？答案按雅猷肝臟酒精濃度而有好幾個版本。雅猷宿醉時喃喃自語說，史前祖先是山頂巨石裂開後蹦出來的，不過醒後卻辯解那是部落傳說的神話，沒人敢諷刺這是無稽之談。雅猷微醉時說，祖先是連同桌上台啤一起從台東搭船，頂著黑潮過來的，但沒人會當真。這一次雅猷清醒後，則指著南方海平線說，祖先從巴士海峽那頭的巴丹群島，順著黑潮洋流漂來蘭嶼落戶。

建忠曾公訪紐西蘭毛利族原住民博物館，大廳懸掛著巨幅海圖闡明，南太平洋的毛利人和玻里尼西亞的島民，祖先都來自亞洲，他們與雅猷的祖先同屬南島族。至於雅猷祖先的祖先，是從哪兒渡海抵台灣或菲律賓、再到蘭嶼及紐西蘭落戶，雅猷的標準答案，是指指山頂，巨石的祖先還是周邊的巨石。

雅猷很討厭外來人，理由是祖先更討厭外來人。一路走來，外來人都在騙原住民，唯一沒騙過雅猷的外來人，恐怕只剩建忠。沒有數字概念的雅猷聽祖先說，化外之地的紅頭嶼，首次登島的外來人，是家住歐洲鹿特丹的紅毛鬼；他們騙很大，用一塊橡皮擦換取祖先頭頂的銀盔，用一支鉛筆換取祖先手腕的金飾。

雅猷祖先是唯一有家庭冶金技術的台灣原住民。他帶建忠到居家涼台下方冶金的場所，四周圍起籬笆防止騙徒靠近，並以芒草紮成十字掃帚以防惡靈來搗蛋。雅猷示範冶金過程給建忠看，他先取出擱淺船舶上搜括到的金塊銀幣，置於坩堝內以欖仁木柴燒熔，再將滾燙的液態金錠、銀錠倒在石板上，用石頭敲打成光滑平亮的箔片。他用稱秤取適量的金箔打造金飾、銀箔打造銀盔。製作完成後，他用豬血滴在金飾、銀盔上，祈禱祖靈賜予金飾、銀盔力量。

歐洲的紅毛鬼被台灣的漢人驅離後，外來的漢人隨後登島卻騙更大。雅猷聽祖先說，漢人要掃貨，有多少金飾、銀盔都買，結果貨送到岸邊，漢人居然劫財滅口。貪婪的漢人復邀兇悍的瑯嶠排灣族人，同往紅頭嶼掠奪更多的金銀；想都知道，他們遭雅猷憤怒的祖先埋伏復仇，此後無人再敢從台灣來登島行騙。建忠告訴雅猷，一八七七年大清帝國的恆春知縣，曾將紅頭嶼併入清國版圖，隸屬恆春縣，但始終沒敢派人前來登島設治。

雅猷讀小學時，課本描述日本取台後，來了批外來武裝探勘隊，把紅頭嶼原住民定編為「雅美族」人，劃設禁區不准外來人登島，方便觀察研究蕃人遺世的作習，更設置警察官吏駐在所「理蕃」。個頭比祖先還要矮小的日籍官吏，劃設的行政轄區為「大日本帝國 台灣總督府 台東廳台東郡 蕃地紅頭嶼社」，這是史上紅頭嶼首次遭外來政權設治。日本把島上所有海岸平原及淺山耕地，以林野調查地權不明為由悉數充公，並限縮祖先僅能在部落周邊「準要存置林野地」墾牧。

雅猷六歲入學那年，雅美族部落的國民學校舉辦建校二十週年慶。建校之初的校名是「蕃地紅頭嶼社東清蕃童教育所」。雅猷聽祖先說，外來的日本浪人生性粗暴，把祖先當低等動物觀察，還霸佔祖先栽植地瓜、小米及芋頭的田地，更驅役祖先在祖產土地構築兵舍、無線電信所及測候所供日軍駐守，讓祖先很沒尊嚴。

——

建忠每逢收集海水樣本，都僱用雅猷家的小拼板舟出海。三人座的小拼板舟，由二十一塊木板拼合而成，艄、艉以堅硬耐撞的番龍眼樹幹與板根為舟材，並在揚起的艄、艉尖端，繫上黑色雞毛驅除惡靈；小拼板舟須在石礫海岸拖拉搶灘，舟底龍骨就得用耐摩的赤楠木材，舟身則用輕軟的麵包樹幹作為材質，以減輕拼板舟重量。

忠嫂在美國攻讀藝術碩士，專門研究南島語系可越洋航行的拼板舟。忠嫂與她的美籍指導教授還登島親訪過雅猷與猷嫂，進行現地田野調查。不過，雅猷對阿兜仔敵意頗深，若非看在忠嫂的份上，恐怕早就與美籍教授發生衝突。幸好，猷嫂通情達理，全程陪伴忠嫂完成田野調查以防不測。

雅猷在男漁女耕海洋民族習俗的成年禮，是划拼板舟出海，釣捕趁黑潮迴游而至的飛魚。建忠沒體驗過出海釣捕，但在雅猷家門前見過晾曬的飛魚乾。飛魚是他家的主食，處理生鮮飛魚須先將魚眼挖出請走魚靈，從腹部將魚切開後攤平，取出內臟餵豬；他取井水洗淨飛魚後，再抹上厚厚的海鹽，用繩索穿過魚眼綁在架上曬乾。飛魚季節的漁獲不論烹煮煎炸，必須於霜降節氣前吃完，沒吃完的魚乾就不能再吃，以免食客遭惡靈附身。是以，雅猷從未過度釣捕，飛魚也從不會滅絕。

雅美族男性出海捕魚，也順道巡守海域，防止外來人渡海偷襲，這是自歐洲紅毛鬼入侵後四百餘年來「超前部署」的部落巡哨規則。雅猷的阿祖，有次出海保疆護土負傷，著有功績，卻無端慘遭日籍警察官吏殺害。家族代代相傳的怪奇故事是這樣的，剛成年的阿祖，在立冬前最後一趟划拼板舟出海釣捕飛魚，遙見一艘救生艇漂來，阿祖一面揮手請對方離開，一面吹螺角向最近的朗島部落示警。

朗島部落頭目親率三艘大拼板舟前來截堵，救生艇上的白人海員居然開槍將阿祖擊傷！此舉激怒頭目，遂下令合圍登艇，壓制外來男女，逼迫他們脫光衣衫，搶走身上財物並奪走艇上裝備，最後將救生艇翻轉艇底朝天，始揚長而去凱歸。部落發動族人在岸灘抓人，九名外來男女泅泳登岸，族人逮到六名。日籍警察官吏，事後調查可麻煩大也。衝突那天是一九〇三年十月十日，美籍商船「班傑明・西渥號」（*Benjamin Sewall*）航經呂宋海峽，遇颱風損毀棄船。十二名海員與船客搭乘救生艇漂至紅頭嶼，遭雅美族人阻攔，三人在雅美族人翻艇時當場溺斃，九人泅泳登岸，六人遭追捕囚禁凌虐，其中五位海員由駐島日籍警察官吏救出。此國際事件轟動航海界，稱為「紅頭嶼事件」。

事發後，美軍立即派遣亞洲艦隊兩艘砲艦赴紅頭嶼緝兇。台灣總督兒玉源太郎陸軍中將，先一步遣警察登島，斬殺涉案原住民多人，包括雅猷的阿祖。日籍警察沒收雅美族武器後，將部落房舍悉數焚毀，還逮捕頭目解送台東入獄關到死，唯遍尋不著失蹤的四名班傑明·西渥號海員與船客，據信已遭族人虐殺毀屍滅證，其中包括美籍三副與他的新婚日籍妻子。美國軍艦無奈退兵，對紅頭嶼原住民既怕又恨，伺機自行「剿蕃」復仇。

雅猷還聽他父親陳述，日本與美國長年爭奪亞太殖民利益，最終兵戎相見；太平洋戰爭末期，雅猷他父親被日軍抓去當打石工，在野銀部落外替日本陸軍興築飛行跑道，美軍也三番兩次派機轟炸紅頭嶼。雅猷他父親被美機炸斷腿的那天，是一九四五年七月七日，天空有百多架美機輪番濫炸，就連天葬祖先的饅頭山與島外的軍艦巖都不放過！美機往復轟炸瘋狂掃射野銀社、東清社、朗島社及紅頭社等部落長達數小時，迄濃煙四佈始收隊飛離。

這次大轟炸，約三成的島民走避不及遭美機炸死。然而測候所、飛行跑道、無線電信所及遍佈全島的兵舍僅輕毀，顯然美軍濫炸目標，根本不是島上稀稀落落的軍用設施，而是針對雅美族部落下毒手。

建忠對戰史頗有研究，遂向雅猷解釋：「美軍出動不成比例的大規模百架航空兵力濫炸紅頭嶼，動機著實令人費解。」是替「紅頭嶼事件」的美籍罹難海員討回公道？抑或另有仇恨藉機報復？美軍於南洋屢屢遭台灣原住民志願兵打到趴，有可能為此變相懲罰紅頭嶼的雅美族人。雅猷的阿祖被美籍海員開槍打傷再遭日籍警察官吏斬殺，父親又被美機炸斷腿，故雅猷對外來人，特別是美國人更恨之入骨。

雅美族人有很特別的信仰與禁忌，深信天地間充滿惡靈，惡靈會帶來病痛甚至附身奪取族人性命。雅猷非有必要，絕對不行經鋼盔巖與龍頭巖間的島南地區；建忠不解，那兒有絕美的海岸景色呀。但他卻澆冷水解釋，島上的惡靈多半聚居在那兒，沒事少去。

島上既然有兇猛陰險的惡靈，當然也有正義凜然的祖靈。祖靈會保祐雅美族人繁衍並賜予糧食，唯族人犯忌或犯錯，祖靈盛怒下會掀起狂風巨浪懲罰後代。建忠心想，每年夏秋盛行的颱風，與雅美族祖靈發脾氣真的有關嗎？

太平洋戰爭結束後，紅頭嶼的外來日本浪人全都搭船逃離，漢人行政官員接力登島，將「蕃地紅頭嶼社」的牌銜拆除，重立為「中華民國台灣省台東縣紅頭嶼鄉」。島上的祖先很無奈，早年紅毛鬼登島，逼祖先學講荷蘭語，方便紅毛鬼溝通行騙。日本浪人設治後，成立蕃童教育所講授日本語，方便日本治理。戰後政府來接收，蕃童教育所改稱國民學校，講授漢語，方便政令宣導。

後來，大陸爆發國共內戰赤禍漫延，政府宣佈進入「動員戡亂時期」實施戒嚴，紅頭嶼的名稱有「紅」字犯忌，遂以島上盛產野生蘭為由，將紅頭兩字刪除改成蘭字，紅頭嶼從此改稱「蘭嶼」，列為政府的山地保留地，外來人登島須先審核管制。日本取台期間掠奪紅頭嶼近三成的精華地段，蘭嶼鄉公所沒有歸還日本霸佔的土地給雅美族，也沒規劃善加運用，任其荒蕪。

沒多久，無產階級革命的赤燄如洪水般輸出全球，連鄰國菲律賓也有毛派的「虎克黨」興風作浪。雅猷就讀小學那年，由於菲律賓原住民和蘭嶼雅美族同宗，為防杜共黨從六十浬外的巴丹群島就近跨海滲透，警總新設「蘭嶼地區警備指揮部」（警總蘭指部）。登島的阿兵哥將紅頭部落旁廢棄的日遺兵舍，改建成警總蘭指部，編配有百人的警備中隊專守海防，替反共抗俄基地的後花園把關。

紅頭嶼變身警總大水牢

雅猷常聆聽警總蘭指部「糊塗兵阿散」抱著木吉他自彈自唱流行曲目。充員兵「阿散」的綽號是這樣來的，有一回阿散站蘭指部營門衛哨勤務睡著了，被查哨的高勤官拍醒，驚嚇中阿散甦醒端槍用力喊：「高勤官早！」阿散端的是心愛的木吉他，他的步槍還擺在崗哨內。因此，名副其實的「阿散」綽號從此跟著他到退伍。抱木吉他敬禮的代價，是關在禁閉室三天。

至於「糊塗兵」的綽號是這樣來的。阿散自從被關過禁閉有黑資料，被罰勤至島南偏僻的彈藥分庫去駐守站哨。雅猷沒課時，都跑到彈藥庫與阿散一面合唱流行歌曲，一面欣賞前方青青草原的野百合與遠方小蘭嶼的海景。有一回，雅猷瞧見一艘台電公司駁船駛過，阿散竟丟下木吉他狂奔回彈藥分庫，搖軍線電話回報：「一艘敵軍航空母艦入侵領海！」沒多久，架設機槍的吉普車衝來，空軍的戰機也飛來查證。

百噸級國營事業的駁船，被阿散誇大成萬噸級的敵軍航空母艦，還驚動高層大陣仗迎敵。阿散的綽號，再由兩個字擴充成「糊塗兵阿散」五個字，這個綽號從此跟著他直到終老。糊塗兵阿散誇大誤報敵情的代價，是被送到台東師管區輔訓隊關一個月。糊塗兵阿散退伍下島時，把木吉他贈送給愛彈又愛唱的雅猷。

雅猷小學三年級時，海軍登陸艦運來一批刺龍又刺鳳的囚犯登島，由警總「職業訓導第二總隊（職訓二總隊）」的隊職官押解，遣送至全島各處日遺廢棄兵舍進駐。職訓隊員以中隊為單位，分散在九處「管訓農場」屯墾；既然稱為職訓，寓意刑滿回到社會後，更生人有一技之長糊口。職訓隊員須在農場學習畜牧、耕耘、養殖、泥作、木作等勞力密集低階技藝，農閒時職訓隊員還要蓋機場築港口、修環島道路及橫貫公路。

職訓二總隊與蘭指部互不隸屬，但上級機關同屬警總。職訓二總隊的隊職官到國小敦親睦鄰時解釋，登島的職訓隊員，都是大尾鱸鰻與小尾慣竊等刑事罪犯。若國小師生發現囚犯偷跑出來在國小或部落閒蕩，一定要舉報通知隊職官，他會親自前來緝捕。

雅猷從未見囚犯闖進部落。但聽部落頭目說，管訓農場飼養的黃牛，常越界踐踏部落的農田。牧牛的職訓隊員，個個兇神惡煞模樣站在部落外瞪著雅猷，雅猷只能忍氣吞聲躲進部落茅屋。

建忠來去蘭嶼多次，幸有雅美族祖靈的庇佑，從未面對面見過職訓隊員，也沒被恙蟲咬過。但建忠在台電服務的大學室友葉丏，常與姐姐以文會友（參閱「姐姐一輩子的叮嚀」），在攀爬蘭嶼小天池途中，被叮咬到高燒不退，建忠遂搭客貨船護送葉丏返台就醫。

建忠與葉丏搭船時，遇到五頭「管訓」的黃牛，也在蘭嶼登船；牠們馴服地被栓在甲板艙蓋上，心懷怨懟瞪著蹲在甲板船舷邊的船客建忠。黃牛在蘭嶼飼養大後，被送回本島宰殺；建忠每每想到同船渡的管訓黃牛眼神，好一陣子都拒絕食用牛肉。

雅猷在小學畢業典禮那天，忽然看到職訓二總隊的隊職官，個個荷槍實彈進駐國小，成立臨時指揮所。緊接著千餘位囚犯步行經過國小，在不遠的山凹內將一座日遺廢棄兵舍打掉重建。雅猷目睹囚犯在槍口下賣力日夜構工，不到一個月就改建成有模有樣的營區，國小老師說那不是軍營，是軍校。

沒多久，雅猷看到一批答數聲音宏亮、步伐整齊有力的部隊走向軍校。但一到校門口，眾目睽睽之下只見帶隊官一聲怒喝，部隊的兵卒當即臥倒，匍匐前進爬入教室！雅猷聽老師說，這個軍校是國軍矯正教育的最高學府，稱為「蘭嶼勵德班」，專司接訓軍中頑劣的兵痞。

這些蘭嶼勵德班第一期的「軍校生」，與職訓二總隊的囚犯迴異。他們有軍人身分，但不是囚犯也沒前科，頂多就是不假離營、逾時歸營、怠勤怠操等不服管教的兵痞。雅猷每晚都聽見勵德班內有打罵聲夾雜著哀號聲，白晝兵痞都在烈日下出操，做些高耗能的體訓；他們從沒溜出來在部落閒蕩，每天都中規中矩唱軍歌、報數與答數，軍紀嚴明。

雅猷也在勵德班當過臨時清潔工。聽班主任解釋，部隊矯正教育分四個層級。師級以下的是送禁閉，最多關一週，算是幼教層級矯正，像阿散送禁閉羈押就是這種。一再不服管教的兵痞，就送軍團級的輔訓隊管收，最多關一個月，算是小學層級矯正，糊塗兵阿散送台東師管區輔訓隊關一個月就是。

更頑劣的兵痞，逕送軍種層級的明德班接訓，起碼關三個月，算是中學層級矯正，明德班分別由各軍種總部督導。勵德班是國軍大學層級的矯正教育，接訓三軍都無法矯正的兵痞，訓期半年。勵德班專屬憲兵司令部管理，與警總互不隸屬。

蘭嶼勵德班矯正教育「畢業」後的兵痞，須歸建原部隊回役，把役期服滿，直到退伍安全下莊為止。兵痞若暴行犯上或脫逃，就送軍法判刑入軍監服刑。東清部落外的勵德班，隨時都有兵痞被遣來入學報到，表現優良者也可提前結訓離校。兵痞都是集體報到入學與個別結訓報離，他們的到、離，都會有憲兵執行不上銬的押送勤務。勵德班總人數比東清國小的學生稍多，但很少破百。

職訓二總隊經常維持千餘位刑事罪犯服勞役。人數最多時，超過雅美族總人口，整個蘭嶼形同大牢房，囚犯插翅難飛。雅猶在警總當臨時清潔工期間，曾偷聽到指揮官宴請職訓二總隊官長圍爐時，總隊長醉言醉語地說：「謝天謝地，職訓二總隊將裁撤，隊員下個月將從蘭嶼移監回台東岩灣繼續管訓。」

指揮官還透露，這些年來職訓二總隊羈押囚犯超過一萬人次，其間只有四人趁颱風夜殺死哨長結夥越獄，偷竊拼板舟出海逃亡，最後以永久失蹤結案。逃亡的囚犯包括家喻戶曉的飛賊高金鐘，那年雅猷與猶嫂剛結婚，雙雙到榮民新村服務，也在榮民新村初次遇到參加救國團蘭嶼訪問隊的建忠。

——

漢人主政後，在各部落招商開設柑仔店販售菸酒雜貨，但須新台幣購買；雅美族人習慣自給自足，頂多以貨易貨。雅猷要買包菸，不能拿飛魚乾去換取。這也是雅猷首份正職，是去榮民新村任支薪工友的原因。雅猷伺候榮民伯伯們，好的習性如生活紀律嚴謹沒學到，壞習慣如呼菸酗酒一學就會。所以，雅猷微薄的薪餉，全揮霍在購買柑仔店的菸酒，這讓猶嫂震怒，夫妻倆從此不睦。

雅猷國小畢業那年，國軍勒令過剩的老兵退伍。身體疲病者安置在各地榮家就養，碩壯健朗者安排就業。渡海來蘭嶼就養、就業的榮民伯伯約千人上下，就業的入住各職訓農場墾荒，就養者入住椰油部落外的榮民新村。就業的榮民伯伯在農場稱為「場員」，行動自由且支薪，有別於職訓農場內不支薪且有案在身的囚犯「隊員」。

提起這些外省籍單身榮民，每個人都有辛酸的人生，讓雅猷很不捨。有的是被抓兵撤台，有的是內戰逃難參軍來台，有生之年都無緣返回大陸探親歸鄉，故終日藉酒消愁。入住新村的老榮民，不是憂鬱想輕生，就是躁鬱想揍人；建忠參加救國團營隊借宿新村時，見證過榮民伯伯們下盤棋為了輸贏，互毆雙雙掛彩。由於年華老去日漸凋零，榮民伯伯剩個位數時，榮民新村就結束營業，變成砂石場的倉庫。

政府為了提升偏遠離島生活品質，在蘭嶼各部落興建很多海砂屋國宅，提供雅美族人無償配住以遮風避雨。但住慣茅屋涼台的族人對此德政並不領情，就連雅猷的幼子都拒絕進出蒸籠般的簡易國宅。很快地，國宅變成族人家禽的居停場所。猷嫂飼養的迷你豬霸佔客廳，雞鴨賴在廚房，黑山羊的地盤在臥室，土狗守在玄關。至於國宅門板窗框，早就被猷嫂卸下當木柴燒開水。

開發蘭嶼從此就不再是人間淨土

榮民新村結束營運那年，雅猷與猷嫂暫時失業；政府也取消蘭嶼的山地管制，開放觀光。雅猷說：「外來的觀光客很變態，我穿戴傳統戰甲銀盔，在八代灣海灘迎賓時，觀光客伸出鹹豬手進我的丁字褲摸。」猷嫂在廣場跳頭髮舞娛賓甩髮時，劣紳還故意拉扯她的長髮。最讓雅猷與猷嫂沒尊嚴的，是外來的土豪把打賞小費丟在地上，還拍攝族人搶拾新台幣的畫面鼓掌叫好！

除了外來觀光客的狂妄庸俗，政府趁解除山地管制之便，藉口在島南興建罐頭工廠，將台灣的核廢料儲放在這裡，讓雅美族人怒火中燒。不過，失業的猷嫂需要一份有穩定收入的正職，在建忠的大學室友葉丐轉介下，猷嫂不顧輻射傷害的疑慮，惴惴不安地赴核廢料儲存場擔任常聘掌廚。

更有甚者，空軍還把無人長居的小蘭嶼，劃設為炸射靶區，天天派機前來投彈。雅猷常陪建忠到島南青青草原採樣，多次目睹戰機編隊飛來炸射小蘭嶼。雅猷說：「冬瓜忠你仔細看，小蘭嶼野放的黑山羊都通靈耶，第一架俯衝投彈的戰機呼嘯而過，黑山羊不動如山，因為牠們知道飛行員是個軍校剛畢業的菜鳥學官。」果然，菜鳥學官投彈沒準頭，炸彈紛紛落海爆炸，離目標區的小蘭嶼火山口還遠得很。後面跟蹤隊形進場的兩架也不行，炸彈不是落海就是亂丟在岸邊，黑山羊理都不理，繼續低頭吃草。

「冬瓜忠，看！」雅猷叫嚷著：「羊群都跑光躲起來啦！壓陣的最後一架肯定是教官在飛，你不信？跟你賭一箱台啤！」雅猷沒錯，殿後的戰機投彈，準確命中小蘭嶼火山口，在週邊熱帶雨林引燃大火。濃煙消散後，羊群陸續現身繼續埋頭吃草，一隻都沒少。建忠回程時經過柑仔店，買了箱台啤送給雅猷。

雅猷五十大壽那年，在他帶頭抗議下，空軍也暫時終止炸射小蘭嶼，還給島上野放黑山羊一個清淨。

——

上世紀末，主管原住民事務的長官，把具有殖民色彩的「雅美族」稱呼取消，改為雅猷領頭呼籲正名的Tao，漢語音譯為「達悟族」。長官還把山地保留地正名為「原住民保留地」，但土地權仍歸國家把持，換湯不換藥。雅猷的族人沒分回該有的祖產。

雅猷升格當阿公那年，由憲兵管理的蘭嶼勵德班裁撤。尚未結訓的兵痞們，被移送綠島繼續進修。警總蘭指部也在國軍推動「精實案」裁撤無效兵力而走入歷史。沒多久，連《陸海空軍懲罰法》也被廢除禁閉等矯正教育。

如今，不論晝夜，蘭嶼穹頂都有流星劃破長空，間雜著爆炸聲。雅猷不解，發了封電郵問建忠，天神為何常在蘭嶼天空起肖？建忠解釋，那是軍方試射飛彈，對達悟族造成驚嚇與不便，軍方應會派人前來溝通。至於政府暫存蘭嶼的核廢料，迄今仍繼續「暫存」；雅猷永不間斷地向政府抗爭，在他有生之年，一定要親眼看見十萬桶核廢料全數從蘭嶼遷離。猶嫂反唇相譏老公：「我在核廢料儲存場工作，吃了幾十年的輻射，身體照樣壯得像頭黃牛，你想要搞垮儲存場？等我退休再說！」

猷嫂自核廢料儲存場屆齡退休後，常與忠嫂揪團旅遊，她倆共同展現焦慮的話題，是雅猷又宿醉不醒及蘭嶼因觀光帶來的生態浩劫。猷嫂抱怨觀光客愈多，丈夫設攤烤魷魚的生意就愈好，賺錢後酗酒就更凶。此外，忠嫂親眼目睹島上民宿不斷地蓋、出租機車滿街跑、停車場愈來愈多、觀景台與步道深入雨林。在觀光遊憩商機無限的貪得無厭催促聲中，當地的原生林相遭到徹底的破壞，連野生的珠光鳳蝶都瀕臨滅絕。

蘭嶼，已不再是以前的紅頭嶼了。

西貢淪陷下的華僑命運

建忠服公職期間，曾親赴戰地協處過兩次海外撤僑事件。一次是二〇一〇年十一月透過義大利航空，從發生茉莉花革命動亂的北非，安排撤出國營事業駐外的石油工程師。另一次是二〇一一年二月南北韓延平島砲擊事件後，規劃循海、空兩路，撤出高科技企業駐韓台商與台眷的撤僑預案。建忠能熟門熟路替政府協處海外撤僑，是因為當年南越淪亡、舅媽全家脫走危城西貢時，帶給建忠的震憾與教訓。

前年清明節夜半，建忠接到依琳表妹從加拿大打來新竹的電話說：「忠哥，我父親心肌梗塞辭世，享壽九十有二！」范舅是越南僑領，南越淪亡前，海倫舅媽帶著稚齡的一對龍鳳胎困在西貢，眼見越共兵臨城下，范舅卻滯留在台灣無法回越救援。千驚萬險中，舅媽、伊凡表弟、依琳表妹幸虧一路都是貴人相挺，分頭奪路倉皇脫走避開兵燹，搭乘台灣空軍的撤僑機隊與海軍的撤僑艦隊，陸續安抵南台灣闔家團聚。

建忠首次與范舅全家四人相會，是留學加拿大第一年赴魁北克參加范舅的感恩節家庭聚餐（參閱「兩位恩師都是逃兵」）。建忠在台灣曾見過范舅與舅媽，但龍鳳胎的伊凡、依琳，卻是初次碰面。那天的火雞大餐距范家逃出西貢尚不及半年，兩位插班魁北克小學二年級的孿生兄妹，在餐桌上驚魂未定。海倫舅媽餐後敘述大難臨頭時，均按照預先擬妥計畫，各自奪路逃亡，最後卻奇蹟般在南台灣會合。

然而，海倫舅媽的抱怨卻一籮筐。她對范舅未能及時趕回西貢陪在身邊難以釋懷。范舅也埋怨自己太大意，沒料到短短五十天，南越政權竟以跳崖似的速度淪亡。舅媽直指台灣駐南越大使館失職，明明有軍艦、軍機自台灣來南越撤僑，卻未善盡通知僑界之責，也沒有完整的計畫運用機隊與艦隊撤僑。

舅媽全家能逃離戰禍，全靠范舅事先拜託有力人士救援，算是極少數能全家及時脫走的幸運兒。其他未及離境的百餘萬華僑，多遭越共凌虐，甚至殺害。建忠留學期間，每逢週末就去范舅家問安，從他們錐心泣血敘述逃難抵台灣的歷程，讓建忠體會到什麼才是真正的亂世血淚兵燹。

亂局導致的顛沛流離

范舅算是建忠的五等親，與建忠母親世居廣東大埔客家庄。八年抗戰初期日軍入侵廣東時，十九歲的建忠媽帶領九歲的范舅，跋山涉水赴殖民地香港逃避戰禍。三年後太平洋戰爭爆發，日軍又入侵香港，建忠媽再次帶著范舅先逃返家鄉再赴大後方的昆明，投靠建忠的父親去求學。姐弟倆途經廣西南寧時，遭遇半官半匪的地方游擊隊伏擊失散。多年後，建忠在中學略懂人事時，母親參加完范舅在南越西貢的婚禮，才將當年姐弟倆失散的陳年往事，對建忠娓娓道來。

母親說：「忠仔，八年抗戰逃難的日子，每天都在驚恐中渡過。我帶著十三歲的驤弟，隨同紅十字總會物資運輸隊逃往雲南昆明，尋找你爸投靠。記得那天滂沱大雨，日軍緊追在後，運輸隊剛出廣西南寧城門拐個彎，就遭地方游擊隊伏擊，打傷押運的憲兵還繳械。也講粵語的游擊隊沒姦淫婦女，也不取走醫療物資，只奪取槍彈還要拉伕參軍，驤弟就這樣被抓走。我跪地求情無效，哭喊聲中我臉上的淚水及雨水交混，眼睜睜看著驤弟遭游擊隊擄走，消失在樹林後。姐弟倆抗戰期間，從此就未再相遇，還好驤弟有抄錄你爸在昆明的軍營郵址。」

多年後，建忠在加拿大留學讀博士班時，范舅補充說明當年遭擄脫逃的經過。「我被游擊隊擄走時，姐姐哭得死去活來，我倒很淡定。打著抗日旗號的游擊隊缺娃娃兵，才會拉我參軍，非得供吃供喝、給我槍桿，又不會殺我，怕啥？」范舅被編入同齡的拉伕行列，兩人一伍雙手互綁，再用竹杆繩扣套牢所有孩童的脖子防止脫逃。早一天被擄同伍的難友阿榮，與其他遭綁的娃兒們交頭接耳，相互愉快地交談，毫無畏懼神色，這讓范舅不解；娃兒們交談時，卻用地方游擊隊聽不懂的方言。

范舅接著說：「我被擄走才不過三天，夜黑風高的暗夜，忽然被同伍難友阿榮搖醒。他使個眼神，我倆就大搖大擺地離開游擊隊宿營地。環視周遭，半官半匪的游擊隊員全都高舉雙手跪地投降，約十倍兵力的另一批武裝自衛隊，手持收繳游擊隊的槍械，監視這批土匪，同時用方言叫我們這些遭擄的娃兒們集合點名。」

事後，難友阿榮解釋，他們講的方言是越南語，難友與營救人質的武裝自衛隊，都是越裔華人，從北越河內入境，沿途以家鄉話粵語向抗日的國軍展演康樂勞軍。難怪遭擄的難友阿榮一點兒都不擔心，兵強馬壯的越裔華人武裝勞軍團，肯定會反包抄營救同夥。

范舅在叢山峻嶺荒野中舉目無親，只好隨同越裔華人勞軍團返鄉。行行復行行，一個月後在叢山峻嶺中回到北越。在北越人生地不熟，所幸難友阿榮熱心安排，范舅由河內北郊的寧福寺住持收容。他在俗名筆塔寺辦學的學堂內，免費寄讀初中課程，閒暇時替寺廟善堂打雜，換取免費寄宿與寄讀。除了砍柴生火、架竹舍、綁竹筏等粗活要做，還學會處理刀槍創傷、敷草藥、包紮傷口與心肺復甦等醫護技能。范舅落戶安頓後，寄封平安家書給昆明的姐夫與姐姐，姐弟倆失散半年後，又恢復了書信聯繫。

筆塔寺出家的七旬老和尚，既是范舅的監護人，也是導師，還教導他數學、史地、英文、法文與越南文，范舅尊稱這位貴人為師父。受法式殖民教育的師父未出家前，曾組織反抗軍與法軍對戰，爭取越南獨立建國，擺脫列強的殖民剝削。

師父自省，曾謀刺多位法國的殖民官，自覺滿手沾血殺孽太重，遂剃度信奉漢傳臨濟宗佛教，膜拜拙公和尚，洗淨罪孽。拙公是臨濟宗第三十四代移居越南的傳人，講求「但能無心便是究竟」與「即心即佛」修行理論，師父常對范舅講道：「行善積德，必有福報。」

——

范舅受師父影響深遠，除了晨昏念誦聖號外，師父也解釋臨濟宗是漢傳佛教在越南最小的宗派。在中南半島，淨土宗才是當中的最大宗派，也是越南佛教徒修行最多的宗派。但無論是哪一支宗派，甚至包括旁支的高台教與和好教，都勸人為善、和樂相處。

抗戰中期，在歐洲的法國早已遭德國侵佔。法屬中南半島由維琪政權繼續殖民，實則被日軍牢牢控制，算是戰亂中相對平靜的地區。師父解釋，當地居民大多信奉佛教、高台教與和好教。法國傳教士緊隨殖民軍，四處傳播天主教與基督新教福音，約有一成的居民捨棄祖傳佛教，改信西方宗教。

師父是道地的越南人，信奉由漢疆唐土傳承千餘年的佛教，但世世代代的越南人與來自中土的華人始終不睦。師父指著佛學堂的越南歷史課本進一步解釋，越南史就是一本越南人與華人的戰爭史，越南的民族英雄都是抵抗華人的名將，如北越的二徵夫人，抵禦東漢伏波將軍馬援的入侵，成為巾幗悍將，廣受越南人的尊崇。

師父語重心長地規勸范舅：「驟仔，越南排華是歷史的必然，華人遷居中南半島，必須低調與越南居民和衷共濟。華人若要融入當地長留久居，學習越南文是基本功。另外，華人學習中文就不忘本、學習法文能與殖民官府溝通，最重要的是學習英文，才能與世界接軌。」師父的諄諄告誡，范舅全都聽進心坎裡。

范舅有語言天份且聰穎過人，在筆塔寺五年寄讀，學會越、法及英文。太平洋戰爭結束後，他以高中同等學歷考入河內的越南大學英語系，還在加拿大駐河內商務辦事處工讀，擔任越文譯員。加拿大是雙語國家，法文及英文都是官方語言，故范舅得天獨厚，輕鬆拿下這份待遇優渥的工讀。大學畢業後，升任加拿大駐河內商務辦事處常任翻譯官，唯越共揚言要消滅外來殖民者、外商及華裔買辦，戰火逐漸漫延中南半島全境。

當時殖民政府不准他國在越南設置大使館與領事館等具有行使主權的館處，頂多只允許互設文化、經貿的辦事處。在中南半島，外國武裝部隊尤其不受歡迎，戰後雲南的盧姓軍閥曾派軍進入北越，接受日軍降伏，但雲南軍閥部隊紀律廢弛，在北越姦淫擄虐無惡不作，徒增越南排華情緒。

越南歷代皇朝均將華人分成兩類——越裔華人與越南華僑，這兩類華人都被越南排斥。奉行屬地主義的越南各朝代，把在越南本土出生的華人，視其為越裔華人，是越南的公民，受越南律法治理。在他國出生而移居越南的華人，越南政府視為華僑，算外國居民，受涉外律法管理。

范舅在廣西遭游擊隊綁架的難友阿榮，他祖父於百年前在越南阮朝弘宗啟定年間，舉家自廣西移居北越，當時祖父的身份是越南華僑。三代傳人的阿榮在河內出生，算是越裔華人。國共內戰期間，國軍潰散，眾多自雲南、貴州與廣西跨境逃入越南躲避紅禍席捲的難民與范舅身份雷同，均被歸類為越南華僑。

越北奠邊府一役，法軍潰敗。越共勢力掌控北越全境，八十萬華人與二十萬越南人，不願生活在北越共黨制度下，大舉逃至南越。這百萬難民佔北越人口的一成，當然被越共視為地、富、反、壞、右的「黑五類」。

范舅隨加拿大駐河內商務辦事處南遷西貢前，回到河內北郊的筆塔寺向啟蒙的師父辭行。師父開示說：「驤仔，你這個俗家子弟，儘快離開北越吧，越共容不下你這種華僑知識份子，記得到南方要多行善積德，你才會有福報。」師父揮揮手，落寞地自顧自消失在筆塔寺大門後，這是范舅此生最後一次與師父對話。

范舅臨行時，難友阿榮來送別，范舅力邀阿榮一起逃往南越，但阿榮說：「驤哥，我的家族久居北越，家產良田百頃割捨不開，剝削我家的殖民政府已被越共擊潰，越共還對族長誓言善待華人並保家護產，更何況大陸現在也是共產黨當權，保護我們這些越裔華人不遺餘力，我不走！」范舅眼見阿榮對共產黨還心存幻想，嘆口氣與他互道珍重。這也是范舅此生最後一次與阿榮對話。留在北越同情共產黨的越裔華人如阿榮，約有三十五萬之眾。

范舅抵達西貢後，再度聯繫上遷居台灣的建忠雙親，透過在情報單位服勤的建忠把拔，范舅領到一本台灣駐西貢大使館袁姓公使核發的我國護照。

從此，范舅正式成為台灣在越南的華僑，有這種身份的華僑，在南越至少超過三萬人。

同機一命范舅搭救乘客脫險

范舅抵達西貢後，加拿大駐河內商務辦事處升格為加拿大駐南越大使館。范舅是語言專家，就被「國際維和監督停戰委員會」（International Control Commission, ICC）[1]所屬加拿大維和部隊挖角商調，敘薪階級為「同中尉翻譯官」。范舅備受加國維和部隊長官倚重，乃因加拿大維和部隊內無人同時通曉越、法、英三種語言。

范舅在這個由上校指揮官率領的營級規模維和部隊，服勤超過十三年，這份差事須往返南越二十九省三市，確保南越及北越均按照《日內瓦協定》南北分治、互不侵犯，還要監督法國殖民勢力徹底退出南越。反共的加拿大維和部隊走訪南越各駐點，查報北越滲透的顛覆活動。另有親共的波蘭維和部隊駐紮北越，查報南越的破壞行動；中立的印度維和部隊駐守南北越分界線，監督雙方遵守停戰協定並執行南北換俘。

范舅的勤務必須攜槍，故在加拿大維和部隊附設的軍官術科班惡補，對手槍、步槍等個人武器也就輕鬆上手。他的主要任務是支援維和小組深入偏鄉駐點，由當地南越軍警引領，見證並舉發越共顛覆政府的滲透非法活動，偶爾也會擔任審訊越共俘虜的傳譯。

有一回，范舅赴南越中央高原多樂省，在省府邦美蜀的越柬國境哨站審俘。第二戰術區派出的邊防警衛，突遭越共衝過國界擊斃，攻入哨站奪回俘虜。范舅與加拿大籍的小組長里奧上尉慌忙拔槍應戰，小組長不幸左腿中彈，范舅一肩扛起負傷的長官，一邊回火反擊，一邊潛入熱帶雨林藏匿。

范舅運用筆塔寺善堂學到的醫護技能，替里奧上尉清洗傷口、敷滿田七葉草藥止血。包紮傷口後，將長官抬舉上樹幹，用茂密的枝葉遮蔽之後再故意曝露自己行蹤，聲東擊西引開越共的追擊。兩天後，南越調遣傘兵，空降收復哨站，范舅背著里奧上尉走出雨林，恰好一架美軍直昇機路過降落，范舅陪著里奧上尉搭機，直奔第二戰術區濱海的慶和省金蘭灣海軍醫院收治取出彈頭。

范舅估算百餘公里的航程，頂多飛一個鐘頭就到醫院。結果一個小時後，大霧迷漫開始下雨，直昇機愈飛愈慢，顯然在雨霧中迷航了。再飛一個多鐘頭，「碰」的一聲，范舅就失去了知覺。

待范舅被豪雨沖刷甦醒後，試著在泥潭中爬起站立，除了腰酸背痛身體並無大礙。直昇機斷成兩截，前段駕駛艙撞擊山壁墜落，駕駛艙內的美籍正、副駕駛與機工長，在強烈撞擊下血肉模糊均已死亡；斷裂的直昇機後段座艙，掉落雨林卡在樹幹上。在航途中范舅忙著顧里奧上尉吊掛的點滴瓶，所以沒綁安

1 編註：一九七三年「巴黎和平條約」簽訂之後，ICC 由聯合國駐越南維和機構（International Commission of Control and Supervision, ICCS）所取代，加拿大維和部隊撤收。

全帶，直昇機撞山時他被震出座艙，摔落二十公尺、墜入泥潭軟著地。

范舅翻身上樹，察看後段座艙乘客，里奧上尉仍固定在擔架上，破碎的點滴瓶玻璃砸在臉上令他腫痛呻吟，一位美國平民肩胛骨明顯挫斷痛暈，一位南越海軍少校腹部遭尖銳樹枝貫穿，血流如注、昏厥。其餘兩位越籍機槍射擊士則因墜落撞到岩壁致死。

范舅運用後段座艙底盤垂降滑輪，將三位傷者逐一緩降著陸，置於泥潭邊。所幸座艙內備有急救箱，范舅取出備用點滴瓶，替上尉繼續施打，再清理他臉部遭玻璃割傷的創口。范舅轉身用隨身瑞士刀，砍下竹子削成竹片當支架，幫美國平民固定肩胛骨、綁緊繃帶並注射止痛針劑，再用力拔出南越軍官腹部樹枝，止血包紮還注射消炎針劑。

整天豪雨不斷，范舅也拿出當年學到的絕活，砍下竹子用椰葉搭建簡易遮雨篷。傷者在遮雨篷內由范舅餵食直昇機儲放的美軍戰鬥口糧，陸續甦醒恢復意識。范舅記得直昇機撞山那天，是雨季剛開始的佛誕日，他很遺憾只救回三位乘客，其他五位組員，均已失去生命跡象。

整夜傾盆大雨沒停歇過，雨季初期要等雨過天晴的空中救援，無異坐以待斃。天明後范舅冒雨攀爬至高處觀察，山谷遭雨林覆蓋四野無人跡，倒是墜機處山崖邊有條溪流因豪雨溪水暴漲，但目視所及溪中無激流亦無巨石擋路。范舅衡量傷者病情無法步行脫困，應可利用急湍溪水，順流經山谷下行至海岸平原求救。

有了脫困方案，就砍下足量巨竹，用直昇機垂降繩索綑綁成竹筏，將機內的救生衣套在三位傷者身上，身體綁在竹筏中央的架上固定，拆下機尾旋翼葉片，當划槳與方向舵操作，午時在滂沱大雨中出發。

在奔騰的溪流中顛簸前行，天黑後流速銳減，溪流變寬。范舅研判已順流衝出山谷，下行至海岸平原。沒多久，竹筏被探照燈光聚焦鎖定，廣播器播出越南語，呼喊來者報出單位、姓名、級職。范舅取出信號槍，打出美軍直昇機專用的橘紅色信號彈，終於獲救了。

一行四人在慶和省芽莊警察哨所登岸，由救護車送往五十公里外金蘭灣海軍醫院收治。醫護人員在行車途中替傷者檢傷急救後，一行四人方自我介紹。美籍平民是美國駐南越大使館的三等秘書約翰，在第二戰術區負責推動美國睦鄰的民事政策。南越軍官是美國駐南越大使館的連絡官阮氏，本職是金蘭灣南越海軍港口副指揮長。

三人同聲感謝范舅及時搶救，否則所有人早已命喪墜機現場。這三位同機一命的乘客里奧、約翰與阮氏，日後竟都成為范舅全家脫走危城西貢的貴人。事後加拿大政府頒授范舅「皇家十字勳章」並晉升為「同上尉」的翻譯官，以表彰他在槍林彈雨中搶救負傷的里奧小組長脫險在先，營救墜機的長官在後。里奧上尉的彈頭經急救取出後，被送返加拿大魁北克的家鄉治療槍傷。

再次救眾生於七級浮屠

范舅的勤務，說來其實也有輕鬆的一面，除了現場翻譯，倒也有大把時間自由運用，因此有機會結交駐點的三教九流為好友。范舅非常靈光，趁執行公務之便，自駕裝甲車滿載偏遠駐點缺乏的物資前往兜售，返程再裝滿土產回都會區高價賣出。

譬如說，第三戰術區西貢外港頭頓郊外的福綏省福海漁村頭目梅氏，缺奎寧治療他瀕臨死亡的瘧疾病痛，范舅聽聞後立即載著足量西藥贈予頭目治病。頭目把捕撈的龍蝦裝箱送給范舅致謝。他駕車駛返第三戰術區司令部所在的邊和市，就把生猛龍蝦高價脫售予鬧區的餐館。范舅將轉售所得的偏財，悉數捐贈給西貢堤岸華埠的漢傳臨濟宗佛寺。畢竟，啟蒙師父的行善積德訓誡，深植在心坎裡。福海漁村頭目日後也成為舅媽娘家出走西貢的貴人。

不過，順道帶貨做些小買賣賺價差捐贈行善，並非范舅的人生目標。南來北往交友固然不錯，但居無定所、日夜奔波，對適婚年齡的范舅也是煎熬。在加拿大維和部隊偏遠駐點服勤滿十年後，依規定可請調回位於西貢的總部，專辦內勤。范舅在西貢落戶後，也依年資晉階為翻譯主任，支領「同少校」的薪餉。

某日，范舅公差赴林同省大叻高原的南越三軍官校，回程單獨駕駛裝甲車，下山連續過彎時，遇到牛群擋路，路旁的牧童在議論紛紛。范舅問牧童怎麼回事，牧童搶著說：「長官大人，五分鐘前一輛轎車過彎時，閃躲我們的牛群，迴正不及衝出護欄翻車跌落邊坡！」

牧童拉著范舅來到邊坡，果不其然，一輛雷諾小轎車四輪朝天，翻落邊坡約五公尺深，卡在參天古木樹幹前。強力撞擊的車體明顯變形扭曲，汽油外溢著火焚燒，濃煙四起。范舅衝下邊坡察看，車內女性駕駛滿身是血，身陷烈火濃煙中嗆昏。他嘗試拉開滾燙的車門，但都被變形車體卡死。

范舅靈機一動，再度奔返裝甲車，取下突擊步槍，瞄準前檔與邊窗的玻璃四緣框點逐一射穿，再用槍柄把玻璃敲碎清除乾淨，請瘦小的牧童爬入轎車把昏迷的傷者拖出。范舅抱著體態輕盈的女駕駛攀爬陡坡，將她置放在裝甲車後座平躺，發現已無心跳！范舅立即運用學過的心肺復甦術搶救，讓她恢復心跳與呼吸，迅速替傷者作簡易止血裹傷急救後，急馳往最近的金蘭灣海軍醫院急診室。

范舅注意到後座的妙齡女子雖然頭臉都是血漬且撞傷紅腫，皮膚也被濃煙燻黑，但從衣著配件看得出應是富家女。范舅找到同機一命的阮氏（現已升任金蘭灣海軍基地中校指揮長），由他作保協助填寫完急診單付費後，就逕自趕路回西貢的加拿大維和部隊總部。范舅餘悸猶存，若早五分鐘過彎，閃躲牛群翻車的將會是自己呀！心想今日積德行善，救人遠勝過造七級浮屠。

兩週後，范舅在辦公室收到一封掛號文件，是南越華僑「七府公所十邦聯合總會」頒發給范舅的感謝狀，僑社對他在大叻高原車禍救傷的善行義舉致謝。原來，營救的傷者不是普通越南人，而是富有的越裔華人女子，難怪開進口名車、裝扮高雅；范舅把感謝狀收妥，這檔事就逐漸淡出心頭。

初次邂逅傷癒出院的海倫

范舅雖然身在加拿大維和部隊服勤，但業務上與華僑社團也有些來往。自從越南脫離殖民枷鎖後，南北分治，南越的僑社因大量「脫北者」南遷，華人暴增一倍，合計約一百六十五萬人。越裔華人八成來自廣東，其餘從廣西、海南與福建移居，平時他們說粵語、客語及閩南語等各自的家鄉話，但廣東話已成為僑社的「官方語言」。越裔華人習漢學、看中醫、信佛教，少部份華人受法國殖民影響，也篤信天主教。越裔華人以經商為主，五分之一聚居在西貢，且集中在城南的堤岸華埠。

南越甫獨立的政權厲行「華人越南化」鐵腕政策，九成的華人被迫入籍成為越裔華人的南越公民；同時，也限縮外來的非土生土長華僑，不得從事政治、金融、交通、工礦等行業。唯華埠僑社是個封閉族群，越南政府根本無法打入拉出。更何況僑界百萬張選票，是鐵板一塊，難以扳動。政治人物為了選舉，不敢明目張膽排華，遂採用「以華制華」政策，委由僑領治理僑社這片法外之地。

南越華人以祖籍宗親來歸類，概分七府即粵南廣州、粵西肇慶、粵東客家、瓊北海口、瓊南三亞、福建永定與閩南金廈等七個邦府，再加上廣西、雲南與貴州等三處鄉親，共同組成僑社「十邦聯合總會」。僑社的十位邦長權力至高無上，猶如黑道幫派角頭，政府容許僑社各邦府設置武裝團隊，維持僑社治安與秩序。僑社以會館之名，掌管邦府的房地產、企業、寺廟、醫院、學校、善堂、救濟院與墓園義山，故僑社財力富可敵國，自然引起越南人的垂涎。

華人運用僑社會館對所屬宗親「服務」的項目，除了一條龍式的就學、就醫、就業、就養外，還負責替鄉親報稅、文書認證、排解糾紛、維持秩序、清潔環境、保健衛生、濟弱扶貧、媒合提親、婚喪補助、管理邦產並促進官民友誼。范舅依宗親歸類，雖屬粵東客家邦府，但行善積德仍以華埠的臨濟宗佛寺為捐贈對象，將正薪與偏財悉數捐出。

車禍救傷事件發生三個月後，營門警衛來電通知范舅有訪客。他滿臉狐疑地來到會客室，眼前一亮的是位荳蔻年華、面貌姣好的年青女子。她身著越南白色傳統旗袍，緊裹高挑纖細的身材，讓范舅目不轉睛地凝視眼前天仙般的美女。「敢問您就是翻譯主任范少校？」美女以流利的英語探問呆立的范舅，他張口結舌緊張到燒聲，說不出話來。

「敢問您就是翻譯主任范少校？」美女再以流利的法語詰問。范舅在恍神中回魂，以越南語應答：「我就是。請問有何貴事來訪？」美女改用越南語說：「您還記得三個月前大叻高原的車禍嗎？我就是受傷的駕駛叫陳海莉，您叫我法文名海倫（Helene）就好；我今天才剛出院，特別前來向您叩謝救命大恩大德……」海倫講完就下跪向范舅叩頭。

「唔駛得！千祈唔駛得！」范舅慌忙搖著雙手，不自覺地用家鄉廣東話回應，雙手想扶起美女，但礙於保守習俗，不知所措地雙手互搓。三個月前，她滿臉血漬燻黑，怎麼也無法和眼前的淡妝美女聯想成同一人。「哥哥，原來您也會講家鄉廣東話，我還以為您是加拿大籍華裔軍官呐！」美女海倫平身，熱絡地盯著范舅。

「妳怎麼找到我的？」范舅滿臉疑惑地問。「父親得悉我出車禍後，立即前往醫院探視並派人訪查車禍真相，您的姓名、級職與駕駛的裝甲車車牌號碼，我父親都打探到了。」海倫說完撩起旗袍，毫無忌諱秀出修長雪白的雙腿解釋：「翻車著火後，灼熱滾燙的金屬拐杖鎖掉落卡在我雙腿間，造成三級燒傷的創口；帥哥您瞧，躺在醫院足足三個月，經過漫長的植皮醫美整形手術，還看得出雙腿內側巴掌大的燒傷疤痕嗎？」「看……看不出。」范舅瞪著修長雪白的美腿心跳加速。

「車禍當天路旁的牧童向我父親指證歷歷說，帥哥您對我又是抱、又是毛手毛腳的，真有其事嗎？」海倫逗著質問范舅。「誤……誤會！我抱著妳衝出火燒車爬上邊坡，雙手重壓胸膛是心肺復甦術，讓妳恢復心跳與呼吸呀。」范舅像犯錯的小孩般解釋。

慧黠的海倫從名牌柏金手提包拿出張紙條寫下字句，塞給范舅繼續說：「我要回學校辦理復學上課了，找時間再聊吧。以後我就叫您的名字驪哥，再見。」范舅呆立在會客室前，目送美女海倫走向停車場，一位武裝保鑣替她打開林肯高級防彈轎車的車門坐定後，緩緩駛離加拿大維和總部營區。范舅打開手中的紙條，娟秀的筆跡用中文寫著：

陳海莉 西貢大學藝術系二年級
住址 西貢堤岸趙光復街〇號
宅邸電話〇〇〇號 臥室專線電話〇〇號

海倫字條的表達非常含蓄，要范舅主動邀約她，建立情誼讓感情增溫。但范舅想到自己是個來自北越的難民，孤伶伶流落南越、沒顯赫家世且身無分文，與白富美的海倫，年歲懸殊、門不當也戶不對，冒然去約會無異是癩蛤蟆急著想吃天鵝肉。范舅心存的綺念閃過即逝，吞了吞口水，自慚形穢地把紙條置入車禍救傷感謝狀檔卷內。

——

南越的首任總統吳廷琰，是個狂熱的天主教徒，實施了一系列偏袒天主教、歧視佛教的政策。政府的宗教打壓行徑，間接造成篤信佛教的越南人與華人的強烈反彈。競選連任前，吳廷琰還對反政府的僑社祭出《第一三三號法令》，欲將南越華人七府公所十邦聯合總會所掌管的房地產、寺廟、醫院、善堂、救濟院與墓園義山悉數充公，尚未登記入籍公民的越裔華人，將遭逮捕入獄。吳廷琰的暴政對僑社華人而言，形同「人財兩失」。

競選期間，和尚當眾自焚、南越政爭不斷、政局動盪。華埠僑社協請台灣駐南越大使館及行政院僑委會，透過外交管道據理力爭保僑護產，無奈台灣諱於台越邦誼必須穩固，故未盡全力護僑，致使華人雖心向台灣，但對駐南越袁大使的無所作為怨聲載道。共產黨趁亂煽風點火，致使極少數華人同情越共甚至轉而親共，甘願為共產黨驅使，伺機分化僑團並對僑社執行恐攻。

由於越共趁勢坐大，攻城掠地，美軍因此大舉介入越戰。加拿大維和部隊既無法查報越共龐大的游擊隊滲透勢力，也無力阻止美國及盟邦派軍介入南越的戰爭，維和部隊的功能日漸萎縮。范舅的維和勤務既無尊嚴，更缺成就感。他不甘坐領乾薪當米蟲，遂以「同中校」翻譯主任階毅然離職。范舅手握一筆豐厚的退職金，留下半數自謀生活，其餘捐贈給佛寺。

靠台灣泡麵賺取第一桶金

范舅想要在排它性強烈的華埠僑社覓職並不容易。所幸持有加拿大駐河內商務辦事處服務證明及加拿大維和部隊退伍證，很快地，華埠某家電商號老闆主動找范舅面試。「范先生你在加拿大維和部隊服勤紀錄可圈可點，還榮獲加國政府頒授的皇家十字勳章。你服勤後期，是否在大叻高原駕駛裝甲車遇上車禍？」年逾六旬的老闆邊翻閱應徵資料邊問。

「是，老闆，兩年前出差回程途經彎道，有前車閃避牛群不及翻落邊坡，牧童與我協助搭救傷者就醫。」范舅據實以告。「你祖籍廣東大埔客家庄，在南越可有親人？」老闆盤問范舅的底細。

「親戚目前都身陷廣東未及逃出，唯一的遠親姐姐定居台灣，我持台灣護照在南越居住，算是外國居民的越南華僑。」身處南越舉目無親的范舅，心想沒親戚擔保，這回應徵工作勝算不大。

沒料到祖籍海南文昌的老闆竟然說：「沒親人在南越？我祖先兩百年前在西山朝代就移民來西貢，我就是你的親人！驟仔，你明天就來我的家電商號業務處上班，擔任我的特別助理，薪酬與你退伍時的待遇相當。」

老闆是瓊北海口僑民的邦長。他的家電商號，專門收購美國軍營報廢的中古冰箱、烤箱、微波爐、洗碗機與洗衣機，修理這些白色家電整備妥當，重新烤漆再高價出售。唯西貢的家電舊貨市場飽和，但偏遠地區卻缺貨，陸上貨運屢遭劫匪搶奪，全國陸地物流通路，形同截斷。老闆大嘆生意遇上瓶頸，需要范舅打開通路拓銷。

所幸范舅人頭熟，透過同機一命的海軍軍官阮氏（此際已調升西貢海軍港口上校指揮長），委請麾下的軍艦，托運家電穿梭沿海港口。再由熟識的陸軍高階軍官，陸地軍運時納編老闆的貨車護送一程。從此，老闆的生意蒸蒸日上，銷貨點由西貢向沿海的港市與山城輻射狀擴充，最遠可達第一戰術區南、北越交界的廣治省，向南延伸交貨點至第四戰術區越柬國境濱海的堅江省。

范舅以老闆家電商號採購經理的華僑身份，持台灣護照往返台越，透過建忠母親的牽線，與知名國產家電企業洽談台灣堅固耐用的電鍋外銷南越。范舅滿腦子都是生意經，在台灣電鍋上貼了越文行銷口號：「終生保固，免費換新」。這則廣告，果然讓電鍋銷路奇佳。范舅到職才半年，就讓老闆贏得「南越電鍋王」的雅號。

老闆的家電生意愈做愈旺，難免應酬也愈來愈多。老闆總會帶著范舅這個特別助理隨行，赴酒廊洽談生意幫忙勸酒。在充盈粉味的高檔酒廊，老闆都令媽媽桑挑個妖嬈酒女陪范舅在溫柔鄉過夜。范舅不便掃老闆的興，待一尾活龍的老闆左擁右抱入貴賓套房後，謹守筆塔寺師父教誨的色誡，依習俗塞個夜渡資的紅包給酒女，打發她先行離去。久而久之，老闆從媽媽桑那兒得知范舅潔身自愛，就免除范舅加班陪他浸泡在色慾橫流的酒廊。

「驤仔，我看你品味不俗，酒池肉林、縱慾狂歡的高檔酒廊不適合你，你算是屈指可數的顧家好男人。這樣吧，今晚華埠僑社的選美大會決賽，你陪我去觀賞美女競豔。」穿著西服的老闆下令范舅跟班。

年度的華埠小姐選美，是僑界的盛事，范舅陪老闆入座伸展台前的貴賓席。第一位出場的絕色美女，剪水雙瞳含情脈脈凝視著范舅焉然一笑，立即將范舅電暈掉，似曾相似的絕色美女在哪兒見過面？

當主持人宣佈今年的華埠小姐是西貢大學藝術系四年級的陳海莉時，絕色美女掩面喜極而泣，范舅恍然大悟，她就是車禍搭救過的海倫！老闆比任何人都興奮，當場站起來鼓掌連聲叫好！鄰座貴賓紛紛讚揚：「邦長陳老闆正宮大老婆生的女兒奪后冠，人美心更美，真是名至實歸！」

范舅隨老闆到後台向華埠小姐道賀，海倫幽幽地問范舅：「驤哥，你為什麼始終都不跟我聯絡？我等您的電話足足等了兩年，好苦呀！」范舅滿臉脹得通紅不知所措，腳蹬五吋高跟鞋的海倫幾與范舅同高。

「原來帥哥美女早就認識，那就不用老爹介紹，兩位好好聊天敘舊，老豆先走。」老闆告退前，拍了下范舅肩膀，暗示「驤仔，加油」。

——

荳蔻年華的海倫，不嫌棄年長她十五歲的熟男驤哥，反而覺得他老成木訥可靠，從此兩人墜入情網。畢業後，海倫在西貢僑校三民中學講授家政；范舅與海倫熱戀兩年後，在堤岸同慶大道的瓊府會館結為連理，老闆變成范舅的岳丈。建忠母親特地從台灣飛南越，參加弟弟婚禮，海倫變成建忠的舅媽。

婚禮當晚，在堤岸天虹酒樓舉行婚宴，席開百桌，范舅的加拿大維和部隊袍澤，沒當班值勤的同事就坐滿整整十桌的男方親友席。隔年龍鳳胎出生，老闆按輩份替外孫各取個法文名字，從海倫的H字輩，排外孫輩份輪到I字輩，哥哥叫伊凡（Iven）、妹妹叫依琳（Irene）。

就在龍鳳胎週歲生日那天，位於西貢市中心咸宜大道的台灣駐南越大使館遭炸彈恐攻，整棟使館被震塌半毀，胡大使倖免於難，嫌犯等均為越裔華人。在南越「華人越南化」暴政下，部份華人，人財兩失，因此不滿台灣護僑不力，挾怨施暴。僑社由黑幫組成的武裝團隊在華埠密查兜捕，眾嫌犯逐一遭「清理門戶」家法制裁狙殺。兩年後，大使館在二徵夫人路一百七十五號重建，升旗復館。

大使館遭炸毀，讓甫成家立業要顧妻小的范舅心生警惕。南越這片四戰之地實在不宜久居，應想法子移民避禍，但又目睹美國派出五十萬大軍陸續進駐南越剿共，移民的念頭就暫且擱一旁。

建忠讀中學時，隨父母赴松山機場迎接范舅來台作商務考察，舅甥倆係首次見面。范舅對建忠說：

「忠仔，這是我戴了十三年的加拿大維和部隊藍色貝雷帽，就當作送你的見面禮吧。」這讓軍事迷的建忠雀躍不已，把玩之餘，還立志要去加拿大留學，拓展人生視野。

范舅眼光獨到，過往在南越全境四個戰術區駐防近十年，深切了解到南越五十萬部隊，吃不慣美援的戰鬥口糧，且宿營煮飯常遭越共騷擾攻擊，部隊對於吃這件事情非常困擾。范舅這回趁訪台洽商之便，由建忠母親安排參訪生力麵廠房生產線，讓范舅大開眼界。

范舅返回南越後，將來自台灣的生力麵樣品送達西貢新山一機場的總參謀部試吃。無論乾啃或湯泡，眾軍頭都讚不絕口，若再辛辣些符合越南的重口味，那簡直就是人間美味了。范舅與三個軍種、四個戰術區及首都特區衛戍司令們談妥獨家專賣條件後，委請岳丈新設食品貿易公司，聘海倫任總經理，展開生力麵的跨國貿易。不過，南越政變頻仍，每次改朝換代後就換上一批軍頭，范舅又得重新打點這些新面孔，好讓南越三軍繼續品嚐生力麵。

范舅生意愈做愈旺，連美國都找他幫忙。事情是這樣的，美國在南越戰場也搞敦親睦鄰，供應孩童巧克力糖、贈送成年人啤酒以爭取民心親美反共。但美國貨不太合越南人重酸、好辣的口味。同機一命的美國大使館三秘約翰，此際已升任大使館的國際開發署特派員，早就風聞范舅的生力麵廣受南越官兵歡迎，就請范舅這位救命恩人想想法子。

南越有一百五十萬戰災難民住在「難民邑」的草寮內，范舅須供應難民匯集的村民每天一包生力麵。美國大使館的國際開發署訂單，讓范舅的生力麵訂單從此翻倍。氣質與顏值非凡的舅媽，持南越護照也來台洽商生力麵拓銷。建忠隨母親再赴松山機場迎接首次訪台的舅媽；即便產下一對龍鳳胎才兩年，模特兒般魔鬼身材的舅媽，在入境大廳還真的非常吸睛，引起眾人的騷動讚賞。

「海倫舅媽，慧質蘭心的您比電影明星還漂亮，范舅到底有什麼魅力追得到您？」建忠由衷地讚嘆大他僅七歲的年輕舅媽。「忠仔嘴巴真甜，你范舅木頭人一個，是我倒追他啦，而且我差點當不成你的舅媽！」身材高挑的海倫，摸著僅及她肩膀的建忠貝雷帽。多年後，舅媽以長輩身份主持建忠在加拿大的婚禮時，始對建忠說分明「差點沒當成舅媽」的原委。

搖身一變「南越泡麵王」

海倫就讀西貢大學後，南越華人大咖首富張某登門提親，期盼海倫父親應允把她嫁入豪門當張某的長媳，聘金是千頃水稻良田，這讓海倫父親高興不已，遂當場滿口答應。提親時，海倫左看右看張家長子，除了土豪模樣長相猥褻，談笑間邪氣十足，故海倫一直竭力抗拒嫁給豪門的紈絝子弟，甚至哭鬧不休，若再逼婚她就上吊自殺。

海倫與父親翻臉鬧僵負氣出走，獨自駕車赴大叻的避暑別墅，陪伴重病彌留的生母。回程返校上課途中，竟因閃避牛群發生車禍，卻巧遇真命天子及時搭救，挽回性命。海倫出院後，父親從高檔酒廊媽媽桑那兒得知，張家長子與華埠販毒幫會勾結，在鄉下接連獵取秀色可餐又貪圖逸樂的貧困少女出遊，吃喝玩樂後下藥迷姦再餵毒，逼她們染上毒癮不能自拔，再將她們押送至紅燈區的妓院賣淫以換取毒品吸食。少女出賣肉體賺到的皮肉錢，悉遭張家長子取走，到販毒幫會開設的賭場揮霍。海倫父親訪查確認準女婿沾惹黃賭毒屬實後，斷然退婚。此舉得罪首富，準親家遂唆使販毒幫會假扮車匪路霸，針對海倫父親的家電產品，出貨後半途攔截搶奪。直到范舅出現在海倫父親的商號，家電產品轉由海路銷貨再請軍隊押運，還大賣特賣台製電鍋。范舅甚至通過海倫父親連串細膩的品德測考，才首肯他與長女海倫交往。

楚楚動人的海倫舅媽，以西貢食品貿易公司總經理身份，要求南台灣的泡麵生產線在不增加售價的前提下，附加酸辣醬料、越文食品說明，外包裝改熱帶叢林迷彩。舅媽對建忠說：「忠仔，扣除成本、關稅與運費，一包生力麵我們家可淨賺新台幣一元，你看利潤有多大！你大學畢業後，要不要在我們家的台北辦事處當個貿易主任？」

建忠邊吃南越部隊的生力麵樣品乾糧，邊計算五十萬大軍每日三餐與一百五十萬難民每日一餐都吃生力麵，范舅一天就淨賺新台幣三百萬元！建忠大學畢業後在台灣當個外商公司的初等工程師，日薪也不過才新台幣百元，真的很想去海倫舅媽的企業王國打工。但顧及父母望子成龍要建忠繼續深造，拿個博士學位光宗耀祖，那就服完兵役去加拿大留學吧。

范舅發達之後，不忘行善初衷，捐贈南越各地佛寺不遺餘力，也贊助僑報、僑社及兩百多所僑校舉辦僑務活動。美國大使館的約翰，也常邀約范舅與舅媽參加大使館宴會及慈善募款餐會。秀麗端莊的海倫舅媽，除了繼續在僑校執教鞭兼課，公餘時也常出錢出力，協助美國推動南越婦女的家政職訓。

很快地，范舅「夫以妻為貴」，搖身一變成為「南越泡麵王」，獲頒客家僑社副邦長（副僑領）頭銜；范舅這個「脫北者」，短短十六年在南越打拼，就獲此殊榮，真是不容易。為人處世正派的范舅，多年後向建忠表示，在南越華埠僑社最難相處的，竟是台灣在越南的大使館，這讓建忠非常驚訝。

僑社在台越外交角力下，往往變成兩面不討好的燙手山芋。如南越政府厲行「華人越南化」政策，大使館在南越辦理洋務，遷就雙邊邦誼，卻在護僑保產上毫無積極作為。范舅與歷任袁姓、胡姓、許姓駐南越大使面對面陳情，爭取南越華埠僑社權益均不得要領。這是范舅居停南越期間最大的憾事。

美軍介入一場不求勝的越戰，終究敵不過具鋼鐵般意志力的越共。美國遂以「越戰越南化」為藉口，逼迫南北越簽訂《巴黎和平協議》，好讓駐越美軍依法撤出脫身，等同放任越共奪取南越。和平協定生效半年後，加拿大政府眼見越共大舉南侵，無力查報，毅然撤收駐越維和部隊。

范舅在維和部隊撤返加拿大時，到市郊邊和空軍基地替老戰友們送行。當年范舅在邦美蜀國境哨站營救的老長官里奧，如今二度返回維和部隊服勤，且晉升為上校擔任末代指揮官。滿臉疤痕的上校看壞南越政治情勢，各地因美軍放手撤離，越共遂趁勢煽動工人罷工、學生罷課、商店罷市、軍人罷戰。指揮官建議范舅舉家申請移民楓葉國避禍，他願推薦作保，加快申請手續。

此際，有東方小巴黎美譽的西貢，市民無視國難當頭，在通膨物價飛漲中，仍過著歌舞昇平、奢侈萎靡的太平日子。大多數華人對當前情勢均心存觀望，或因世代久居且地產四佈，不易變現更不願立即離越。然岳丈具有遠見，規勸女婿驤仔為了子女教育及前程，把生意收掉，離開黃賭毒氾濫的西貢，儘速申辦移民加拿大。

范舅熟門熟路步入加拿大大使館，投遞一家四口移民申請文件，附呈加拿大政府頒授的皇家十字勳章證書。移民官笑著回應：「范哥，這應該算特急件優先辦理，很快就會審批核可。」兩週後當范舅全家移民申請獲准時，西貢西北方百公里外第三戰術區的福隆省，遭越共借道高棉入侵攻陷，等同占領首都西貢的前庭，敲響南越淪亡的喪鐘，南越立即下達戒嚴令。

問題來了。南越為了全國總動員禦敵而厲行戒嚴令，禁止所有南越公民出境！舅媽與一對龍鳳胎，都是西貢出生的越裔華人，在「華人越南化」的排華政策下，被歸類為南越公民，僅能持有南越護照，不准申辦台灣的護照。就算南越護照上蓋有加拿大的移民簽證戳章，還是不准離境。全家只有持台灣護照的范舅，可隻身由西貢前往加拿大辦理移民報到手續。

南越烽火連天撤僑箭在弦上

范舅赴加國移民報到臨行時安慰家眷，抵加國後會設法儘快把全家接來定居，家眷始惴惴不安地回娘家避戰禍。范舅獨自抵加國報到落戶定居，兩個月後取得楓葉移民卡，立即到加國外交部洽詢如何讓家眷離越來加國團聚，得到的回覆令人沮喪。

首都渥太華外交部亞太科的承辦科長說：「范太太與子女就算有移民簽證，礙於南越戒嚴，家眷無法離越，只有等戒嚴令解除後，加拿大外交部才使得上力。」范舅回頭再找維和部隊退役指揮官里奧跪求協處，指揮官打了很多通越洋電話回西貢，理順所有可行的路徑，對范舅作如下建議：

「目前南越情勢危殆，但沒有立即覆亡的徵候，故加拿大並未準備撤僑；唯加拿大駐南越大使館告知，確有撤僑計畫備案，對象僅為持加拿大護照的公務員與加僑，總計不到三百個機位。你家眷縱有移民簽，但家眷都還沒前來加國入境報到、領取楓葉移民卡，沒卡就沒資格去排撤僑專機的後補。另外，若你冒險回南越，縱有加國楓葉移民卡，但南越持卡的移民就超過千人，都在排撤僑專機的後補機位，你回西貢搶搭上加國撤僑專機出境的機會渺茫。換言之，你回南越不但救不出家眷，連你自己都是飛蛾撲火。」

但里奧話鋒一轉接著說：「還記得向你下單採購生力麵的約翰？我已請他代為幫忙，安排海倫帶子女搭美國軍機離越，經由第三國來加團聚。但美國軍機這條路不保證成功，你自己得要有個備案。」

聽完里奧的開示，范舅心頭踏實多了。想到備案，立即從加拿大撥打國際長途電話給躲在娘家的海倫。岳丈搶接電話就訴苦：「女婿呀，女兒正在二征夫人路的台灣大使館打探撤僑消息。南越百餘萬華人都想逃，台灣迄今尚無撤僑計畫，但使館內中階以下台籍館員與眷屬，正陸續搭華航包機撤離，許大使還要我等邦長僑領，自行設法離越。」

范舅的備案，是請海倫聯繫福海漁村頭目梅氏（當年范舅提供奎寧治癒頭目的致命瘧疾）。梅氏在西貢百餘公里外擁有漁船，可載海倫全家出海離越駛向台灣。范舅備案中還有備案，再請岳丈聯繫已高升為海軍總部的准將副總司令阮氏。南越海軍有艦艇，范舅也電請阮氏想辦法載海倫與娘家所有家眷逃亡出海。最後，范舅留下建忠母親在台灣的地址、電話給岳丈，請所有家眷抄收，當作舉家離越逃往台灣的連絡點。

就在范舅與岳丈通話交待備案後才過幾個小時，南越第二戰術區中央高原重鎮邦美蜀遭越共攻陷。

駐守第二戰術區山地的十萬軍警，形同遭三面合圍。一週後，第二戰術區司令部所在的百里居守軍不戰自潰，南越所有對外國際電話從此斷線！范舅與南越的親人也從此失聯，他清晰記得這天是一九七五年三月十一日上午。

范舅心急如焚，立即自加國飛抵台灣中停，吵著要回西貢與家人同生共死。建忠母親規勸說：「驤弟，別忘了你肯定是在越共狙殺的黑名單內！持台灣護照的南越華僑就超過三萬，華航往返台越的包機每週只有三班，南越華僑根本搶不到機票回台。就算你有幸購妥來回票，弟媳與兩位賢姪都沒台灣護照，也無法搭華航逃難。你趕回遍地烽火的南越，不但救不了家人，連你自己也身陷險境。」范舅聽從姐姐的建議沒回西貢，就近坐鎮在台北自家食品公司的辦事處，打探南越的近況。

建忠把拔自海軍退伍後，雖然擔當美國航運公司油輪的船長，但人在大西洋航行，遠水救不了近火。不過部份軍校同學都還在國防部位居要津，建忠母親很快打聽到好消息捎給范舅。三月二十六日，台灣海軍應美國諮請，遣四艘大型ＬＳＴ戰車登陸艦編成「同濟支隊」[2]，由陸戰第一師派遣一個步兵連駐艦，啟航赴南越第一戰術區司令部所在的峴港，支援輸送戰災災民疏遷至第四戰術區的富國島難民營收

---

2 編註：同濟支隊由海軍張宗仰上校擔任支隊長，率領運輸區隊中建軍艦（ＬＳＴ-205）、中啟軍艦（ＬＳＴ-218）、中萬軍艦（ＬＳＴ-229）及中邦軍艦（ＬＳＴ-230）四艘屬艦，另納編掩護區隊與後勤區隊。駐艦陸戰隊登岸指揮官為海陸董航生上校，執行六週的敵前撤僑任務；不論成效如何，這是我國海軍史上兵力派遣最大、最久的海外人道救援行動。

容。

同時，台灣空軍也應美國諮請，立即規劃六聯隊二十架運輸機的撤僑航路、機務整備，編成「長橋機隊」，赴南越替美國撤出難民，機隊並在屏東基地進入戰備待命狀態。范舅心想，同濟支隊與長橋機隊回程返台時，定可順道運載部份華人撤台。

不久，更多的壞消息自南越傳回。同濟支隊在赴越航途中，峴港的十萬南越守軍棄械投降，艦隊奉命轉駛西貢外港頭頓錨區候遣。兩艘登陸艦抵達後，再奉命駛入西貢河，四月三日靠泊西貢海軍碼頭卸下口糧、飲用水等人道救援物資。返程接載台灣大使館檔卷及設備，由館員隨艦押運，撤回台灣。

此際，越共主力部隊已逼進西貢東郊第三戰術區的同奈省春祿鎮，啟動南越淪亡前最後一場軍團級十萬大軍的會戰。一週後，同濟支隊的雙艦在砲火威脅下，緊急駛離西貢退避至外海，不久春祿鎮亦遭越共占領。至於空軍的長橋機隊，始終未獲南越政府核准飛赴西貢。令僑界憤怒的是，大使館根本沒有完整的撤僑計畫！

越共占領春祿鎮後，本可直驅六十公里外的西貢，但卻按兵不動整整兩週，僅派先頭部隊圍城，以高射砲射擊進出西貢的民航機與軍機。建忠母親在台灣打探到的消息，是蘇聯支持的北越正規軍與中共支持的越共游擊隊，為了誰先入城奪取西貢而吵鬧不休，故按兵不動，待矛盾解決後再揮軍攻城。

各國利用暴風雨前難得的寧靜，爭相進行大規模的撤僑行動。美國動作最大，累計撤出十萬難民[3]，英、澳、法等國跟進撤僑，就連加拿大也派遣軍機，跨洲撤出三百名旅越的加僑。四月三十日上午，西貢特區衛戍部隊不戰而降，南越淪亡。

在電視牆目睹北越正規軍戰車駛入南越獨立宮總統府大門後，建忠母親陪著悲慟欲絕的范舅，去台北外交部打探最新的撤僑動態，再赴圓山的臨濟護國禪寺為親人祈福。建忠留在左營家中守候加拿大留學簽證掛號寄達，突然接到「大陸救災總會（救總）南越難民高雄接待站」專員的電話通知說：「恭喜！你表妹依琳人在高雄接待站，來台留置隔離檢疫已逾一週，可以辦理會親了。」

建忠當即將此驚天大好消息轉告范舅，他與姐姐連袂南下高雄縣九曲堂的難民高雄接待站。范舅探視愛女後憂喜參半，喜的是依琳於四月二十日隻身搭乘美國軍機逃至菲律賓，三天後再由空軍長橋專機接回屏東。九歲的依琳受驚嚇過度，但人身總算平安。范舅憂的是海倫舅媽與長子伊凡並未搭美國軍機撤出，且不知去向。

再隔一週，建忠又接到救總專員來電說：「恭喜呀！你表弟人也到了高雄接待站，來台灣留置隔離檢疫也剛滿一週，可以立即辦理會親了。」范舅得知後飛奔探視太子爺，還是憂喜參半。喜的是伊凡於更早的四月九日，在西貢軍用碼頭搭上海軍同濟支隊的中萬艦（LST-229），在艦上住了三個多禮拜始返抵左營港。在接待站伊凡與依琳會合，孿生兄妹緊抱相擁而泣！建忠擔憂的是，花容月貌的海倫舅媽生死未卜。在兵燹亂局中，人到底在哪？

又隔一週，建忠於左營三度接到救總專員來電：「恭喜呀恭喜！你舅媽陳海莉與她娘家所有眷屬全都在高雄接待站，來台灣留置隔離檢疫也剛滿一週，儘速快來辦理會親囉。」建忠立刻通知日夜守候在

3 編註：美軍在南越淪亡的空中撤僑行動，代號「常風行動」（Operation Frequent Wind）。

接待站外九曲堂旅館的范舅，他終於如願以償，在救總高雄接待站闔家團圓。原來，西貢陷落當天，舅媽與娘家所有眷屬，都搭上撤僑的中邦艦（LST－230）。

舅媽與龍鳳胎在救總營區渡過一個多月的身份辨識、安全查核與留置詢答。由於三人的南越護照並無台灣入境簽證，故三人以過境方式安排，直接用專車由救總營區送往松山機場出境候機室，與范舅會合後，一起飛赴加拿大完成移民報到手續，重啟范舅闔家的璀璨人生。

——

場景拉回南越淪亡前五十天的西貢。

范舅與岳丈的國際電話斷訊後，舅媽隨後也接到僑社通報，她父親是瓊北海口僑社的邦長，被視為剝削南越的黑五類的富商。此外，凡在僑報、僑校服務的華人，特別是教師如海倫，也都在越共索命的黑名單上。在潰局亂世，三不五時有華人陸續遭越共暗殺。

海倫舅媽早先被逼婚要嫁給大咖首富僑領的張姓長子，他因販毒又逼良為娼作惡多端，遭假扮風塵女子的越共刺客潛入宅邸，趁召妓開毒趴、裸身嗨到高潮之際，遭行刑式槍斃，還將裸屍拖出在華埠廣場曝曬示眾，無人膽敢收拾腐爛發臭的屍骸。

海倫舅媽的娘家親屬也陸續接到恐嚇信，要他們「配合解放、兜捕僑領、戴罪立功、方保平安」，否則男眷被遣為農奴，女眷被賣為性奴。海倫父親顧不得家電事業，連同二房與三房全家大小十八口，都要跟緊女兒一起逃離南越去台灣。

此際，僑報大肆報導台灣即將派機、艦前來撤僑。海倫舅媽立即到大使館洽詢如何申辦撤離。但持台灣護照的華僑，登記撤台者就超過三萬人，開放給越裔華人撤台額度不到五千，且須在大使館請領「華裔證明書」始能搭艦、登機。這下可麻煩了，百餘萬持南越護照的華人，都搶著申請華裔證明書赴台，大使館周邊五條街巷每天都是萬頭鑽動，根本擠不進館內辦理。

所幸舅媽父親透過情婦，買通大使館內的南越僱員友人代辦申請，很快地海倫娘家全都拿到華裔證明書，賄賂代價是每張證明書須繳交千元美鈔。多年後海倫舅媽才弄清楚，申辦華裔證明書僅收手續費兩美元，甚至由館內僱員代辦還是免費的。賄賂的代辦費高達兩萬一千美元，都被逃逸消失的情婦與不肖越籍僱員中飽發國難財。

四月三日，居住西貢與堤岸的華人，終於盼到兩艘海軍的大型戰車登陸艦緩緩駛入西貢河，靠泊南越軍用碼頭。從大型登陸艦的艏門，官兵卸下台灣援贈的救濟物資，並接載大使館的館產撤台。碼頭外，天天聚集數千華人，揮舞手中證件，準備搶登軍艦逃難，但大使館遲遲未下令撤僑。

此際，南越海軍副總司令阮氏，忽然出現在舅媽父親的家電行，說：「陳老闆大人，范哥曾經交待過我，安排您家眷搭乘南越軍艦逃離，但海軍總部嚴令只限搭載海軍自己的眷屬脫逃，華人一律不准登艦，違者推下船。」真是個壞消息。

副總司令繼續說：「我已與台灣大使館的武官私下談妥，許大使不下達撤僑令，我們主動安排撤十名僑領子弟，從我的軍用碼頭登上台灣海軍的登陸艦，但只分配到一個名額給您的家眷。」舅媽的父親二話不說，把全家傳承香火的伊凡託付給副總司令，海倫舅媽還脫下脖子掛的十兩金飾項鍊塞給副總司令叩謝。

沒想到阮氏豪氣大發感性地說：「過往替陳老闆大人的商號承運家電多年，已拿過不少好處，更何況范哥在我墜機時，幫忙撿回我這條命。我護送太子爺登艦是應該的，不用酬金。」副總司令順手把厚重的金飾項鍊套在伊凡表弟脖子上，舅媽當場下跪磕頭，感謝副總司令再造伊凡之恩！

四月九日，伊凡攜帶南越護照、華裔證明書、台灣姑媽的連絡地址、電話與換洗內衣，搭南越海軍一顆星的黑頭轎車駛入軍用碼頭。副總司令親自把伊凡交給同濟支隊的區隊長。以下是伊凡表弟對首次晤面的表哥建忠詳述抵達台灣經過。

我上軍艦後，和其他逃難孩童入住同間艙房，有位醫官陪伴我們生活。艦外的槍砲聲天天增多，醫官安慰我們，說飄揚國旗的軍艦，就是領土的延伸，留在艙內很安全。但我想到媽咪及妹妹的安危，她倆到底在哪？我害怕到經常痛哭失聲。軍艦駛離西貢出海後，醫官偶爾帶著我們到主甲板做體操、演練穿脫救生衣的遊戲。醫官還帶我們到坦克艙的靈堂捻香祭拜，供桌上往生的肖像，官兵都尊稱為總統蔣公；我注意到坦克艙內有外交車牌的台灣大使防彈座車、一箱箱大使館的文件、很多白米袋及空棺材。軍艦先去了趟富國島，下卸白米與空棺，再回西貢外海徘徊。

我們沿途吃風喝浪，暈船暈到個不行，醫官把我們照顧得無微不至。在海上晃了幾十天，最後軍艦脫隊，先行離開南越，駛回左營。艦上的南越華裔難民，始終就只有我們十位孩童。隨艦陸戰隊軍官陪我們下船，這是我首次踏上寶島台灣的土地。我們被送進陸戰隊營區，由護士阿姨接待，天天都吃雞腿套餐，這比軍艦上的罐頭食物好吃太多了。我把台灣姑媽的連絡地址、電話交給護士阿姨，她說過個幾天手續搞定後，你姑媽會來探視，聽完後我更想念媽咪及妹妹，失控地嚎啕大哭……

舅媽全家海空兩路奪命逃離西貢

海倫舅媽送走伊凡後，馬不停蹄立刻打電話連絡范舅交待的福海漁村梅氏，懇請頭目的漁船載全家出海離越。舅媽傻傻地問梅氏：「你的船可開往台灣嗎？」頭目回應讓舅媽驚呆：「海倫嫂，我的動力膠筏即便風平浪靜，續航力最多跑個百浬，根本到不了千浬外的台灣。」梅氏再安慰海倫舅媽說：「但離岸幾浬的外海，這些天都滿佈外國船舶救援難民，我們出海登船應無問題。」

舅媽再問：「我與幼女連同娘家共二十口，全上你的動力膠筏需要多少黃金？」頭目憨厚地笑答：「海倫嫂，自己人啦就別花冤枉錢，當年我罹患瘧疾時，命是范哥搶救回來的。妳家二十口加上我家二十五口，剛好就塞滿動力膠筏，將來逃亡要移民國外，還要麻煩范哥提攜照顧哪。」

梅氏提醒舅媽，儘快由西貢經頭頓前往福海漁村等候出海，北越大軍已團團包圍西貢，越共尖刀部隊距西貢疏散至沿海的路途不到十公里，通路隨時會遭切斷。此際，海倫的娘家忙著盤點財產，把所有田產、豪宅、別墅等不動產賤賣變現，換成美鈔、金條方便攜行跑路，至少還要忙個好幾週。

伊凡登艦後才過了一週，鄰邦高棉首都金邊遭柬共攻陷。高棉淪亡，柬共展開血腥的滅族屠殺，全國七百萬人口，最終被殺掉一半！正當舅媽父親忙著收攏美鈔、金條準備逃亡時，舅媽接獲美國大使館的約翰來電：「海倫嫂，台灣的長橋機隊不會來西貢了。」消息沒有最壞，只有更壞。

約翰解釋，台灣機隊落地後，既要南越政府加滿回台油料，又要機場安排機隊組員過境住宿。相對其他國家的撤僑機隊，機組員都留宿駕駛艙過夜且自備額外油箱的回程油料。兵凶戰危之際，機場守軍嫌台灣方面太囉嗦，故長橋機隊遭南越政府否決申請來越撤僑。

約翰接著又說：「妳先別失望，美國已與台灣大使館的武官談妥。美軍會騰讓一個航次的撤僑專機，凡協助美國有功的華人與眷屬，都可搭專機撤至菲律賓。過往范哥在我墜機時，幫忙撿回我這條命，嫂子與范哥又協助我處理南越難民邑的災民就養、就業難題，均有功在案，故我提報嫂子全家三口登機撤離。可是，長官要照顧有功勳的華人就超過千人，我只替嫂子爭取到一個機位。」舅媽二話不說，就提報女兒的名字給約翰。

約翰要海倫仔細聽好：「要搭這班專機脫逃的華人超過百人，我就不再個別電話通知。這幾天，嫂子務請全天守聽美軍電台，只要準點新聞報導後電台重覆播出《The Last Leaf》三次，就是華人專機起飛暗號。嫂子聽到後，請立即帶領愛女三小時內赴西貢黎文友街的『庇護屋』，向我報到。」

四月十九日午時，美軍電台新聞報導後，果然連續播出美國加州「激流樂團」（The Cascades Band）的流行歌曲《The Last Leaf》三遍，海倫舅媽匆匆帶著依琳，驅車前往指定的「庇護屋」報到。沿途目睹反戰、反美示威遊行，莠民則趁亂放火搶劫、姦淫婦女，依琳被嚇到放聲大哭。

母女抵達有警衛駐守的「庇護屋」後，約翰出門迎接表妹，舅媽看到鐵門後的院落，擠滿熟識的僑領與僑眷近百人。眼尖的依琳，看到她學校的女校長赫然在列，就一把撲到校長懷中。以下是依琳對首次晤面的表哥建忠詳述飛抵台灣過程。

我緊隨校長坐在庇護屋地板上，圍牆外叫罵聲與槍聲從未間斷，夜空劃過火砲的閃光此起彼落，警衛要我們噤聲，我怕到發抖，又想念失散的媽咪想到慌，整晚不敢睡。天明後，有好幾輛黑頭轎車駛來，分批載我們穿越反戰示威群眾與軍警攔檢哨，上午進入新山一國際機場大廳。校長牽我出境時，南越的聯檢官查核證件時，說別人都有台灣護照，怎麼只有我沒帶台灣護照？聯檢官不准我持南越護照出境，我就哇哇大哭。被我吵鬧搞得很厭煩的聯檢官抓住我不放行，直到校長塞他張百元美鈔才准我通關。

我們在出境室的美洲航空公司櫃檯後，蹲坐一整個上午，直到下午美軍警衛匆忙跑來，叫我們快步奔向停機坪。一架美軍運輸機朝我們滑行過來，在美軍憲兵側護下，我們由滑行中的機艉艉門登機，找空檔坐好坐滿，運輸機立即收艉門起飛升空，我含淚喊著媽咪再見了。校長數了數，說這架C－130E運輸機，機艙內超載撤運的華人共一百二十八人。傍晚運輸機在菲律賓美軍基地降落，我們下機後被安置在一棟廢棄的營舍，三餐都是很難吃的美軍口糧配鮮奶，我不知道媽咪在西貢吃什麼，好想念她烹煮的海南雞飯。

三天後，飛來四架運輸機，校長興奮地對我說，『依琳妳看到機翼的青天白日軍徽了嗎？』傳說中的台灣撤僑長橋機隊終於來接我們了。當天，我們搭台灣的運輸機抵達屏東，再乘坐軍車駛過一條大河，入住河邊的軍營隔離檢疫。雖然軍營的阿姨照顧周到，三餐大魚大肉，餐後還有古早味剉冰消暑，但我這個弱勢女童，且水土不服拉肚子，每到晚上我都輾轉難眠。校長安慰我說，還好妳在台灣有個姑媽，校長這一說我就更想念失散的家人，忍不住就淚崩。

——

海倫舅媽送走依琳後，感嘆世居西貢堤岸僑界的華人與家眷，少說也有三十萬。經美軍慨允，有計畫的撤僑，也不過才撤走百餘位華人至菲律賓。好在舅媽一路走來，都有貴人相挺，一對孿生兒女先後撤離，剩下娘家一行人，舅媽就一肩扛起他們的脫走，逃吧。

四月二十六日的僑社晨報大肆報導——下野甫四天的南越總統阮文紹，拋棄國家率眷屬與家臣攜帶金銀珠寶，搭乘美國專機逃往台灣。下午，海倫再次赴台灣大使館打探撤僑最新消息，卻發現使館已拉下鐵門，停辦所有館務，降旗閉館。

看守大門的越裔工友歎口氣解釋，許大使本人已率駐南越各機關的留守人員，會同持台灣護照的大咖首富僑領與寵妾攜帶數箱黃金，一行約兩百多人，下午齊赴機場搭華航最後一架包機逃返台灣。許大使居然拋下百餘萬華人，自顧自脫逃！

舅媽急奔娘家召回全家親戚，集合準備撤離。貌若天仙的海倫，為防備逃兵姦淫，毅然剃光頭髮女扮男裝，套上肩甲式防彈背心，隨身攜帶保鑣派發的手槍防身。舅媽父親攜帶祖先牌位，全家自西貢堤岸搭公司的貨車，開赴頭頓市郊福海漁村。

短短百餘公里的快速道路，車輛堵塞變成停車場，且南越首都特區的衛戍部隊，沿路普設攔檢站查驗身份，沒給紅包非但不放行，還姦殺婦女掠奪財物。海倫沿途花了近千美元賄賂打點，還要防備如行屍走肉般的散兵游勇劫車。在火砲機槍聲中走走停停，兩天後才抵達梅氏居家，舅媽又餓又渴，狀極狼狽。逃難途中不論晝夜，天上直昇機穿梭往返，顯然美國正在大舉空中撤運難民出海，送上軍艦逃走。

梅氏對舅媽說：「海倫嫂，我的動力膠筏白天出海太招搖，南越守海防的官兵眼紅，他們會劫船滅口再開船落跑。這樣吧，我們待晚上找機會悄悄出海。對了，我聽說台灣海軍有個灘勤組，駐守在頭頓市鎮旁的耶穌山腳下，指導華人出海逃亡路徑，不知道他們還在不在，妳攜帶證件趕快去耶穌山現場，打探台灣海軍撤僑訊息。」

趁夜暗掩護，海倫由梅氏的長子關燈開車帶路，沿途躲開南越海防哨，拐彎抹角車行約個把小時，才找到耶穌山。突然，幾名持槍的警衛團團圍住卡車，喝令車上所有人雙手高舉，下車出示證件。吆喝聲是舅媽熟悉的台灣口音耶！舅媽高興到下跪，雙手遞上華裔證明書，用國語表示，全家要去台灣。

有位軍官聽到後，親切地將海倫舅媽扶起，自我介紹是台灣海軍的上校後勤督導官，周邊弟兄都是左營派來的海軍陸戰隊員。舅媽說她姐夫也是海軍退伍的，報上姐夫姓名後，上校督導官兩腿並攏、立正挺胸說：「妳姐夫是我的老長官哪！」舅媽心想這回絕對有救了。其實，兩人當時都不知道，還有一位共同熟悉的晚輩——建忠；上校督導官當少尉見習官時，還帶著小童建忠登艦參觀，沒注意到建忠在官廳頑皮，受了皮肉之傷（參閱「讓台海穩定近六十年的最後三場海戰」）。

上校督導官確認梅氏長子有動力膠筏可出海，就請舅媽手抄同濟支隊兩艘登陸艦的舷號、錨泊相對位置、離海灘的距離。舅媽心頭一震，這些大型登陸艦，她三週前在西貢海軍碼頭見過，莫非愛子伊凡還在艦上等媽咪？

海倫舅媽接著問上校督導官：「我朋友梅氏的全家，都不是華人，越南人也可登艦撤往台灣嗎？」上校正色說道：「凡不願在共產制度下生活的難民，無論國籍，海軍都會搭救。」上校掏出一個口哨交給舅媽，手抄哨音連絡暗號為「短－長－短－停－長－短－長－短－停－長－短－停－重覆」（代表RCN，也就是「中華民國海軍」的英文縮寫）。上校揮手預祝一路順風，「請把握潮汐趕快出海吧」。陸戰隊員搬了好幾箱國軍野戰口糧與黑松沙士上車，致贈給海倫作為海上逃難應急使用。

——

四月三十日丑時滿潮[4]，月黑風高。壯丁們扛著膠筏，快步衝向海灘出海，女眷們扶老攜幼，涉水攀爬上膠筏。海倫的父親離開南越前，抓了把海灘的細砂，裝入袋子當作世居鄉土的印記。一行人為避免海灘上徘徊不去的逃兵聞聲劫船，大夥登上膠筏後，不敢啟動舷外馬達，噤聲用手當槳，拚命向前划。

眾人越過激浪區後，梅氏才啟動舷外機。超載的動力膠筏，吃力地在怒海中逆風前行。海倫抓緊膠筏邊緣的鐵環扣不放手，排山倒海的浪花迎面撲來，全身一再濕透。摸黑航行約六小時後，動力膠筏僅逆風頂浪前進三浬。

拂曉天色微明，一行人全都被眼前的景像嚇呆——成千上萬的舢舨、舟艇、膠筏、漁船遍佈海面，有的張帆、有的還用槳划。越共的追兵，在岸上用迫擊砲與火砲斷續轟擊出海逃離的舟艇，天空都是直昇機，偶爾有一架俯衝下來，掃射海灘上的越共追兵。

梅氏依照督導官指示的方位，掌穩舵顛簸破浪航行。過不久，在海平線上終於看到艨艟巨艦逐一浮現。逃難的舟艇像無頭蒼蠅般，看到大船就一湧而上，海倫喊叫所有人睜大雙眼瞭望，搜尋舷號218或230，且桅頂飄揚中華民國國旗的大型登陸艦。

半小時後，梅氏長子大喊「看到230了！」海平面上有艘巨艦浮現，這和舅媽在西貢海軍碼頭見過的同濟支隊登陸艦側影一模一樣。再過一小時，大家不用戴眼鏡，都看到巨幅的青天白日滿地紅國旗，迎風飄揚在艦艉桅頂。海倫激動興奮到全身顫抖，依上校約定的RCN識別暗號，重覆再三用力吹口哨求援，舅媽的父親則雙手拼命揮舞華埠在雙十國慶用來遊行的國旗。

一艘也飄揚小面國旗的兩棲偵蒐艇聞哨聲疾馳前來旁靠，驗明海倫身份後，引導膠筏優先登上230號登陸艦。梅氏駛過十餘艘圍在軍艦周邊的難民船，橫靠中邦艦左舷的攀登網。身旁幾位年邁疲憊的長輩，已暈浪癱瘓不能動彈，陸戰隊員見狀跳上膠筏，將阿公、阿嬤綑綁在背上，像猿猴般由攀登網快速上艦。

海倫登上中邦艦主甲板後，將防身的槍彈與防彈背心解繳給梯口安全士官點收。此時，舅媽伸長脖子四處張望，冀望能看到愛子伊凡的身影。一位自稱是值更官的上尉，前來向海倫請安，帶來一則好消息與一則壞消息。壞消息是剛才北越軍戰車已衝進獨立宮占領總統府，南越亡國了。好消息是上校督導官有特別交待，視舅媽為海軍眷屬給予禮遇，一行女眷都入住有床鋪的右舷士官艙。

海倫搶著問：「上尉，艦上有三週前在西貢撤出的一批僑童嗎？」值更官指指身旁主甲板逃難降落

4 編註：半夜一點到三點之間。

的南越突擊直昇機說：「那些僑童是由友艦搭救，因友艦沒直昇機起落艦設備，無法協助空中撤僑，故一週前已解編先行脫隊返台。」舅媽聽完後心情輕鬆多了。

中邦艦滿載數千難民，大多為潰散南越官兵劫船出海登艦，少數為越南漁民攜家帶眷開船出走。艦上華人不多，且都是世居頭頓市鎮，就近脫逃登艦，像舅媽娘家由危城西貢出發，冒死穿越百餘公里脫逃幸運登艦的，寥寥無幾。

中邦艦隨同美國艦隊先駛往菲律賓。不願前往台灣的難民先下船，再接載先前已逃抵菲律賓且願去台灣的難民數十人登艦。海倫伸長脖子，盼望能看到愛女依琳從菲律賓上船，但始終沒見到，舅媽心中惴惴不安。

中邦艦駛離菲律賓後，海倫在主甲板運動時，終於看到同濟支隊另一半的兵力——右舷並航的是舷號２１８登陸艦，同樣滿載難民，遠方還有數艘驅逐艦側護。五月九日，同濟支隊駛進左營軍港靠泊，海倫下船後，立即跪下親吻台灣的土地。隨後所有難民搭乘軍車，浩浩蕩蕩駛向九曲堂難民接待站。

舅媽娘家十八口都持有華裔證明書，全體入住九曲堂第二營的華人營房。同行的梅氏一家二十五口，算是南越難民，被區隔開入住第三營的營房。稍晚，一位救總專員找到海倫，恭喜她的一對兒女在高雄接待站已居停多日，待舅媽完成隔離檢疫後，闔家就可移住第一營的華人有眷營房團圓。聽到這個喜訊，海倫舅媽壓抑近半年的心緒終於釋開，興奮到尖叫連連、又哭又笑手舞足蹈。

外記

台灣政府對南越華人處境始終都深切關懷，也有腹案準備撤僑；所派遣的海軍同濟支隊本可撤運三萬以上華人，空軍長橋機隊五個航次往返可撤出一萬僑胞。唯駐越大使館既無規劃完善的撤僑行動準據在先，臨危亂局中也沒通知僑社撤離在後，就連三萬餘持台灣護照的華僑身處何方，大使館都搞不太清楚。加諸台灣政府僵化的對越外交道義承諾，不願高調撤僑搞垮邦誼，又習於南越戰局持續僵持的麻木心態，撤僑任務可說是徹底失敗的。

南越淪亡前夕的最後五十天，越戰局勢變動之快，形同雪崩，完全出乎世人意料之外！這期間成功撤離赤禍的各國難民共十四萬餘，其中僥倖逃出撤台的大咖僑領僅二十位，連同同濟支隊與長橋機隊接載返台的華人，總數不到千人，尚不及南越近兩百萬華人的零頭。南越淪亡後，排華政策下的華人有八十萬遭泯滅人性的越共凌遲殺害；至於反共的越南人，越共不手軟也殺掉一百七十萬。未及撤離的華人之淒慘境遇，確實令人同情。

戰火中倖存的南越華人，一年後匯流成第二波自越南脫逃的難民潮，其中三萬華僑富商，用黃金購買自由脫走。與海倫舅媽一同報名參加選美的好姐妹，花了百兩黃金賄賂還要獻身陪睡，才被放行搭法航班機離境移居巴黎。遭洗劫一空身無分文的華人，只好隨窮困的越南人搭漁船冒死出海逃亡。一百六十萬海上難民，僥倖獲救的不到一半，餘皆葬身南海或遭海盜劫殺。

南越淪亡四年後，中越雙方先在邊境武裝衝突，後在南海諸島又啟奪島戰端，越南全境掀起另一波長達十年瘋狂的反華運動。就連北越的左傾華人都遭清算鬥爭，引發第三波南北越全境百萬華人經由海路奪命逃出，其中包括范舅在抗戰時期逃難被游擊隊抓兵擄人的難友阿榮。

范舅輾轉自友人處獲知，留在北越同情共黨的阿榮，早早就被抄家送往寮國鴉片田勞改二十四年之久。中越邊境武裝衝突時，阿榮自知越裔華人的身份難逃死劫，他用偷取的海洛因毒磚，買通貪官脫走，加入第三波華人循海路逃往香港，惜半途遇颱風葬身南海。這三波逃難潮，總計約一百萬華人與兩百萬越南人成功脫逃，他們都不見容於共產社會。

至於范舅由阿榮轉介落腳筆塔寺的啟蒙師父，越共當權後寺院遭查封廢廟、和尚遭掃地出門，送往煤礦坑勞動思想改造。篤信臨濟宗的師父無懼勞改的折磨，渡過十年煤坑黑暗的歲月，獲釋後卻在美國軍機臨空轟炸時，遭倒塌的建築壓死。師父前半生殺孽罪惡太重，後半生的境遇，在無神論的共產制度下，屬於無產階級社會的廢物與寄生蟲，只能像螻蟻般偷生苟活直到凶死。

九曲堂的救總南越難民高雄接待站，於一九七五年四月啟用，依琳、伊凡與海倫都先後居停過。迄最後一位難民移居他國方關閉撤站，高雄接待站運作期間陸續接待三千九百三十九名難民，其中僅四分之一為華僑與越裔華人，餘皆越南人。

自一九七七年起，政府又在澎湖開設兩座難民接待站，接待來台的越裔華人與華僑難民，協助他們中轉他國。其中接待搭機逃台的華僑共六千四百九十七人，接待海上越裔華人難民二千零九十八人，澎湖兩座接待站運作十二年後，才關閉撤站。

華人在越南生於安逸勤奮工作，但多半死於戰亂與逃難。像僑領范舅舉家全都逃離兵燹有驚無險安抵台灣，算是唯一特例，其他華人的逃難境遇，每家都有血淚交織的悲慘故事，聽聞後無不令人唏噓。

范舅與舅媽在魁北克落戶後，開了一家頗具規模的甲種旅行社，專辦高價遊輪的海上渡假行程。國色天香的美魔女海倫舅媽，還擔任過希臘船王旗下遊輪船隊的代言人，開拓華人海上渡假旅遊市場。范舅與舅媽偶爾來台灣拓展遊輪行程，順道探親訪友，都會由建忠母親陪夫妻倆去九曲堂救總難民高雄接待站外懷舊。畢竟，海倫舅媽與一對龍鳳胎都曾居停過接待站數週，當年范舅曾天天去登記探視親人。

伊凡表弟大學畢業後考取導遊證照，經常帶中港台與南洋僑社的極光團進出加拿大北極圈。他脖子上永遠掛著十兩金飾項鍊當護身符，以紀念自己當年逃離南越獲得重生。依琳表妹大學畢業後，考取律師執照，在加拿大電子商務財團任法務長，她對建忠說：「每晚我都要聽當年南越美軍電台播放的 The Last Leaf 歌曲才能安然入眠。」

兩位孿生兄妹，先後成為旅加華人的新生代僑領，每年國慶都率僑團回台灣參加慶典，且指定要去海軍與空軍參訪，慰問辛勞的官兵，感謝當年國軍將士前輩們的及時營救華人脫險來台。

舅媽娘家十八口最終獲得加國核發難民簽證，他們聚居在多倫多華埠，重頭開始做家電維修的老本行，也緊隨電子商品的崛起，兼營電腦、手機的維修。他們居家的神明廳，有一瓶裝滿舅媽父親逃離南越時，在頭頓海灘裝滿的珊瑚細砂，當作傳家寶物。

福海漁村頭目梅氏有了范舅的保薦，全家二十五口最終也獲加國核發難民簽證。梅氏率全家移居溫哥華，一面讀社區大學的英語推廣班，一面從事老本行的近岸養殖與捕撈。由於溫哥華的越裔僑社成員多為漁村居民，梅氏地位崇高，故獲選為加拿大的「太平紳士」，成為越裔僑社的治安裁判官。

海倫一家三口能成功脫逃，得感激四位協助逃難的貴人。第一位是加拿大駐南越維和部隊的老長官里奧上校，當年他保薦范舅全家移民加拿大。范舅定居在里奧的隔壁，方便就近照顧年邁獨居的老長官。哥兒倆都是加國武裝部隊的榮民，常一起參加退伍軍人協會的活動。范舅當年拯救遭槍傷又墜機的里奧，筆塔寺師父說的沒錯，范舅行善積德，必有福報。

第二位貴人，是帶伊凡登上中萬艦的南越海軍總部准將副總司令阮氏，他率領南越多艘艦艇搭載近萬海軍眷屬駛向菲律賓後，移居美國加州當寓公。范舅當年拯救墜機遭樹枝貫穿腹部的阮氏，筆塔寺師父說的也沒錯，范舅行善積德，終有福報。

第三位貴人，是幫依琳表妹爭取到美軍撤僑專機座位的美國大使館特派員約翰。後來范舅才弄清楚他真實的身份是美國中央情報局的幹員，負責亞太安全事務。范舅當年拯救墜機的約翰，幫他固接脫臼的肩胛骨，事後夫妻倆還協助約翰妥處南越難民就養、就業問題。筆塔寺的師父所言不虛，范舅行善積德，定有福報。

第四位貴人是漁村頭目梅氏，提供動力膠筏載海倫舅媽與娘家親屬出海，范舅當年曾致贈奎寧藥品治癒頭目的瘧疾。筆塔寺的師父說范舅行善積德，真的必有福報。

范舅此生最重要的貴人，是他搶救車禍受重傷的富家女海倫。日後倆人墜入情網、熱戀成婚，愛情的結晶，是孿生的伊凡與依琳，讓范舅在驚險的亂世，還能享受闔家璀燦的人生。

伊凡表弟為感念他與媽咪都是搭乘台灣海軍同濟支隊撤僑獲得重生，特別向建忠請益：「忠哥，我中文底子差，即將出生的長子該取什麼中文名字紀念這段人生驚險的怒海逆風行？」建忠說：「我未來的外甥從J字輩的父親伊凡排輩份到J字輩，英文名字是Jimmy，那中文名字就取發音相近的『濟明』吧，以紀念搭乘同『濟』支隊迎向光『明』。」

即將臨盆的依琳表妹也嬌嗔說：「忠哥，我也要！您也替我即將出生的女兒取個中文名字吧。」建忠則說：「我未來的外甥女英文名字也是J字輩的Joan，那就取『橋安』吧，以紀念表妹妳當年搭乘空軍長『橋』機隊『安』全抵台。」

兩位孿生兄妹日後也常回越南，探視兒時的街坊鄰居，總覺得現代化的越南與半世紀前兒時的南越印象反差非常大。半世紀前的亂局，兩百萬南北越華人死的死、逃的逃。三波難民潮加上種族清洗，倖存者不到一成，歷經半世紀的繁衍，今日的越裔華人尚不足八十萬。

南、北越合體後，唯一沒變的，是歷史必然的排華，反華的力道目前依然強烈。越南官員還是一如過往半個世紀，貪污收賄的惡習很難改正。伊凡與依琳孩童年代的首都西貢，現已改名為共黨氣息濃厚的胡志明市。當年他倆常去的西貢二徵夫人路台灣駐南越大使館，現在是中國駐胡志明市總領事館。西貢堤岸華埠景物依舊，但已人事全非。

附錄

作者敬製

附錄一　八二三戰役陣亡將士錄

八二三戰役全期，除民眾死亡 88 人與受傷 221 人（包括軍租商船海員）外，國軍陣亡官兵 490 員、失蹤 24 員及受傷 2,200 餘員。金門太武山公墓忠烈祠內收錄的八二三砲戰軍職烈士，計 514 員，部份陣亡將士冊列如下各表。

一、陸軍 440 員

吉星文，金門防衛部陸軍中將副司令官，追晉二級上將

趙家驤，金門防衛部陸軍中將副司令官，追晉二級上將

王世明	郭應芬	湯學啟	呂桂松	陳家忠	姜學君	陳梅君
吳桂茂	夏鳴時	趙君義	余漢中	傅貞擘	吳欽童	王全和
陳林波	覃季常	陳文森	鄔　鈞	梁國達	王成良	李鴻勛
張鳴禮	呂松金	崔汝恩	虞增權	田祚和	苟錦長	楊士元
林松能	陳什德	黨開文	鄧德權	魏興高	楊壽垣	羅正文
張　毅	郁啟富	鍾益香	李春玉	王克之	陳金全	張英德
邱森昌	葉步鑫	林長銀	方彥建	謝煌曾	蘇錫區	張清榮
蔣友民	楊兆祿	吳作霖	林朝清	何桂屏	陳全喜	潘金土
鄭祥根	酆耀奇	康福文	鮑國裕	史明貴	葉永芳	徐文儀
儲培福	陳茂盛	古新慶	王明清	黃連發	戚木光	張鴻武
張西昌	黎以美	梁　鏢	鄧先焜	宋德斌	魏錦根	柳塗地
程建中	呂公案	沈萬成	張延平	端木忠	邱現財	張肇昌

劉全富	曾溪泉	成立坦	孫賢亭	楊崢嶸	李大新	黃三旭
羅滿德	黃　良	舒少華	吳勝福	李德忠	莊道修	李金弟
尹崇德	姚延明	施金鉗	趙學奎	龔　堀	鄭天進	張中興
鍾良英	邱硯周	李志民	林再興	蔡　永	蘇明粹	謝榮華
末文枝	龐紹漢	許王峰	江萬枝	胡阿良	黎耀英	鍾群生
梁勝興	許源林	黃有成	羅祥語	潘鳳儀	港大喜	黃　奎
蔡調改	游祥麟	鐘德浩	張則民	林石尾	楊清廷	楊昭芳
顏友仁	李佐才	廖友申	許金生	魏德安	邱永輝	連春生
廖繼森	張玉竹	王龍生	羅文堂	莊謙振	隋忠恩	袁亞德
陸憲章	謝木樹	張河清	黃志強	林方堯	任忠祥	楊光新
李阿成	武棟之	李　誠	蘇明坦	謝泰全	楊元生	葉來春
黃士嘉	曹永鍾	朱明德	吳玉祥	謝　竣	陳元順	殷盡成
蔡鵬飛	王競民	寸光峰	張鏡雲	劉世漢	劉雲霏	張　斌
周仁林	楊正大	馮德立	蕭福喜	王明坤	朱榮華	馮國華
欒振功	艾發明	蔡秀浪	唐文忠	李世鴻	胡永盛	趙振才
李朝楊	李朝楊	蔡欽澤	張海清	李正金	劉玉臣	金太莊
趙道生	張錦文	張　遵	紀彬傳	周介大	陸朝元	涂文雄
溪　水	陳金松	王桂芬	魯道君	劉金生	陸伯賢	楊谷蔓
戍興隆	程國權	姚本光	張利順	羅紹華	楊學忠	文少清
時雲震	陸景日	姜兆珂	方思英	黃玉玲	夏溢升	黃逑川
孫堂功	于子英	劉洪安	鍾景榮	楊　學	薛子元	曹鴻楷
顏有南	巫　達	莊　泉	曹水枝	李　清	周以振	鄧啟明
周應飛	陳阿貴	劉華添	蘇開鎮	林永中	潘金山	蔡森茂
張宗亮	曹茂培	呂清榮	呂慶增	李海琛	蔡清同	鄭清池
廖精誠	林阿庆	蕭瑞光	湯萬來	陳興信	蔡天賞	何海祥

蘇　雄	郭　諤	解國芳	李榮吉	鍾茂村	李榮雲	黃幹榮
莫桂成	陳學榮	李喜福	黃清山	太大成	魏　飛	王桂和
華金貸	蔡保和	鄭水旺	段明法	楊大光	張　榮	沈阿利
李金榮	陳清龍	張存玉	桑廷道	廖安利	朱德日	蘇錦章
詹文玲	魏久皋	陳安秀	蘇松山	林文湖	周文憲	邱深水
梅吉科	趙漢章	江海河	陳　和	李全能	吳朝江	劉霍生
林玉芳	賈基萬	陳續民	楊朝傳	張江棟	向海清	張　甫
王巨忠	李文年	謝如雍	洪　回	羅迎春	向繼承	張秀鎮
彭光照	李春益	張慧謙	陳景茂	金　鹽	欒子林	周成楷
吳永全	劉欲民	李大成	覃　洪	黃佐能	紀發祥	徐阿輝
郭　汪	柯興雲	韓克己	臺連海	陳發清	姚　奎	陳盛乾
朱正安	杜建漢	吳義溥	許秋天	陳文燦	楊金塗	潘扶禮
陳木霖	邱有水	林進隆	李燦煌	黃胤卒	江占武	陳松山
陽華昌	陳西明	邱玉書	戴萬章	林明朝	邱清和	湯天鵬
胡玉芳	施守恩	王大能	劉成秀	廖乃生	吳建偉	胡德餘
陳中端	洪裕源	王文仁	金介林	蔣正國	魏律文	李順和
吳焰照	陳建均	馮少清	楊乾三	鍾嘉輝	許來旺	莊乾定
李海通	陳繼魁	黃洪清	王建國	蔡萬金	王樹林	張步高
薛順慶	陳福祥	王山南	黃添丁	吳　萬	莫　南	吳可鎮
劉玉珍	張貴才	劉雲達	許端章	王志忠	何進發	沈錫平
蔡國章	謝進德	蔣　斗	詹有民	游金福	呂　乞	傅阿爐
余立灝	李國樑	胡自新	張秋湖	劉木基	盧有煥	陳經南
許代泣	劉　成	董錫榮	汪安邦	莊仁澤	吳清水	蔣木生
高國清	張英發	賴天貴	陳　湖	曹永炎	劉有祥	范義德
藍振文	陳宗祺	劉家貞	陳文良	陳益鞘	袁國安	李金福

蘇有義　殷自金　吳燕發　董基興

二、海軍 44 員

沱江軍艦（PC-104）

陳科榮，中尉醫官追晉上尉

鄭　權，文書上士追晉三等士官長

朱　容，信號上士追晉三等士官長

張　靜，信號中士追晉上士

林錫欽，信號上兵追晉下士

劉忠義，槍帆上兵追晉下士

蔡東福，槍帆一兵追晉上兵

張玉才，槍帆一兵追晉上兵

董榮源，理髮一兵追晉上兵

陳志強，輪機一兵追晉上兵

周心欽，槍帆二兵追晉一兵

中海軍艦（LST-201）

高尚春，槍砲下士追晉中士

包杏春，槍砲上兵追晉下士

曾　俊，槍砲上兵追晉下士

陳進木，槍帆一兵追晉上兵

李清己，槍帆二兵追晉一兵

彭春增，槍帆二兵追晉一兵

許應煥，輪機二兵追晉一兵

游德華，輪機二兵追晉一兵

中鼎軍艦（LST-203）

林欽銘，船工上兵追晉下士

中建軍艦（LST-205）

蕭維山，帆纜上士

陳新謨，文書上士

趙季瓊，槍帆上士

呂其瑛，機械一兵

李克仁，機械一兵

白同來，機械二兵

涂金英，食勤二兵

美樂軍艦（LSM-242）

吳樹林，油機三等士官長追贈中尉

黃約琴，油機上士

馬學良，輪機上兵追晉下士

陳羽飛，輪機一兵

莊西庚，輪機二兵

詹德榮，槍帆二兵

台生商船

楊子良，海軍二軍區通信兵大隊三中隊中尉報話官追晉上尉

海軍陸戰隊登陸運輸車營

韋茂林，上士車長追晉三等士官長

孫多梓，上士班長追晉三等士官長

龔　俊，修護中士追晉上士

辛繼舉，中士車長

陳金奎，駕駛下士追晉中士

夏全福，駕駛下士

陳永全，副駕駛一兵追晉上兵

黃鈺崑，裝填手二兵追晉一兵

兩棲部隊海灘總隊水中爆破大隊

冷　堪，爆破上士追晉三等士官長

三、空軍 30 員

七二九空戰

任祖謀，台南一聯隊一大隊三中隊中尉飛行官，

F-84G 型戰鬥機 055 號機

八一四空戰

劉光燦，桃園五聯隊五大隊二六中隊上尉飛行官，

F-86F 型戰鬥機 307 號機

八二三砲擊

章　傑，金門防衛部空軍少將副司令追晉中將

黃子完　殷　芝　聶福成　黃明松　張德根　夏培金　倪春雲
秦鴻斌　張永培　王紹武　曹　忠　王海東　蕭天來

九二九金門空投

屏東六聯隊二〇大隊二中隊 C-46 型 223 號運輸機：

李森杰，上尉通信官

葛廣白，中尉領航官

王隆庭，上士機工長

十二金門空投

台中三聯隊十大隊一〇二中隊 C-46 型 199 號運輸機：

黃義正，中校中隊長

喻友仁，少校通信官

彭超群，上尉飛行官

郭德馨，上尉領航官

陳孝富，三等士官長機工長

附錄二　海峽最後三場海戰陣亡將士錄

1964 年海峽最後三場海戰，海軍官兵計 233 員陣亡及 43 人被俘，陣亡將士冊列如下各表。

一、東江軍艦（PC-119）6 員

姚震方，上尉副長追晉少校
王仲春，中尉通信官追晉上尉
梁錦棠，槍砲士官長追晉少尉
余傳華，信號上士追晉三等士官長
邱英士，事務一兵追晉上兵
黃文虎，槍帆二兵追晉一兵

二、章江軍艦（PC-118）62 員

李　準，少校艦長　翁岳宗，上尉副長
姜克群，上尉輔導長　郭　順，上尉輪機長
藍振江，中尉槍砲官　楊人俊，中尉通信官
吳車萬，中尉補給官　朱　鯤，少尉艦務官
孟兆貴，士官長　王金泉，士官長
蕭俊峰，士官長　王榮麟，士官長
陳欽俊，上士　張茂彩，上士　林偉民，上士

吳振亞，上士　王　英，上士　周　成，上士
王志忠，中士　賀守成，中士　綦建繆，中士
盧桂強，下士　于龍溪，下士　李銘堂，下士
高武雄，下士　涂金章，下士　蔡長桂，下士
林富弘，下士　盧誠助，下士　吳曉明，下士
蔡富雄，下士　李金造，下士　曹善舉，下士
林善敏，下士　楊鴻儀，下士　蔡　雲，下士
張讓文，下士　邱金風，下士　林正義，上兵
蔡進陽，上兵　王漢勤，上兵　廖學政，上兵
葉豐隆，上兵　賴錦章，上兵　游象鉞，一兵
涂秋雄，一兵　邱盛男，一兵　周漢清，一兵
蔣九齡，一兵　宋忠信，一兵　余信助，一兵
陳德川，一兵　汪阿萬，一兵　潘添登，一兵
洪進上，一兵　林益忠，一兵　詹昭吉，二兵
張福水，二兵　陳哲男，二兵　王桂榮，二兵
林風雲，二兵　蔡旺輝，二兵

三、劍門軍艦（PCE-65）82員

胡嘉恆，少將司令，追晉中將
文柏林，少校輪機長　馮佑錫，少校輔導長
趙清華，上尉槍砲官　楊　仲，中尉補給官
費有棠，中尉作戰官　龔暘勤，中尉艦務官
朱家祥，少尉偵測官　林起潮，士官長　趙　誠，士官長
陳鼎成，士官長　胡冠群，士官長　鄭世增，上士

劉建勝，上士	劉崇欽，上士	楊衍深，上士
任開發，上士	齊琪瑞，上士	李軍國，上士
孫耀祖，上士	楊　林，上士	湯維中，上士
李顯文，上士	陶少雲，中士	文玉良，中士
韓新吾，中士	宋學義，中士	黃依忠，中士
閔觀文，中士	李粵生，中士	劉世奎，中士
劉寶家，中士	聶　明，中士	葉勉之，下士
常　君，下士	首兆祥，下士	陳建卿，下士
鄒阿德，下士	朱澄光，下士	王繼光，下士
徐在山，下士	許景高，下士	段　雲，下士
周國祥，下士	鄧季羽，下士	顏金銘，下士
孫永生，下士	林友郎，下士	張更生，下士
張治民，下士	嚴　杰，下士	張波標，下士
李新安，下士	張光明，下士	許文隆，下士
林錫澄，下士	何福田，上兵	賴清海，上兵
高滿生，上兵	謝福斗，上兵	甄壽南，上兵
黃宗基，上兵	周廣生，上兵	周延士，上兵
莫阿根，上兵	江鋼漢，上兵	謝德輗，上兵
劉哲明，上兵	費洪餘，上兵	張文雄，一兵
鍾清銀，一兵	林萬進，一兵	吳清輝，一兵
黃肇慶，一兵	謝明哲，一兵	方貴聲，一兵
陳豐士，一兵	全文達，一兵	莊騰雲，二兵
江瑞榮，二兵	林善作，二兵	鄭武德，二兵

四、臨淮軍艦（PG-61）83 員

陳本維，少校副長	孫學玉，中尉情報官	
徐祖衡，少尉電工官	洪週生，少尉文書官	
沙潤俊，少尉見習官	劉滌清，士官長	張天蓮，士官長
陳福榮，上士	吳加濤，上士	馬建三，上士
王永富，上士	李錫安，中士	李浩然，中士
谷君慶，中士	林武雄，下士	張和田，下士
陳忠祥，下士	魏德武，下士	曾本銀，下士
蘇木村，下士	張忠雄，下士	龍　飛，下士
林茂雄，下士	彭凱勇，下士	吳超塵，下士
賴兆峰，下士	陳　新，下士	蔡昭雄，下士
黃逢章，下士	麻繩元，下士	楊嘉弘，下士
陳東容，下士	張錦堂，下士	葉宗澤，下士
洪誠一，下士	蘇清益，下士	黃武雄，下士
廖洪根，上兵	楊順進，上兵	陳啟豐，上兵
林信雄，上兵	張洪謙，上兵	陳健開，上兵
沈福興，上兵	張螢照，上兵	盧秋塗，上兵
沈朝舜，一兵	蘇子東，一兵	馮廣忠，一兵
王勝良，一兵	邱光欽，一兵	顏秋雄，一兵
陳進發，一兵	鍾貴榮，一兵	王進連，一兵
林永德，一兵	黃建國，一兵	劉暌倫，一兵
鄭英賢，一兵	吳修麟，一兵	吳超慶，一兵
陳勝雄，一兵	黃秋坤，二兵	林義夫，二兵
黃周三，二兵	邱有字，二兵	陳金山，二兵

翁錦鐘，二兵
郭德勝，二兵
陳自川，二兵
許國雄，二兵
許正義，二兵
徐清三和，二兵
陳俊雄，二兵
張清標，二兵
李振興，二兵
謝春池，二兵
趙政盛，二兵
林夷地，二兵
陳勝吉，二兵
鄭正盛，二兵
蘇聰明，二兵
黃忠正，二兵

附錄三　黑蝙蝠中隊陣亡將士錄

空軍 34「黑蝙蝠」中隊自 1953 年復編至 1967 年底停止對大陸及沿海偵察，共執行特種任務達 838 架次，戰損 10 架、戰耗 5 架任務機，殉職組員 145 人及搭機乘員 10 人。34 中隊組員陣亡率高達七成。

序	日期時間 任務機	失事 事故	殉職 官兵	備註
1	1954/05/26 21:15 B-17 型 739 號機	空投時在福建惠安 撞山	范聰傑少校機長 聶經淵上尉飛行官 韋盛和上尉飛行官 李必成通信上士	連同搭載之四名 情報局幹員共八 人殉職
2	1955/04/14 夜晚 B-26 型	飛赴大陸空投時在 台海失蹤	劉貫霄少校機長 李英琪少校領航官 虞　琨少校通信官 徐　朋上尉飛行官	連同搭載兩名情 報局幹員共六人 殉職
3	1956/06/23 00:55 B-17 型 357 號機	執行電偵任務時於 江西廣豐遭共軍空 12 師 34 團團長魯 岷駕 MiG-17PF 擊 墜	葉拯民中校機長 楊頌文少校飛行官 周興國少校飛行官 錢端信少校領航官 林其榕少校通信官 羅　樸上尉電子官 高鵬飛機工一等長 杜漢萍通信上士 郝書勤電子上兵 陳立仁機工一兵 王茂森通信一兵	組員共十一人殉 職
4	1957/11/05 23:00	空投時在浙江岸際 撞地墜毀	張鳴卿少校領航官 林其榕少校電子官	王為鐸少校機 長、孔祥璋少校

	B-26 型 842 號機		羅　璞上尉電子官 陳廷斌通信上士	飛行官與李復全上尉通信官等三人遭俘於 1958/08/26 經澳門遣送返台
5	1959/05/29 夜晚 B-17 型 815 號機	執行電偵任務時於廣東恩平遭共軍空 18 師夜航中隊蔣哲倫隊長駕 MIG-17PF 擊墜	徐銀桂中校機長 李　曙中校飛行官 韓　彥中校飛行官 傅定昌中校電子官 黃福洲少校領航官 馬　甦上尉電子官 葉震寰上尉電子官 趙成就上尉領航官 陳駿聲上尉通信官 伏惠湘中尉領航官 黃士文機工一等長 李德山空投三等長 宋迺洲機工上士 陳亞興空投上兵	組員共十四人殉職，忠骸於 1992/12/14 自集體埋葬處迎回台灣遷葬於新店碧潭空軍烈士墓
6	1960/03/25 夜晚 P2V-7U 型 5005 號機	執行電偵任務途中偏航撞及南韓烏蘇山失事	殷延珊上校機長 朱玉銘中校飛行官 柳肇純中校領航官 梁燕生少校飛行官 李澤林少校電子官 楊桂辰少校通信官 陳光宇上尉領航官 劉抑強上尉電子官 夏福瀛上尉電子官 孫大陸中尉領航官 姚邦熹機工一等長 李自民機工三等長 邢漢章裝載上兵 黃　勳裝載上兵	組員共十四人殉職，忠骸火化後自南韓迎回台灣

7	1961/11/06 18:59 P2V-7U 型 5050 號機	執行電偵任務途中於大連空城遭中共空軍防炮 502 團擊墜	葉　霖中校機長 尹金鼎少校飛行官 蔡文韜少校飛行官 南　萍少校領航官 陳昌惠少校情報官 張桂圃少校電子官 李　惠少校通信官 岳昌孝上尉領航官 朱振三上尉電子官 陳昌文上尉電子官 梁偉鵬裝載一等長 程　度裝載三等長 周迺鵬裝載上士	組員共十三人殉職
8	1962/01/08 夜晚 P2V-7U 型 5055 號機	於黃海北朝鮮灣、大連至安東海域失蹤	郭統德上校機長 崔傑石少校飛行官 梁如年少校飛行官 李滌塵少校領航官 喻經國少校電子官 虞祖培少校電子官 楊文成少校通信官 劉敬賢上尉領航官 鍾熾藩上尉領航官 張漢生上尉電子官 薛洪吉機工一等長 敀振芬裝載上兵 高　銓裝載上兵	組員共十三人殉職
9	1963/05/10 夜晚 C123B 型 4551 號機	夜航訓練任務於屏東大武山偏離航道撞毀	沈裕立中校機長 劉緒光少校飛行官 林志培少校飛行官 周文淵少校領航官 屈建勛少校電子官 陳運龍少校通信官 羅恩廣上尉飛行官	組員共十二人殉職

			沈康侯上尉領航官 穆錫民上尉領航官 韓宗文上尉電子官 任樹奇上尉通信官 張積文空投上士	
10	1963/06/20 夜晚 P2V-7U 型 5070 號機	執行電偵任務時於江西臨川遭共軍空 24 師夜航副大隊長王文禮駕 MIG-17PF 擊墜	周以倈中校機長 陳元諱少校飛行官 李文駿少校領航官 馮成義少校電子官 黃克成少校電子官 王守信上尉領航官 黃繼鑫上尉飛行官 薛登舉上尉電子官 卞大存上尉通信官 傅永練中尉領航官 汪　洽少尉領航官 程克勤裝載一等長 彭家駒機工上士 楊思隆裝載上士	組員共十四人殉職，忠骸於 2001/12/04 自集體埋葬處迎回台灣遷葬於新店碧潭空軍烈士墓
11	1964/06/11 夜晚 P2V-7U 型 5060 號機	執行電偵任務時於山東萊陽遭共軍海航 4 師五大隊陳根發駕 MiG-15BIS 擊墜	孫以晨中校機長 葛光遼中校飛行官 古可模中校領航官 邱玉鉉中校電子官 汪鴻鈞中校通信官 蕭建高少校飛行官 歐陽可儉少校領航官 徐啟信少校領航官 何家卓少校電子官 曾德成少校電子官 陶有幹上尉通信官 丁菊湘機工一等長 彭才源裝載三等長 張治君裝載下士	組員共十四人殉職

12	1965/06/27 下午 C123B 型機	執行南星任務時降落南越西貢新山一機場前遭越共防砲擊墜	楊存厚中校機長 蘇平財中校行政官 周有壬少校飛行官 唐本華少校領航官 臧宗賢上尉領航官 趙彥飛上尉電子官 段　石上尉通信官 王繼序機工一等長 曾國才空投上士 黃德萬空投下士	南星任務納編入美國空軍 12 派遣隊 1131 特別行動中隊，組員連同搭載之美軍兩人及華航公司報務員徐芳隆與戴邦仁共十四人殉職
13	1965/08/31 下午 C123B 型機	執行南星任務自南越芽莊飛返新竹途中於南海失蹤	何亦棟中校機長 王川高少校飛行官 狄鎮昌少校電子官 嚴　中少校領航官 石秉慈上尉領航官 毛國柱上尉通信官 杜慶讓機工一等長 張銘生空投上士 呂志剛空投下士	南星任務納編入美國空軍 12 派遣隊 1131 特別行動中隊，組員共九人殉職
14	1967/05/10 10:43 C123B 型機	訓練任務於新竹縣竹北墜毀	趙懷壁機工一等長 張鴻勳機工三等長	樊在明中校考核官無傷唐本祥少校機長輕傷，趙宏朔頤上尉飛行官重傷均獲救
15	1967/08/22 下午 C123B 型機	訓練任務於香港外墜海	邵　傑少校飛行官 孫祥麟少校領航官 張清如上尉領航官 杜志龍上尉電子官 李元中機工一等長 周榮林機工三等長 王長德空投下士	仝德山中校機長與余汝江少校電子官由美軍撈救起，其他組員共七人殉職

附錄四　協防台海美軍烈士錄（部份）

自 1950 年 6 月美軍執行海峽巡邏迄 1979 年華美斷交，協防期間美軍有 126 員因保衛台海安全而作戰陣亡；部份公諸於世的有下列戰鬥事件。

（一）1953 年 1 月 18 日「南澳島攻擊事件」，美國海軍 TG72.3 台海空巡特遣支隊納編美軍海航第二十二巡邏中隊（VP-22）一架 P2V-5 型巡邏機，飛勤組員 6 人陣亡。美國海岸防衛隊航空群一架 PBM-5G 型水上巡護機急馳救援，飛勤組員 5 人陣亡。

美國海軍 12-7244 號巡邏機飛勤組員：

ENS Dwight Angell 少尉領航官（Navigator）

PH1 William McClure 照相上士（Intelligence）

AD2 Lloyd Smith, Jr. 機工中士（Mechanic）

AL3 Ronald Beahm 裝載下士（Loadmate）

AT3 Clifford Byar 電戰下士（Electronic Technician）

AT3 Paul Morley 電戰下士（Electronic Technician）

美國海岸防衛隊 8-4738 號水上巡護機飛勤組員：

LTJG Gerald Stuart 中尉副機長（Co-pilot）

ALC Winfield Hammond 電戰三等長（Electronic Petty Officer）

AL1 Carl Tornell 上士裝載長（Loadmaster）

AO1 Joseph Bridge 械彈上士（Ordnanceman）

AD3 Tracy Miller 槍帆下士（Gunnery Mate）

（二）1954 年 9 月 3 日金門「九三砲戰」，美軍顧問團金門顧問分組兩名陸軍顧問陣亡：

LTC Frank Lynn 陸軍軍醫中校（Physician）

LTC Alfred Medendorp 陸軍步兵中校（Infantry）

（三）1956 年 8 月 22 日「漁山島空戰事件」，美國海軍 TG72.2 台海電偵特遣支隊納編美軍海航第一電偵中隊（VQ-1）一架 P4M-1Q 型電偵機，12-4362 號機飛勤組員 16 人全數陣亡：

LCDR Milton Hutchinson 中校機長（Pilot）

LT Albert Martin 上尉副機長兼領航官（Co-pilot/Navigator）

LTJG Jack Curtis 中尉通信官（Communication）

ENS James Dean 少尉照相官（Photographer）

SCPO William Haskin 譯電二等長（Radioman）

PO1 Francis Flood 雷達上士（Radar Operator）

PO2 Carl Messinger 譯電中士（Radioman）

PO3 Lloyd Young 雷達下士（Radar Operator）

SN William Humbert 戰情上兵（Intelligence）

SN James Ponsford 譯電上兵（Radioman）

SN Harold Lounsburg 機工上兵（Mechanic）

SA Donald Barber 通信一兵（Communication）

SA Warren Caron 通信一兵（Communication）

SR Wallace Powell 譯電二兵（Radioman）

SR Donald Sprinkle 譯電二兵（Radioman）

SR Lenard Strykowsky 譯電二兵（Radioman）

（四）1958 年 10 月 1 日「八二三戰役」，駐華美軍顧問團馬祖顧問分組四名顧問搭乘復興航空民航機失聯：

MAJ Robert Bloom 陸軍少校後勤官（Logistics）

CAPT Wayne Pitcher 陸軍上尉通訊官（Communication）

SN Dwight Turner 海軍電戰上兵（Electronic Technician）

PV2 Claude Baird 陸軍步兵一兵（Infantry）

（五）1965 年 6 月 27 日下午，駐越美國軍援司令部特戰群（MACV-SOG）兩名美軍顧問，搭乘我空軍黑蝙蝠中隊 C-123B 型運輸機，執行南星任務時降落南越西貢新山一機場前遭越共防砲擊墜：

CAPT Carl Jackson 空軍上尉機長（Pilot）

SSGT Billie Roth 空軍中士裝載長（Loadmaster）

（六）1974 年 10 月 12 日「東沙外墜海事件」，美國空軍第 54 氣象偵察中隊（54th WRS）駐菲 WC-130H 型偵察機，65-0965 號機飛勤組員 6 人全數「作戰失蹤、推定陣亡」（Missing and Killed in Action, MIA/KIA）：

CAPT Edward Bushnell 上尉機長（Pilot）

1LT Gary Crass 中尉副機長兼領航官（Co-Pilot/Navigator）

1LT Michael O'Brien 中尉氣象官（Weather Officer）

1LT Timothy Hoffman 中尉通信官（Communication Officer）

TSGT Kenneth Suhr 上士機工長（Flight Mechanic）

SSGT Detlef Ringler 裝載中士（Loadmate）

附錄五　F-104 戰機飛官烈士錄（部份）

空軍駕駛過 F-104 戰機的 415 位飛官，殉職飛官多達 66 員。部份陣亡將士冊列如下。

年月日	姓名	所屬飛行部隊	戰機編號	原因
1961/05/05	于鴻勛	3 大隊 8 中隊	4102 雙座	清泉崗墜毀
1961/05/05	晏仲華	3 大隊 8 中隊	4102 雙座	清泉崗墜毀
1962/03/03	李叔元	3 大隊 8 中隊	4104 雙座	清泉崗墜毀
1962/03/03	顧正華	3 大隊 8 中隊	4104 雙座	清泉崗墜毀
1962/07/02	王繼堯	3 大隊 8 中隊	4203 單座	清泉崗跳傘
1963/12/18	范煥榮	3 大隊 8 中隊	4208 單座	苗栗後龍墜毀
1964/10/10	王乾宗	3 大隊 8 中隊	4205 單座	北市編隊擦撞
1964/10/10	林鶴聲	3 大隊 8 中隊	4216 單座	北市編隊擦撞
1965/07/20	李佳志	3 大隊 28 中隊	4328 單座	南投擦撞墜毀
1965/10/18	劉憲武	3 大隊 28 中隊	4329 單座	澎湖北墜海
1965/11/24	傅季誠	3 大隊 28 中隊	4327 單座	南投中寮撞山
1966/05/05	洪聰公	3 大隊 7 中隊	4316 單座	澎湖東墜海
1966/05/24	曾龍雄	3 大隊 28 中隊	4330 單座	彰化墜毀
1967/01/13	楊敬宗	3 大隊 8 中隊	4353 單座	金門空戰失蹤
1967/04/19	鄭德鄰	3 大隊 28 中隊	4325 單座	嘉義機場跳傘
1967/11/11	關永華	3 大隊 8 中隊	4346 單座	嘉義東石墜地
1967/12/25	孫祥輝	3 大隊 7 中隊	4143 雙座	澎湖墜海跳傘
1967/12/25	黃瑞文	3 大隊 7 中隊	4143 雙座	澎湖墜海跳傘
1968/09/16	詹鑑標	3 大隊 7 中隊	4315 單座	大甲溪跳傘
1969/03/20	李志立	獨立第 12 中隊	5626 單座	桃園外墜海
1970/06/08	溫志飛	3 大隊 8 中隊	4145 雙座	清泉崗墜毀
1970/06/08	蕭亞民	3 大隊 8 中隊	4145 雙座	清泉崗墜毀

1971/03/16	陳　霧	3 大隊 8 中隊	4345 單座	嘉義水溪撞地
1971/05/08	謝在民	11 大隊 41 中隊	4122 雙座	新竹湖口跳傘
1971/05/15	王法舜	3 大隊 28 中隊	4360 單座	澎湖空中解體
1971/11/20	吳家芳	3 大隊 28 中隊	4333 單座	大度山撞山
1972/08/30	溫寶良	3 大隊 8 中隊	4148 雙座	雲林墜海跳傘
1973/06/12	盛士禮	3 大隊 8 中隊	4142 雙座	大度山撞山
1973/06/12	邵　倫	3 大隊 8 中隊	4142 雙座	大度山撞山
1973/12/10	汪健立	3 大隊 7 中隊	4144 雙座	台中外墜海
1973/12/10	汪誕嘉	3 大隊 7 中隊	4144 雙座	台中外墜海
1974/04/18	馬萬祥	3 大隊 8 中隊	4305 單座	台海偵巡失蹤
1976/07/25	張守屏	3 大隊 28 中隊	4334 單座	台海偵巡失蹤
1976/11/04	童　澎	3 大隊 28 中隊	4339 單座	台海偵巡失蹤
1977/03/02	傅祈平	獨立第 12 中隊	5636 單座	桃園落地撞毀
1977/03/02	汪顯群	獨立第 12 中隊	5640 單座	桃園落地撞毀
1977/05/02	杜伯翔	獨立第 12 中隊	5638 單座	台北外墜海
1977/05/24	鄧奇傑	11 大隊 41 中隊	4257 單座	南投撞山失蹤
1981/02/17	周大同	3 大隊 7 中隊	4343 單座	台海偵巡失蹤
1981/11/04	毛重九	11 大隊 41 中隊	4247 單座	清泉崗跳傘
1982/05/25	王臺新	獨立第 12 中隊	4146 雙座	桃園外海失蹤
1982/05/25	李勝興	獨立第 12 中隊	4146 雙座	桃園外海失蹤
1982/11/11	趙子鈞	獨立第 12 中隊	4350 單座	南投仁愛跳傘
1984/06/27	王蓉貴	11 大隊 41 中隊	4121 雙座	台海偵巡失蹤
1984/06/27	傅中英	11 大隊 41 中隊	4121 雙座	台海偵巡失蹤
1984/07/24	張琮田	3 大隊 7 中隊	4342 單座	苗栗外墜海
1986/08/07	任克剛	11 大隊 48 中隊	4183 雙座	屏東機場跳傘
1986/12/01	吳尚發	3 大隊 28 中隊	4402 單座	澎湖外墜海
1987/09/04	劉煌燦	11 大隊 41 中隊	4191 雙座	桃園機場墜毀
1987/09/04	姜山明	11 大隊 41 中隊	4191 雙座	桃園機場墜毀
1987/09/11	布其方	獨立第 12 中隊	4386 單座	宜蘭外墜海
1988/02/08	官鎮福	11 大隊 41 中隊	4243 單座	台中港墜毀
1989/12/09	唐盛家	3 大隊 7 中隊	4319 單座	新竹撞機墜海
1990/03/24	李中良	11 大隊 41 中隊	4368 單座	桃園新屋墜毀

1990/03/24	胡中英	11 大隊 41 中隊	4385 單座	桃園新屋墜毀
1990/03/24	郭建志	11 大隊 41 中隊	4421 單座	新竹新豐墜毀
1990/12/05	楊士菁	3 大隊 7 中隊	4511 單座	金門空中解體
1990/12/21	戴家直	11 大隊 42 中隊	4394 單座	新竹外海墜毀
1991/07/08	郭奇揮	獨立第 12 中隊	4391 單座	桃園基地墜毀
1991/09/07	葛金琦	3 大隊 8 中隊	4185 雙座	彰化鹿港墜毀
1991/09/07	趙維廉	3 大隊 8 中隊	4185 雙座	彰化鹿港墜毀
1992/06/01	李德安	3 大隊 8 中隊	4312 單座	清泉崗墜毀

怒海逆風島嶼行——台海戰亂世代的故事

To reach the refuging island through furious sea and gusty wind

作者 鍾堅
主編 區肇威（查理）
封面設計 莊謹銘
內頁排版 宸遠彩藝

社長 郭重興
發行人兼出版總監 曾大福
出版發行 燎原出版／遠足文化事業股份有限公司
地址 新北市新店區民權路 108-2 號 9 樓
電話 02-2218-1417
傳真 02-8667-1065
客服專線 0800-221-029
信箱 sparkspub@gmail.com
Facebook www.facebook.com/SparksPublishing/

法律顧問 華洋法律事務所／蘇文生律師
印刷 成陽印刷股份有限公司

出版日期 二〇二一年三月／初版一刷

定價／五五〇元

怒海逆風島嶼行：台海戰亂世代的故事 = To reach the refuging island through furious sea and gusty wind/ 鍾堅作 . -- 初版 . -- 新北市 : 遠足文化事業股份有限公司燎原出版 , 2021.03
400 面 ; 14.8×21 公分
ISBN 978-986-98382-9-0 (平裝)

1. 臺灣傳記 2. 報導文學

783.31 110002687